POCHE

faubourg

LES
SOLDATS DE
L'OMBRE
DE POUTINE
À LA CONQUÊTE
DE L'AFRIQUE

LOU OSBORN • DIMITRI ZUFFEREY

LA MÉTHODE WAGNER

Note de l'éditeur

La transcription des mots russes et arabes obéit à des règles différentes en français et en anglais, liées à leur prononciation. Pour des questions de confort de lecture, nous utilisons les règles de la transcription conventionnelle française pour tous les mots et noms russes et arabes apparaissant dans le corps de l'enquête. En revanche, dans les notes de bas de page (et dans la bibliographie disponible en ligne via ce QRcode), nous utilisons les conventions anglaises pour ces mêmes noms, car c'est la langue (ou la langue de traduction) de la quasi-totalité des sources qui nourrissent notre investigation.

POCHE
faubourg

Collection Poche

Wagner. Enquête au cœur du système Prigojine a paru en septembre 2023 aux Éditions du Faubourg, puis a été traduit dans cinq pays.
Ce livre est une version mise à jour du texte original.

POCHE
faubourg

LA MÉTHODE WAGNER

LES SOLDATS DE L'OMBRE DE POUTINE À LA CONQUÊTE DE L'AFRIQUE

LOU OSBORN • DIMITRI ZUFFEREY

PRÉFACE

DE QUOI WAGNER EST-IL LE NOM ?

PIERRE HASKI
Journaliste[1]

1 Pierre Haski est président de Reporters sans frontières et chroniqueur international sur France Inter.

Evgueni Prigojine et le groupe Wagner qu'il a fondé et dirigé restent pour moi l'un des phénomènes les plus baroques de notre époque géopolitique. Je me souviens d'avoir regardé, interloqué, ses vidéos diffusées depuis le front ukrainien pendant la bataille de Bakhmout, se mettant en scène revêtu d'un gilet pare-balles et des chargeurs de kalachnikov sur la poitrine, insultant copieusement le ministre de la Défense et le chef d'état-major russes, accusés de ne pas fournir les munitions dont ses hommes avaient besoin. Je me souviens de notre interrogation lorsqu'il a mené sa fameuse « marche sur Moscou », en juin 2023, qui s'est achevée aussi vite qu'elle avait commencée. À quoi assistions-nous ? Vraie mutinerie ou fausse fâcherie ? Quelle était la manœuvre de Vladimir Poutine dans cette partie complexe, entre son armée, les mercenaires de Wagner, les supplétifs tchétchènes... ? Le théâtre du pouvoir russe se jouait une fois de plus des tentatives de compréhension extérieures. Surtout quand on se souvient d'avoir vu Vladimir Poutine, recevant Emmanuel Macron au Kremlin à la veille de sa décision fatidique d'envahir l'Ukraine, jurant devant son hôte et devant la presse internationale qu'il n'avait rien à voir avec Wagner ! C'était un mensonge, tout le monde le savait, mais on a fait comme si...

La mort – prévisible, assurément – de Prigojine, l'ancien « cuisinier de Poutine », le 23 août 2023 dans le crash de son jet privé en Russie a mis fin à cette page étrange de l'histoire militaire russe ; mais elle n'a pas mis fin à l'action du groupe Wagner, ni levé tous les mystères de cette longue séquence. Il suffit de regarder vers l'Afrique pour constater que Wagner a survécu à son fondateur, et a même étendu ses activités dans la bande sahélienne, aux dépens de la France. C'est d'ailleurs à Bangui, la capitale de la République centrafricaine, qu'une statue à la gloire du fondateur de Wagner a été érigée ! L'action de la Russie sur ces théâtres lointains, devenus stratégiques dans la reconstruction de la puissance russe, passe par ces acteurs en apparence paraétatiques – en réalité totalement intégrés dans l'action de l'État. Il faut donc continuer à comprendre, à analyser, à aller au-delà des apparences et des discours officiels lénifiants.

La première version de ce livre avait largement débuté ce travail pionnier longtemps avant que Prigojine et Wagner ne fassent les gros titres. Cette édition poursuit et amplifie ce travail nécessaire, méthodique et méticuleux, pour percer les mystères de cette nébuleuse Wagner au champ d'activités si étendu : force militaire, désinformation, économie, etc. De quoi Wagner est-il le nom ? Comment redonner du sens à la déferlante d'informations dont une bonne partie, dans ce contexte, est fausse, déformée, arrangée ou cachée ?

La difficulté d'enquêter sur une nébuleuse comme Wagner qui, pendant longtemps n'avait même pas d'adresse officielle en Russie, et dont l'existence était niée par les autorités russes, est aisée à comprendre. Trois journalistes russes ont payé de leur vie en 2020, en République centrafricaine, d'avoir voulu y regarder de trop près. Mais d'autres ont commencé à s'y intéresser, à enquêter, à recueillir la parole de transfuges, à passer derrière la façade.

Une nouvelle technique d'enquête a permis aux auteurs de ce livre d'aller plus loin encore : l'OSINT, Open source intelligence, le renseignement en sources « ouvertes ». Cette méthodologie a été rendue possible, et est devenue de plus en plus populaire, avec le développement technologique, l'accès à des données précédemment « fermées ». L'OSINT a ouvert de nouveaux terrains aux journalistes et aux chercheurs.

Les journalistes du *New York Times* ont ainsi pu démontrer, grâce à des photos satellite disponibles en sources ouvertes, que des cadavres se trouvaient bien à Boutcha, près de Kiev, avant le départ des troupes russes, démentant ainsi sans conteste les affirmations du Kremlin. Je me souviens, au début des années 1980, alors que je travaillais à *Libération*, nous étions en quête d'informations sur les mouvements de l'armée de Kadhafi au Tchad face aux militaires français. Serge July, le directeur du journal, avait lancé en conférence de rédaction : « Un jour, nous aurons notre propre satellite. » Et tout le monde avait éclaté de rire. En 2022, plus personne ne rit quand le *New York Times* apporte de cette manière une contribution décisive à la « couverture » de la guerre en Ukraine.

L'OSINT a permis aux auteurs de cette enquête de recouper des informations, de tirer des fils et de dérouler des éléments inconnus ou invisibles jusque-là, de profiter de tout ce qu'un monde numérisé offre, volontairement ou pas, à qui sait chercher. Face à une nébuleuse opaque comme le groupe Wagner, c'est l'une des manières de procéder les plus pertinentes. Et le résultat est à la hauteur de l'enjeu.

Il permet de commencer à répondre à la question que je posais initialement : de quoi Wagner est-il le nom ? Régulièrement, lorsque j'évoquais le nom de Wagner dans le contexte africain, avant l'invasion de l'Ukraine, on me renvoyait les précédents de l'américain Blackwater, ou, pour ceux qui connaissaient leur histoire, le nom de Bob Denard. Le souvenir de Bob Denard me parle : ce mercenaire français a laissé un souvenir cauchemardesque sur le continent africain, et n'est pas pour rien, en toile de fond, dans le sentiment antifrançais qui traverse la jeunesse des pays francophones, des décennies après sa disparition. Bob Denard et ses hommes étaient liés au « service action » du SDECE, le renseignement français ; ils étaient le bras armé officieux de Jacques Foccart, le redoutable « Monsieur Afrique » du général de Gaulle. Il a été dans tous les coups fourrés de la Françafrique dans les années 1960, du Katanga au Biafra, jusqu'à prendre le pouvoir aux Comores ! Bob Denard et ses commanditaires sont indéfendables : l'histoire les a condamnés, et si le passé qu'ils incarnaient a du mal à disparaître, ces « Affreux », comme ils étaient surnommés, appartiennent à leur légende : ils ne font partie ni du présent, ni du futur d'un continent malmené.

En 1989, la guerre froide prend fin, les ennemis et les méthodes évoluent. L'ONU ratifie une « Convention internationale contre le recrutement, l'utilisation, le financement et l'instruction de mercenaires ». « La nouvelle législation adoptée en 1989 marque la première forme de criminalisation des activités mercenaires dans le droit international à l'échelle mondiale », note l'auteur d'une étude consacrée à Bob Denard[1]. Exit les mercenaires, il faut désormais parler de sociétés militaires privées (SMP), qui prolifèrent à travers le monde, certaines pour une authentique « externalisation » des tâches de sécurité, d'autres qui proposent des mercenaires sous un visage plus respectable, plus acceptable.

Blackwater fait partie de cette nouvelle vague. « Blackwater, l'armée privée la plus puissante au monde », avait titré son livre le journaliste américain Jeremy Scahill en 2008[2]. Une armée bénéficiant de contrats juteux avec le gouvernement américain, pour se déployer aux côtés de l'US Army en Afghanistan et en Irak. C'est en Irak que la réputation de Blackwater se ternit : Blackwater est couvert par l'administration Bush, mais le discrédit est énorme.

Ce passage par l'histoire permet de voir quels peuvent être les éléments de similarité entre le groupe Wagner et certaines opérations menées dans le monde occidental ; et

1 Walter Bruyère-Ostells, *Dans l'ombre de Bob Denard. Les mercenaires français de 1960 à 1989*, Nouveau Monde éditions, 2014.

2 Jeremy Scahill, *Blackwater. L'ascension de l'armée privée la plus puissante du monde*, trad. Chloé Baker et Adèle David, Actes Sud, 2008 [Nation Books, 2007].

quelle est la singularité du phénomène russe incarné jusqu'à sa mort par Evgueni Prigojine. Le recours aux mercenaires ou aux armées dites privées permet ce que les Anglo-Saxons appellent la *plausible deniability*, le « démenti plausible », dans lequel personne n'est dupe mais où les apparences sont sauves. C'était le cas hier comme aujourd'hui. Lorsque Vladimir Poutine dément tout lien avec Wagner, lors de sa célèbre conférence de presse avec Emmanuel Macron, personne n'est dupe, mais on est bien dans la *plausible deniability*.

Là où Wagner a « innové » si l'on peut dire, c'est d'abord dans l'ampleur des opérations : il s'agit d'un mercenariat 2.0, avec une gamme d'activités sans précédent, de la désinformation en ligne à l'exploitation d'une mine d'or au Soudan, ou au trafic de diamants dans la savane centrafricaine. Le groupe Wagner a porté le concept de SMP plus loin que jamais avant lui ; mais il l'a fait, on le sait depuis les révélations de la crise de juin 2023, grâce au soutien financier massif du Kremlin. En milliards de dollars. De quoi mettre à nu toute la supercherie de l'autonomie « privée » de Wagner dans la structure du pouvoir poutinien. La confrontation entre la Russie et l'Occident est telle désormais que le Kremlin n'a plus besoin de ce cache-sexe.

La deuxième différence de taille, c'est évidemment l'environnement politique. Dans un pays comme la Russie de Poutine, la place de la liberté d'informer, et celle de l'opposition, n'a cessé de se réduire ces dernières années, pour finir par disparaître. Pas de possibilité d'enquêter sur les activités d'un groupe opaque présent sur plusieurs continents. Cela n'est pas une mince différence.

Et c'est ce qui rend ce livre nécessaire. La guerre d'invasion de l'Ukraine, qui dure depuis déjà trois ans, représente une tentative de Vladimir Poutine de renverser la table de l'ordre mondial, et de reconquérir ce qu'il considère comme son « dû », un reliquat colonial aux marches de l'empire. Cette guerre remet en question le principe de souveraineté incarné par la Charte de l'ONU, réinstaure une « loi du plus fort », et remet en tension les relations internationales avec l'émergence d'un « Sud global » qui refuse d'adhérer au « narratif occidental » et prône un nouveau non-alignement. Pour toutes ces raisons, cette guerre doit être comprise, la nature du pouvoir de Moscou doit être disséquée et analysée, dans toutes ses composantes ; y compris, et c'est tout l'enjeu de ce livre, dans sa branche hors des clous, Wagner.

Un livre d'utilité publique.

INTRODUCTION

« Je crois en Dieu, Mozart et Beethoven. »
Richard Wagner

Trois ans après le début de la guerre en Ukraine, l'un des énoncés du *Cours de politique constitutionnelle* de Benjamin Constant reste de circonstance : « Certains gouvernements, quand ils envoient leurs légions d'un pôle à l'autre, parlent encore de la défense de leurs foyers ; on dirait qu'ils appellent leurs foyers tous les endroits où ils ont mis le feu[1] ». Bien que les réflexions du Lausannois datent de la fin du XVIIIe siècle, sa pensée dresse un résumé saisissant de la géopolitique mondiale 200 ans plus tard. Pour la première fois depuis la chute de l'URSS, la Russie redevient l'ennemie. Dans ses rangs, Wagner veut jouer le premier rôle. Celle que les médias ont longtemps appelé l'« armée de l'ombre de Poutine » inquiète toute la planète durant les deux premières années de la guerre. Quels sont ses secrets, son fonctionnement ? Quelles en sont les suites ? Pour comprendre cet univers, une enquête en sources ouvertes est devenue une évidence. Simplement parce que les mythes et les légendes autour de l'univers piloté par l'oligarque pétersbourgeois sont omniprésents sur Internet. Grâce aux outils de recherche en ligne et à ce que les services de renseignement appellent l'Open Source Intelligence (OSINT), nous allons pouvoir décortiquer le passé qui a permis l'émergence de Wagner comme celle des autres sociétés militaires privées (SMP),

....

1 Cité dans « Actualité de Benjamin Constant », préface au livre de B. Constant, *De l'Esprit de conquête*, Lausanne, M. Favre, 1980.

mais aussi comprendre ce qui advient depuis la mort de Prigojine, de l'Ukraine au Moyen-Orient, en passant par l'Afrique, vaste terrain de jeu.

Véritables outils de déni plausible pour le gouvernement russe, ces sociétés militaires privées sont utilisées par le Kremlin sur tous les fronts : militaire, politique, stratégique et économique. Elles sont là pour permettre à la Russie de gagner du terrain, d'étendre son influence et de mener des guerres où elle n'est pas présente officiellement. La plus importante d'entre elles, la galaxie Wagner, grandit et, à l'image de l'Hydre de Lerne, elle a de multiples tentacules. Maîtriser tous les théâtres d'opérations, comprendre les enjeux financiers dans le domaine minier et forestier, ou simplement identifier les opérations d'influence lancées par ses consultants en communication, son agence de presse RIA-FAN et ses fermes à trolls, devait être un travail d'équipe. Depuis mars 2022, notre collectif All Eyes on Wagner suit les activités des mercenaires russes, vérifie les allégations de violations des droits humains et d'abus économiques. Derrière All Eyes on Wagner se dressent des passionnés de plusieurs disciplines : des journalistes, des analystes, et des historiens, réunis pour décortiquer les actions de ces soldats sans drapeau et en comprendre la structure.

DES SOURCES OUVERTES COMME MATÉRIEL D'ENQUÊTE

Le travail du collectif se base sur le recueil et la vérification d'informations en sources ouvertes, mais aussi l'examen des fuites de données et des récits de témoins, ex-mercenaires ou nos propres sources sur le terrain. Loin d'être une nébuleuse absolument secrète, le groupe Wagner – en plus d'alimenter les réseaux sociaux par sa propagande – laisse des traces par la vie numérique de ses membres, et n'échappe ni à la numérisation des données, ni à une administration russe gourmande en formulaires de tous genres. Cette dernière reste très corruptible, et des sociétés spécialisées lui achètent des données personnelles ou des informations pour les revendre. La médiatisation des actions du groupe fournit des images, des déclarations et des communications officielles depuis 2014, à la fois en Russie et dans les journaux des pays convoités. Des contrats signés par des sociétés écrans de la galaxie et des directeurs russes que l'on retrouve sur les réseaux sociaux permettent de les suivre à la trace. L'essor de l'imagerie satellite commerciale facilite l'observation des bases en Centrafrique, l'incendie d'un de ses avions en Libye, ou la détection des villages calcinés au Mali après le passage d'une unité russe. Géolocaliser et croiser des adresses de sociétés, compiler des numéros de téléphone ou encore étudier les adresses IP de sites Internet nous donnent autant d'indices pour assembler les pièces du puzzle derrière nos ordinateurs. Récolter des informations en sources ouvertes, c'est aussi être créatif. Les informations peuvent être manipulées ou manquantes. Pour détecter la présence de mercenaires, nous n'avons pas hésité à bricoler Telegram[1] afin de voir en temps réel des Russes consulter les résultats de foot près de bases militaires maliennes. Si en février 2022, les embouteillages en direction de l'Ukraine repérables sur Google Maps avaient trahi les prémisses de l'invasion, presqu'aucun indice n'a fuité lors de la « Marche » de juin 2023, excepté les audios de Prigojine sur ses canaux de communication. Le maître mercenaire a donné le *la* dans cette opération – avant que le rideau ne tombe.

L'enjeu est différent après la chute de Prigojine. Le canal Telegram qui donnait presque quotidiennement des commentaires sur les avancées de Wagner s'est tu. Les mercenaires se font plus discrets, leurs chefs changent mais laissent quand

1 Fin août 2024, l'arrestation en France de Pavel Durov, cofondateur de Telegram, met fin à de nombreux outils utiles. Geogramint qui se basait sur la possibilité d'activer sa position pour voir les utilisateurs à proximité disparaît en septembre 2024. Pour nous, c'est une perte de visibilité sur les comptes présents dans des lieux stratégiques de Wagner et ses franchises.

même des traces. Les messages sur les réseaux sont diffus et l'analyse des photos des bureaux présidentiels africains permet d'identifier quelques Russes qui rendent compte à Moscou. Le renseignement russe reprend le contrôle et va confier les missions de mercenariat à différentes entités. C'est ainsi que l'automne 2023 voit l'émergence de nouveaux noms : Redut, Convoy, mais aussi les Loups du Tsar, Fakel, ou encore l'Africa Corps – la référence aux troupes du maréchal Rommel est évidente. Certaines troupes sont soutenues financièrement par des oligarques, d'autres dirigées par de potentiels *condottieres* en herbe. La lisibilité diminue, l'analyse devient plus complexe. Malgré tout, l'enquête reste encore possible. Ainsi, quand Denis Pavlov est envoyé par le Kremlin à l'ambassade de Russie à Bangui, la capitale centrafricaine (après un détour par Genève et Bruxelles), pour gérer les affaires abandonnées par Prigojine et ses hommes, nous avons pu suivre ses traces et remonter son affiliation au SVR, le renseignement extérieur russe[1].

Cela dit, mener l'enquête en sources ouvertes sur des hommes discrets reste un vrai défi, notamment sur la période 1990-2010. Les informations sur le web n'explosent qu'au tournant des années 2000, et pour cette période, les notions d'archivage des contenus Internet qui permettent de remonter dans le temps ne sont pas encore un enjeu. Nos sources sont des archives de presse, des textes légaux qui éclairent le contexte du mercenariat dans l'espace post-soviétique. Pour accéder à ces documents, pas de ruse ni de stratagème, encore moins de hacking : les moteurs de recherche comme Google, ou son équivalent russe Yandex, effectuent le travail. Deepl nous aide à comprendre des textes dans d'autres langues. Des conflits comme ceux de Libye, de Syrie ou désormais d'Ukraine offrent un volume sans précédent de données, photos, vidéos et de fichiers dans lesquels nous nous plongeons.

1 [AEOW] 7 décembre 2023.

Aujourd'hui, il devient de plus en plus difficile pour tout le monde de maîtriser totalement les traces laissées dans l'espace numérique, et plus encore aux SMP d'imposer une culture de la sécurité à ses recrues. Nous avons travaillé sur une matière sensible et controversée : les fuites de données obtenues lors d'opérations de hacking et qui émergent auprès d'organisations spécialisées dans la collecte de ce type de matériel ou de média. Prenons par exemple celles qui sont mises en valeur par le collectif DDoSecrets, une ONG qui a publié les données d'un cabinet d'avocats du chef de Wagner, ou encore les documents de la censure russe[1]. Produits d'une guerre permanente dans le cyberespace, ces documents secrets et internes à la structure Wagner, issus de fuites, sont évalués par le collectif, remis dans leur contexte, vérifiés pour apporter des éléments souvent décisifs à la compréhension des actions du groupe et à son organisation. Dans certains cas, une information, un récit ou un extrait du registre du commerce nous arrive grâce à différents acteurs sur place qui nous aident à recouper des analyses et des hypothèses. Conserver les traces de ces recherches est d'ailleurs un des fondements de l'OSINT. Le contenu numérique est ensuite archivé sur des sites web comme l'Internet Archive[2] et stocké sur des ordinateurs. Le flux de travail de collecte et de préservation sécurisée du projet garantit que le contenu original ne peut être perdu en raison d'une suppression. Analysées et mises en musique, ces informations essaient de répondre aux questions « qui, quoi, quand, où, combien et pourquoi ? », afin de comprendre ce qu'est la galaxie Wagner et comment s'organise sa succession.

La recherche en sources ouvertes prend de l'ampleur dans le domaine de la lutte contre l'impunité, pour les droits humains et les questions de responsabilité. Médias, justice et police se servent aujourd'hui de ces méthodes de recherche

1 Voir le site : https://ddosecrets.com/.

2 Animée par une ONG américaine basée à San Francisco, cette structure veut offrir un accès à tout le savoir en agissant sous la forme d'une bibliothèque numérique universelle.

en complément du travail de terrain dans la réalisation de leurs enquêtes. De plus en plus reconnus dans les salles d'audience, les processus de recherche en sources ouvertes sont étudiés et testés pour des applications juridiques. En Californie, l'université de Berkeley a publié en 2020 un protocole de recherche OSINT, le *Berkeley Protocol on Digital Open Sources Investigations*, prodiguant des conseils sur l'utilisation des informations numériques publiques utilisées dans le travail de documentation des violations des droits humains. Nous complétons et recoupons avec des entretiens menés auprès d'anciens de la galaxie et surtout d'activistes et de journalistes qui sont sur le terrain, au plus proche des activités de Wagner.

En raison de son implication sur le front ukrainien, la nébuleuse a été qualifiée par les États-Unis d'organisation criminelle internationale, en janvier 2023. Cette décision de Washington s'est appuyée sur les violations des droits humains perpétrées par le groupe en Ukraine, ainsi que sur l'utilisation d'armes provenant de Corée du Nord (en janvier 2024, selon le renseignement ukrainien, Pyongyang reste le principal fournisseur du Kremlin[1]) et le recrutement de détenus en échange de leur libération. Le 9 mai 2023, les députés français ont pris une mesure similaire en adoptant une résolution appelant Paris et Bruxelles à inscrire Wagner sur la liste des organisations terroristes. À Berlin, à l'issue du débat du 25 mai 2023, les députés du Bundestag ont renvoyé la motion « Inscrire maintenant le groupe Wagner russe sur la liste des organisations terroristes » à la Commission des affaires étrangères, pour un examen plus approfondi[2].

1 [NHK] (23 janvier 2024).
2 [Bundestag] (25 mai 2023).

LA SOCIÉTÉ CIVILE CONTRE-ATTAQUE

Avant d'être connus du monde entier, les mercenaires de Wagner étaient l'objet de recherche préféré des communautés OSINT, des geeks collés à leur ordinateur à éplucher les traces numériques. Dès 2015, ces mercenaires avaient pris l'habitude de faire des selfies dans le Donbass et à Palmyre. Une masse considérable d'informations est disponible en ligne. Pourtant, aucun grand projet d'enquête et de recherche ne s'était organisé. Cette idée commence à germer au sein d'OpenFacto, l'association francophone sur la recherche en sources ouvertes. Créée en 2019, cette association s'est fixé l'objectif de promouvoir les techniques de recherche numérique popularisées par l'ONG Bellingcat auprès des journalistes, étudiants, enquêteurs et aficionados. Concordance d'événements, All Eyes on Wagner est lancé au moment où éclate la guerre en Ukraine. Ce qui devait être un projet pour les dimanches pluvieux prend soudain une autre dimension, pleine de sens. Organisés sous forme de collectif, nos membres vont et viennent autour d'un petit noyau plus permanent. Via les réseaux des communautés OSINT, nous commençons à travailler en collaboration avec d'autres organisations et plusieurs médias.

À mesure que la guerre dure, l'idée de révéler l'armée pas si secrète de Poutine fédère. La chasse est ouverte et nous échangeons informations et documents dans des groupes de travail, en réaction à l'actualité ou au gré des voyages des uns et des autres. Depuis septembre 2022, nous discutons avec le Dossier Center. Des échanges sur plusieurs mois s'engagent avec Lena[1], une des analystes, sur les actions du groupe Wagner – et plus spécialement de Dmitri Syty. Plus tard, un·e autre analyste, Lorax, nous donnera accès à des fuites de données issues d'opérations cyber via le projet DDoSecrets, où nous pourrons découvrir en quoi le groupe de Prigojine est un pion essentiel de l'appareil d'État dans la

1 Le prénom a été modifié.

propagande interne du pays, mais aussi fouiller les e-mails de son avocat anglais. Nous croisons aussi la route d'Alexandra Jousset et Ksenia Bolchakova, qui sont les récipiendaires des fameuses *Wagner Leaks*, un ensemble de fuites de données qui nous servira à compléter une enquête sur le financement par le groupe Wagner de l'activiste panafricain Kemi Seba. Mi-juin 2023, dans un petit troquet parisien, nous rencontrons enfin en chair et en os Candace Rondeaux, chercheuse américaine, pour continuer des mois d'échange amorcés autour des activités de la compagnie. De tous ces échanges naissent des collaborations de travail, et peu à peu une société civile se structure, prête à passer Prigojine et le monde du mercenariat russe au crible. La folie médiatique autour du groupe, largement encouragée par les différents États occidentaux, nous permettra alors de combiner les forces pour révéler toutes ses activités.

Le coup d'État au Niger change la donne et ouvre la voie au partenaire russe. La partition en 2024 se jouera au Sahel, Mali, Burkina, Tchad et Niger, encore. Pour une partie de l'opinion, Moscou reste le seul rempart contre l'arrogance et la domination occidentales. La russophilie se partage aussi par les tweets et les likes des influenceurs pro-Poutine du continent. Le Franco-Béninois Kemi Seba, chantre du panafricanisme, et la Suissesse Nathalie Yamb affichent ouvertement leur soutien à la guerre en Ukraine. L'Afrique espère gagner son indépendance totale grâce à la Russie. Le Kremlin veut devenir un partenaire économique pragmatique (sur le marché de l'armement, dans un premier temps), mais aussi un fournisseur de sécurité efficace et redoutable dans la lutte contre le terrorisme et le crime organisé. Le président russe, lui, continue à faire preuve d'hubris dans sa vision de la géopolitique. La réalité est rattrapée par la fiction, à l'image de cette phrase de Larry qui, dans le film *Un nouveau Russe*, analyse : « Vous voyez, vous avez deux mains, la gauche et la droite, n'est-ce pas ? Le Kremlin, lui, en a des dizaines, comme Shiva la déesse hindoue. Et toutes ces mains aiment manger, et même… très bien manger. Parfois la gauche veut voler son bifteck à la droite[1]. »

COLLECTIF D'ANTI-HÉROS POUR CHASSER LES ARMÉES DE L'OMBRE DE POUTINE

Ce livre est surtout l'histoire d'un groupe de citoyens qui s'est donné pour mission de braquer les projecteurs sur le monde paramilitaire russe. Nous avons commencé nos recherches dans notre coin et deux ans plus tard, All Eyes on Wagner est devenu une des références sur les activités de Wagner et ses nouvelles formations. Les rumeurs vont bon train et on nous imagine comme une unité d'élite de l'investigation alors que le ministère des Affaires étrangères russe nous a qualifié de service de renseignement occidental. La réalité est moins cinématographique. Notre groupe constitué d'anti-héros jongle avec les obligations professionnelles des uns et des autres pour continuer à enquêter et tenir sur la durée ce marathon de l'OSINT. Des acharnés dont l'efficacité tient à un joyeux mélange de compétences, une grande créativité et beaucoup d'humour et de liberté toujours connectés et prêts à réagir. Nos connaissances sur le groupe nous aident à naviguer à vue après la mort de Prigojine. Nous continuons à documenter, analyser et rechercher. Notre objectif reste le même : rendre la méthode Wagner plus limpide et moins secrète.

1 Réalisé par Pavel Lounguine en 2002, ce film retrace la montée en puissance d'un oligarque, Platon Makovski, qui se heurte à la réalité du pouvoir du Kremlin.

PARTIE I

LA MARQUE WAGNER OU LE LANCEMENT D'UNE FRANCHISE RUSSE

À la fin des années 2000, l'appareil militaire russe est en pleine réflexion. Les guerres de Tchétchénie (1994 et 1999) et la guerre en Géorgie de 2008 ont laissé une armée dépassée, sous-équipée et faisant face aux mères endeuillées et aux blessés de guerre sombrant socialement. En parallèle, des événements géopolitiques clés ont nourri et changé le regard de la Russie sur l'Occident et ses méthodes : l'opération de maintien de la paix en ex-Yougoslavie menée par l'Otan en 1999, les opérations menées en Afghanistan (2001) et en Irak (2003) par les États-Unis, les révolutions de couleur en Géorgie (2003) et en Ukraine (2004), et les printemps arabes (2010). Dans la vision russe du monde, ces moments faisant vaciller des gouvernements légitimes ont été le fait d'un nouveau type de guerre, la « guerre hybride », menée par le camp occidental et combinant dans le langage militaire russe « la guerre conventionnelle, la petite guerre et la cyberguerre[1] ».

1 [RIA] (2 février 2020).

Comme l'évoque le chercheur canadien Sergueï Soukhankine[1], l'appareil de défense russe a tiré deux conclusions de ces moments de bascule qui transforment sa façon de faire la guerre. Tout d'abord : ce sont des petits groupes tactiques comme les forces spéciales ou les sociétés militaires privées qui ont fait la différence dans le renversement de régimes comme celui de Kadhafi en Libye[2]. Non seulement l'utilisation de ces acteurs est anticipée (et en constante augmentation) par l'appareil de défense russe, elle permet surtout de diluer les responsabilités de l'État, d'éviter de gérer le retour des cercueils des soldats et de créer un vaste projet d'enrichissement pour les membres du système au travers de la corruption endémique de la Russie dans les marchés et contrats publics. Ensuite, l'information est devenue centrale dans la guerre contemporaine, redonnant une place particulière aux opérations d'influence. Dans son essai *Le Futur des guerres*, le théoricien militaire russe Vladimir Slipchenko réfléchit à l'importance de la guerre de l'information, qu'il qualifie « d'arme destructrice au même titre qu'une baïonnette, une balle ou un projectile ». Il évoque la puissance informationnelle des États-Unis, qui actuellement « n'a pas d'adversaire digne de ce nom capable de perturber [ses] ressources informationnelles. En effet, en ce qui concerne la bataille de l'information, Washington est en avance sur tous les autres pays d'environ une génération. Et précisément à cause de la mondialisation de la production, cette ressource d'information est aussi puissante qu'une arme de haute précision[3]. »

Ces réflexions coïncident avec un renouveau dans la projection de puissance de la Russie. Sortant de sa zone traditionnelle d'influence, Moscou a renoué avec des

1 Sergey Sukhankin (20 février 2019).

2 Комлева, Н. А. (2012, p. 28-33).

3 Publié en anglais sous le titre : *Future War*, Foreign Military Studies Office, Fort Leavenworth, 2007. Makhmut Akhmetovich Gareev, Vladimir Slipchenko (2007, p. 33) [non traduit en français].

partenariats en Afrique dès 2014, en cultivant le soutien historique aux mouvements anticoloniaux et de libération, et en se posant comme une alternative[1]. Au cours de cette décennie, le Kremlin a considérablement intensifié son engagement en Afrique, un processus qui culmine en 2018 avec la tournée du ministre des Affaires étrangères Sergueï Lavrov en Angola, en Namibie, au Mozambique, au Zimbabwe et en Éthiopie. Parallèlement, en septembre 2015, la Russie s'engage militairement en Syrie afin de préserver ses intérêts, mais aussi pour se projeter sur la scène internationale comme puissance globale[2]. La guerre en Syrie devient la vitrine idéale pour tester et vendre des armes.

L'essor de Wagner et des armées privées russes est longtemps passé inaperçu. L'époque contemporaine a surtout entendu parler de mercenaires états-uniens, voire français. Pourtant, dans les premières années du XXIe siècle, les spécificités russes, à peine débattues dans des cercles restreints d'initiés, occuperont une place majeure. Moins d'un quart de siècle plus tard, l'histoire s'est soudain accélérée. De la guerre en Ukraine, les médias ont fait émerger une figure, celle d'Evgueni Prigojine, le chef de Wagner. L'homme s'est construit une notoriété et un empire sous le règne de Vladimir Poutine, qui en a fait l'un de ses proches lieutenants.

1 Agnieszka Paczyńska (2020).
2 F. Joseph Dresen (s. d.).

I · LA FABRIQUE DU « MERCENAIRE » RUSSE

« La création d'une formation armée [...] non prévue par la loi [ou] la direction d'une telle formation ou son financement est passible d'une peine privative de liberté d'une durée de deux à sept ans. »
Article 208, code pénal russe

Les mercenaires sont des individus qui prennent part à un conflit étranger en échange d'argent, ou de tout autre gain matériel ou immatériel. Ils ne sont pas animés par des motivations ethniques, idéologiques, religieuses ou politiques. Si le facteur contractuel qui les lie à la partie au nom de laquelle ils combattent est l'argent, l'idéologie reste une source de motivation. Les mercenaires ne peuvent pas être des ressortissants du pays engagé sur le théâtre d'opérations. Au vu de cette définition, le terme de mercenaire ne devrait pas s'appliquer aux membres de la compagnie, la plupart d'entre eux étant des Russes. Toutefois, c'est ce mot qui se rapproche le plus de ce que sont réellement ces soldats sans drapeau, même si certains préfèrent décrire Wagner et ses franchises comme un groupe paramilitaire. Paramilitaire ou mercenaire, le débat est sans fin[1]. Prigojine est en fait ce qu'on appelle un *condottiere*. Au Moyen Âge, les papes choisissaient ces chefs d'armées mercenaires parmi leurs proches, comme Poutine l'a fait avec lui. Ces hommes d'armes étaient connus pour épargner leurs pairs, prélever des sommes considérables sur les populations des territoires conquis tout en se restituant mutuellement leurs captifs sans exiger de rançon. Leur principale préoccupation était le profit financier, incitant ainsi à susciter ou même prolonger les conflits, l'une des causes majeures des nombreux

1 Par souci de lisibilité et confort de lecture, nous emploierons le terme de mercenaire plus communément admis pour désigner les contractuels de Wagner.

affrontements ayant marqué l'Italie médiévale. Les soldats engagés dans ces compagnies manifestaient généralement de la loyauté envers leur unité.

L'histoire de la Russie est elle aussi parsemée de groupes paramilitaires, distincts de l'armée traditionnelle. On y trouve entre autres, les Cosaques, connus tant pour leur maîtrise des chevaux et des armes que pour leur férocité au combat. Ils sont les artisans de la conquête de la Sibérie à la fin du XVIe siècle. Plus proche de nous, en 1920, en pleine révolution, l'« Armée des volontaires », pro-tsariste, est battue par l'Armée rouge dans la région du Don. En avril 2016, Vladimir Poutine crée la Garde nationale (*Rosgvardia*), une armée prétorienne prête à défendre le régime. Kadyrov y intègre *sa* garde tchétchène qu'il continue à commander, et c'est aussi en son sein qu'ont été intégrés, dans un premier temps, les mercenaires encore sous contrat wagnérien après l'été 2023. Elle a des missions allant de l'antiterrorisme à la protection de personnalités, et peut accomplir tout autre objectif sur ordre présidentiel. Servant les intérêts du président avant ceux du pays, elle est très utile pour éliminer ou arrêter toute opposition.

Malgré cette longue tradition, Moscou interdit légalement et toujours officiellement les sociétés militaires privées sur son sol. Cette situation causera troubles et ennuis juridiques aux premières structures militaires privées russes. Wagner bénéficie des erreurs et des tâtonnements de compagnies russes qui l'ont précédé, telles que Moran Security ou le Slavonic Corps. Ces entités, même si elles ont un centre administratif en Russie, n'exercent qu'à l'étranger. Ce n'est que dans une deuxième étape que Wagner attire progressivement l'attention du public, avant de se voir remplacer par de plus petites structures. Le déploiement en 2015 des forces russes en Syrie, et les soupçons selon lesquels de nombreux civils ont opéré au sein des forces russes pendant le conflit, préparent le terrain pour la construction d'un mythe autour de cette entité obscure et meurtrière.

Le mercenariat est défini par l'ONU et reconnu par de nombreux États comme une activité illégale, et ces individus sont poursuivis en vertu du droit national, voire international. Ils ne bénéficient donc pas des droits des prisonniers de guerre s'ils sont capturés[1]. Après la Convention internationale contre le recrutement, l'utilisation, le financement et l'instruction de mercenaires (adoptée par l'ONU et finalement entrée en vigueur en 2001) et la Convention sur l'élimination du mercenariat en Afrique, adoptée par l'Organisation de l'unité africaine (OUA) en 1977, le consensus diplomatique international veut que la seule unité de mercenaires universellement tolérée reste la Garde suisse du Vatican, troupe au service du Pape depuis 1505. Dans le même ordre d'idée, un autre texte aux origines helvétiques remodèle en 2008 la question du mercenariat. C'est le Document de Montreux[2]. Il « réaffirme les obligations de droit international des États relatives aux activités des entreprises militaires et de sécurité privées ». Le résultat des discussions tenues sur les rives du lac Léman dresse aussi une série de bonnes pratiques pour aider les États à prendre les mesures adéquates afin d'honorer les obligations contractées[3].

D'un autre côté, les sociétés militaires privées (SMP) sont des entités légales à but lucratif qui fournissent des services normalement confiés aux forces armées d'un pays. Le travail de ces entreprises va de l'analyse et du conseil en matière de renseignement à la formation aux tactiques et aux services de garde et de protection. Il existe plusieurs cas où des SMP ont participé activement à un conflit armé, agissant toujours au nom de l'autorité légitime d'un État,

1 Premier protocole additionnel aux Conventions de Genève, article 47.

2 Fruit d'une initiative conjointe lancée début 2006 par la Suisse et le Comité international de la Croix-Rouge. Ce texte contient une série de pratiques incluant la promotion du respect du droit international humanitaire et des droits humains.

3 DFAE, CICR (2008).

avec des règles et des conditions définies par un contrat mutuel. Au cours des années 1960, le modèle qui prédomine est celui d'une troupe active sous le commandement d'un chef, à l'image du Français Bob Denard et de ses « affreux ». C'est Eeben Barlow, ancien gradé de l'armée sud-africaine (SADF), qui franchit le pas décisif vers la légalisation du concept d'externalisation de la force à des acteurs privés. Barlow crée l'emblématique Executive Outcomes à la fin des années 1980, modifiant fondamentalement les concepts relatifs aux sociétés privées et au mercenariat.

Wagner n'entre entièrement dans aucune des deux catégories : ni SMP, ni mercenaires, c'est en réalité un mélange des deux. Ce modèle est celui qui prévaut dans l'univers des « armées secrètes russes ». Fort de ce flou artistique, la nébuleuse wagnérienne constitue un outil géopolitique très flexible. La compagnie sert à la fois le ministère russe des Affaires étrangères et celui de la Défense ; elle est mobilisée là où des intérêts stratégiques russes sont en jeu, ou là où Vladimir Poutine veut étendre l'influence russe et améliorer la position internationale de Moscou. En parallèle, Wagner participe à des opérations militaires pour lesquelles, si les choses tournent mal, la Défense russe peut se laver les mains de toute responsabilité. C'est un outil pratique, et déjà éprouvé lors de la révolution grecque en 1821, quand des sociétés secrètes recrutaient des hommes pour lancer l'insurrection contre l'Empire ottoman – avec le soutien de la Russie...

L'entrée du groupe Wagner en Ukraine change la donne en février 2022. La compagnie s'affiche dès lors avec l'armée russe et s'intègre dans sa stratégie de combat. Le déni plausible des actions de Wagner qui permet au Kremlin de prétendre que le gouvernement n'a rien à voir avec le groupe commence à s'étioler. Le voile tombe progressivement, notamment après la publication sur les réseaux sociaux d'une vidéo filmée dans la colonie pénitentiaire de la république des Mari, à 650 kilomètres à l'est de Moscou[1] Dans la cour de cette prison se tient une étrange réunion, à l'automne 2022. On y voit un homme intimidant, en tenue paramilitaire beige, crâne rasé, dégaine de costaud. Prigojine, car c'est lui, est au milieu d'une foule de prisonniers au garde-à-vous qui l'écoutent attentivement. Il est charismatique, parle avec emphase et choisit des formules choc. Cet homme, âgé d'une soixantaine d'années, se présente aux détenus comme le « représentant d'une société de guerre privée ». « Peut-être avez-vous entendu le nom de *Wagner Group* ? », demande-t-il aux prisonniers. Il explique que s'il était en prison, il rêverait de les rejoindre pour « payer (sa) dette à la mère patrie ». Il leur promet la liberté. « Si vous servez six mois, vous êtes libre », ajoute-t-il. Mais il met en garde les recrues potentielles contre la désertion, ajoutant : « Si vous arrivez en Ukraine et décidez que ce n'est pas pour vous, nous vous exécuterons. »

Peut-on rêver meilleure publicité et pareil impact pour un recrutement ? En allant dans une prison, il transmet son message à tout le système carcéral russe. Bien que la loi russe n'autorise pas la libération de prisonniers en échange d'un service militaire ou mercenaire, Prigojine clame haut et fort dans la vidéo que « personne ne retourne derrière les barreaux » s'il sert la compagnie. Surréaliste, cette séquence illustre autant les relations entre la galaxie et l'État russe que les pouvoirs que détient l'oligarque, qui a pourtant toujours nié un quelconque lien avec les mercenaires. Huit ans après les premières rumeurs disant qu'un groupe de soldats opérait sous le nom de Wagner, la confirmation tombe enfin. Cette vidéo marque aussi un tournant puisqu'après sa mise en ligne, Prigojine devient désormais le visage de sa nébuleuse. Il s'affirme comme chef de guerre jusqu'à devenir un super communicant au service de la Russie, quand auparavant

1 Christiaan Triebert, @trbrtc, X (anciennement Twitter) (16 septembre 2022).

il restait dans les arrière-cuisines et poursuivait jusqu'au tribunal tout journaliste essayant de faire le lien entre Wagner et lui. Le voile est définitivement levé en juin 2023, quand Vladimir Poutine reconnaît publiquement avoir financé le groupe.

****

Les sociétés militaires privées sont apparues au XXe siècle. Tout a commencé en Grande-Bretagne en 1967. La première s'appelait Watchguard International et opérait principalement au Moyen-Orient et en Afrique. Soit dit en passant, son fondateur était le colonel de l'armée de Sa Majesté, David Sterling, le même à l'origine de l'une des toutes premières forces spéciales au monde – le célèbre Special Air Service (SAS), qui donnera son nom à une série de livres. Le champ des principales activités des sociétés de mercenaires est tracé : la création et la formation de diverses unités de combat pour les armées étrangères, les services spéciaux et d'autres forces de l'ordre. Au cours, justement, de cette première phase, Watchguard s'est limitée à fournir des services de conseil et de formation militaire. Cette situation reste stable jusque dans les années 1990. Les interventions occidentales en Irak (2003) et en Afghanistan (2001) conduisent à une vision et à des besoins différents. Ces sociétés peuvent agir plus rapidement et avec plus de souplesse que les armées. Les États-Unis s'en serviront comme tueurs à gages et leur confieront les « basses œuvres ». On retrouve donc un personnel hautement qualifié et spécialisé qui entretient des liens privilégiés avec toute une série d'acteurs régionaux. Au tournant des années 2000, les SMP occidentales modifient quelque peu leurs méthodes de travail et deviennent de réelles entreprises commerciales. Dans ce contexte, les structures russes existantes ne saisissent pas ce virage et perdent de leur compétitivité sur le marché mondial. Des entreprises états-uniennes s'emparent du marché international. Cela ne laisse à des sociétés comme Wagner que peu d'options et le besoin d'un parrainage officiel.

Les Chinois, de leur côté, tiennent compte du développement des menaces modernes. L'Empire du Milieu a formé ses propres sociétés, en tant qu'outils géopolitiques non étatiques, et protège ses intérêts par des moyens informels. Ainsi, au Soudan, les dépôts et mines appartenant à des entreprises chinoises sont gardés par des forces de sécurité privée – un groupe de quelques milliers de personnes vêtues d'uniformes militaires, mais sans insigne. Formellement, Pékin n'envoie pas de troupes au Soudan – uniquement des sociétés de sécurité privée[1].

À Ankara, Recep Tayyip Erdoğan peut compter depuis 2012 sur les services de la Sadat International Defense Consultancy. Fondée par l'ancien général de brigade Adnan Tanriverdi, et dirigée par son fils Ali Kamil Melih Tanriverdi, la société emploie des spécialistes turcs. À sa création, l'entreprise était composée de 23 officiers et soldats de diverses unités militaires des forces armées turques. Son rôle sur la scène turque s'est accru après son implication contre la tentative de coup d'État militaire de 2016. L'entreprise garde ses activités à l'étranger secrètes. Elle a également joué un rôle actif dans la guerre en Syrie ainsi qu'en Libye, et aurait été aperçue en Europe et en Asie[2]. Sadat serait à mi-chemin entre un Wagner version islamique et Watchguard, l'équivalent occidental le plus proche de la structure, par son organisation et sa chaîne de commandement.

Dans un rapport d'octobre 2022, le Contrôle fédéral des Finances suisse estime pour l'année 2020 le volume du marché mondial des prestations de sécurité privée à quelque 120 milliards d'euros pour près de 150 grandes entreprises privées de sécurité militaire. Des entrepreneurs motivés ont encore des possibilités de s'enrichir. Il faut trouver des

1 Valère Llobet (août 2021).

2 Laure Marchand, Guillaume Perrier (2022, p. 22-23).

missions, se faire adouber par les bons gouvernements et surtout avoir une solide base financière pour se lancer dans la course.

Le personnel d'une société militaire privée, élevé au rôle de troupe combattante offensive, offre de nombreux avantages à un gouvernement qui cherche à se cacher derrière des divergences juridiques. Parmi ces atouts : 1) la flexibilité. Les soldats de fortune peuvent venir et être déployés n'importe où ; 2) un faible coût. Malgré un risque élevé pour leur vie, les contractants de l'espace russophone touchent entre 1 500 et 3 600 euros par mois en zone de guerre, selon les tâches qu'ils effectuent. Ces paiements sont effectués en majorité en espèces et échappent à tout contrôle ; 3) un déni de responsabilité. Moscou peut prétendre que le gouvernement russe n'a rien à voir avec les SMP indisciplinées qui s'engagent dans des combats sur un sol étranger ; 4) une responsabilité juridique quasi nulle. La Russie, en tant qu'État, ne peut être tenue légalement responsable de ce que le Kremlin considère comme des actions de combattants étrangers volontaires. Enfin, elles peuvent apparaître et disparaître à tout moment.

QUATRE PHASES POUR UN MERCENAIRE LÉGAL

Le cadre russe est particulier. D'un côté, l'État ne veut pas entendre parler de société militaire privée, et de l'autre, il est prêt à discuter avec elles si ces sociétés œuvrent pour son compte. Dès que la société est trop encombrante, elle est poussée à la dissolution. Cette situation schizophrénique permet justement le développement d'un ensemble législatif plus ou moins favorable à de telles sociétés tout en laissant planer une épée de Damoclès sur elles, de sorte qu'au moindre dérapage, les *siloviki* récupèrent le contrôle sur tout groupe paramilitaire désobéissant à la ligne gouvernementale. Une proposition de réforme des lois autorisant les SMP ne réussit pas à passer le cap de la Commission de la Défense, qui qualifie fin 2014 la mesure « d'inarticulée, d'inutile et de non pertinente ». Le ministère de la Défense et le FSB expriment leurs inquiétudes quant au fait qu'une telle mesure pourrait éventuellement voir « des dizaines de milliers de Rambo incontrôlables retourner leurs armes contre le gouvernement ». D'un autre côté, un expert la décrit comme « une question d'honneur ; les Russes détestent le concept de mercenariat parce que si vous prenez une arme, vous le faites pour défendre votre patrie » et que « l'idée de le faire pour de l'argent va à l'encontre de tout ce que l'on nous enseigne »[1].

Nouvelle étape deux ans plus tard : en décembre 2016, Wagner pourra s'appuyer sur la révision de la loi sur le service militaire[2]. Jusque-là, le gouvernement russe nie son existence et, a fortiori, toute collaboration avec la Défense. Mais le 9 janvier 2017, tout change. Lorsqu'ils combattent des terroristes, les mercenaires sont désormais considérés comme des militaires, même s'ils ne font pas partie d'une unité militaire officielle dépendant du ministère de la Défense. En bref, la loi 53 sur le service militaire autorise l'utilisation de mercenaires russes dans le monde entier et crée les conditions pour développer légalement l'armée avec des sociétés militaires privées[3]. Ce cadre juridique nouveau encourage les hommes de la compagnie. Les mercenaires russes sont désormais légalisés tant qu'ils ne travaillent pas dans le pays. La prochaine évolution juridique intervient à l'automne 2018. Le président Poutine signe une ordonnance sur les modifications de la loi sur les secrets d'État. L'ordonnance classe comme secret d'État les informations sur les personnes qui coopèrent avec les services du renseignement étranger russe sans être membres de ces structures. Un ancien membre des services de sécurité explique que

1 Thomas Grove (18 décembre 2015).
2 [Gouvernement russe] (29 décembre 2016).
3 Willi Neumann, Steffen Dobbertin (6 février 2017).

cette mesure vise à protéger Wagner ou d'autres sociétés qui collaborent avec le renseignement militaire, car les étrangers ou d'autres agents recrutés sont déjà couverts par les lois actuelles sur le secret d'État[1].

Sur la base de ces avancées, des sociétés plus ou moins pérennes vont s'approprier un ensemble de missions, exécuter des opérations de sécurisation pour le compte d'entreprises russes, le tout systématiquement sur sol étranger. L'émergence de Wagner dans la foule des paramilitaires russes se fait en quatre phases : 1) les bases posées par les entreprises de la marque Antiterror. Elles protègent des intérêts miniers russes à l'étranger, recrutent des anciens des forces spéciales ; 2) la continuité opérée avec Moran. Des mercenaires russes sont aperçus un peu partout sur le globe ; 3) la dernière mission du Slavonic Corps. Cette société organise des opérations antiterroristes en Syrie ; 4) la reconnaissance et le patronage de la structure par le Kremlin. Grâce aux conseils d'un expert du mercenariat, l'idée d'un groupe de mercenaires utilisables pour des opérations officieuses fait son chemin.

PHASE I : « ANTITERROR », LES PRÉCURSEURS

L'histoire récente des groupes paramilitaires russes décolle réellement après la chute de l'Union soviétique. Au début des années 1990, Rubikon, une société de sécurité basée à Saint-Pétersbourg et supervisée par les services de sécurité russes, organise des camps de volontaires pour combattre en ex-Yougoslavie[2]. Cette pratique de formation se poursuit au fil des unités. Au cours des années 2010, en Biélorussie[3] ou en Serbie[4], la société privée russe ENOT Corp pilote des camps paramilitaires pour des individus d'extrême droite. Plus

1 Alexey Nikolsky, Svetlana Bocharova (4 septembre 2018).
2 Tor Bukkvoll, Åse G. Østensen (2020).
3 Paul Goble (28 novembre 2017).
4 Radio Free Europe/Radio Liberty, YouTube (6 avril 2018).

loin, en Libye, d'autres sociétés russes forment les troupes de l'Armée nationale libyenne (ANL) et réparent même leur équipement militaire. Si les capacités cybernétiques de ces sociétés ne sont que balbutiantes, elles continuent à se développer.

Les racines du groupe Wagner remontent aux activités d'une société de sécurité appelée Antiterror, fondée à Orel, au sud de Moscou, en tant que réseau de vétérans des services de renseignement et des forces spéciales. C'est l'une des premières sociétés de sécurité, du moins l'une des plus reconnues, à exporter le savoir-faire militaire russe[1]. Créée en 1998, ses activités concernent principalement la protection physique d'objets mobiliers et immobiliers, la prestation de services de formation et de conseil, et certaines autres tâches spécialisées comme des travaux de sapeurs : en cela, c'est l'une des rares structures privées à avoir intégré des spécialistes des activités explosives minières dans son personnel (utiles pour l'exploration et l'exploitation minières). Elle aurait été financée par des oligarques comme Oleg Deripaska, propriétaire du géant de l'aluminium Rusal, et Guennadi Timtchenko, un magnat du pétrole proche de Poutine[2].

Le haut niveau des services fournis par l'entreprise reposait essentiellement sur la composition de son personnel : environ 40 % avait un parcours de cadre des services du renseignement militaire ou étaient d'anciens opérateurs des forces spéciales (*spetsnaz*) ou des troupes aéroportées ; 40 % provenaient des forces d'opérations spéciales ; tandis que les 20 % restants étaient des vétérans des armées, d'anciens

1 Candace Rondeaux (7 novembre 2019).

2 Mattia Pacella (30 janvier 2023).

de la GRU, des unités Vympel[1] ou d'Alpha[2], ou de forces spéciales de la marine. Ces données sont confirmées par une version archivée du site Internet indiquant qu'environ la moitié des individus affiliés sont d'anciens militaires d'élite.

Antiterror-Orel avait de grands projets pour un ensemble de missions en Irak, mais l'opération américaine « Liberté en Irak » (2003) l'a devancée, entraînant dans sa suite des sociétés militaires privées occidentales. En 2010, dans une interview accordée à l'édition russe de *Forbes*[3], Sergueï Epichkin, son directeur, admet qu'Antiterror ne compte que 24 employés permanents et 300 réservistes actifs. L'employé idéal doit avoir un certain caractère. Contrairement à la croyance populaire, un officier de sécurité en guerre n'est pas un « type désespéré et prenant des risques », mais doit savoir négocier et faire preuve de psychologie. Epichkin, ancien soldat devenu mercenaire, se souvient d'un moment marquant d'une opération : « Je me suis retrouvé [...] dans une situation où ils ont tiré sur des hélicoptères. Parfois, les résidents locaux, le personnel militaire ou les entreprises militaires privées peuvent commencer à tirer sans avertissement, par exemple, si votre conducteur, qui commence à dépasser un convoi de véhicules, se comporte de manière incorrecte. Mais en même temps, vous ne devriez pas riposter, car vous ne participez pas à la guerre[4]. » Russia Today décrit la troupe d'Epichkin comme une alternative « plus douce, plus sensible à la culture d'autres entreprises de sécurité ». « Avant, d'envoyer des gens là-bas, nous leur faisons passer une formation sérieuse », ajoute le proto-mercenaire russe.

....

1 Formée à l'origine en 1981 comme un complément d'Alpha pour les opérations à l'étranger. L'unité se concentre de la même manière sur les opérations antiterroristes et la sécurité nucléaire.

2 Alpha (Direction A du Centre à vocation spéciale du FSB) formée à l'origine en 1974 en tant que force antiterroriste nationale du KGB, unité sœur de Vympel.

3 Igor Popov (2 septembre 2010).

4 Lilia Rakshenko (28 décembre 2012).

Après avoir échoué à remporter des contrats en Irak, Antiterror-Orel a tenté sa chance au Nigeria, en Sierra Leone, en Angola et en Inde, où l'entreprise a principalement fourni « un soutien au fret et des conseils en matière de sécurité ». En 2008-2009, elle était active en Serbie.

Après le lancement de l'intervention américaine en Irak, une nouvelle structure apparaît. Appelée Antiterror tout court, elle est un autre exemple dont l'impact est considérable. Ce groupement de vétérans du VDV[1] gère également son propre centre de formation et établit d'assez bonnes relations avec certaines personnes bien placées à Moscou. De 2004 à 2007, le groupe de sociétés Antiterror s'est activement impliquée dans le travail des entreprises russes en Irak : à cette fin, un groupe spécial ad hoc, Tiger Top-Rent Security, est créé sous ses auspices en 2005. Toutefois, à la fin de son contrat, la société militaire privée cesse ses activités, car les possibilités de mandats supplémentaires sont limitées[2].

La filiation se poursuit en 2008 avec Redut-Antiterror. La création de cette structure est possible grâce au travail de Tiger Top-Rent Security. La nouveauté ? C'est la présentation d'une plateforme composée d'organisations plus petites. Son émergence est liée à une initiative de vétérans des forces spéciales russes. La société participe à des missions au Moyen-Orient, en Somalie, en ex-Yougoslavie ou dans des pays du bassin caribéen[3]. Implicitement, elle participe (en tant que consultant militaire) au conflit russo-géorgien d'août 2008, où l'entreprise entraîne les forces armées abkhazes[4].

Les bases sont là : faire appel à des anciens des troupes d'élite ; se structurer en petits groupes indépendants ou presque pour faciliter la chaîne de commandement ; avoir

1 Forces d'intervention aéroportées des forces armées russes.

2 Mehmet Erkan Kılıoğlu (24 mai 2022, p. 643-644).

3 [Redut], «От Афгана до... Ирак».

4 [Redut], «В числе наших партнеров и заказчиков консультационных услуг».

des missions dans des théâtres d'opérations extérieurs rentables ; défendre les intérêts économiques russes. La recette s'affine encore un peu les années suivantes, rendant le projet encore plus solide.

En 2011, peu avant sa perte d'influence, Antiterror-Orel se présente comme un centre de formation pour les anciens militaires intéressés par des carrières dans le secteur civil et souhaitant travailler à l'étranger. Les activités d'Antiterror, déjà présente sur divers théâtres de guerre, se sont immédiatement imbriquées avec celles de deux autres acteurs majeurs du monde du mercenariat : Moran Security Group et RusCorp. Moran poursuit encore quelques années son activité, et RusCorp laissera la place à d'autres sociétés militaires privées. Si des sociétés disparaissent, elles gardent en commun trois éléments : 1) leurs employés vont naviguer d'une société à une autre ; 2) elles collaborent avec les plus grosses entreprises russes aux mains d'oligarques ; 3) il existe un lien informel systématique avec les renseignements russes, et la bénédiction officieuse du Kremlin.

PHASE II : MORAN SECURITY GROUP, LES DÉVELOPPEURS

Après la deuxième guerre d'Irak (2003-2011), des entreprises demandent à Antiterror-Orel des équipes de protection supplémentaires. Ces renforts marquent le début de plusieurs sociétés militaires privées (aux origines russes) actives au Moyen-Orient, parmi lesquelles Tiger-Top Rent Security, Redut-Antiterror et surtout Moran Security Group, une société qui existe toujours et qui concentre ses efforts sur la protection des navires. De fait, Moran sera davantage un consortium de petites structures, selon le modèle déjà éprouvé par la famille Antiterror.

Dirigée par un ancien gradé du FSB, Moran est l'une des premières à se lancer sur le marché de la lutte contre la piraterie dans les années 1990, et engrange très vite des millions de dollars en surveillant des navires pour les plus grands groupes maritimes russes[1]. Une chronologie présente sur le site fait remonter les origines de Moran à la fin des années 1990, lorsque le gouvernement russe s'est inquiété du risque posé par l'augmentation de la piraterie le long des principales routes maritimes, du golfe d'Aden à l'océan Indien. La société cite spécifiquement son implication dans le sauvetage d'un pétrolier pris en otage par des pirates soudanais en 1999 et, dans les présentations de l'entreprise, fait référence à son étroite coopération avec la marine russe. Moran opère aussi en Somalie et en Afghanistan, et une version archivée de son site web indique que la société opérait près du poste frontalier d'at-Tanf en Syrie, près de l'Irak, au moins trois ans avant que *Fontanka* ne mette au jour les liens entre divers employés de Moran qui joueront un rôle dans le futur du mercenariat en Russie[2].

Finalement officiellement enregistrée en tant que personne morale à Moscou en 2011, Moran Security Group se présente surtout comme un consortium d'entreprises plus petites (avec des spécialisations et des profils différents), aux missions et domaines d'expertise bien plus larges que les packages standards proposés par des entreprises similaires. Le groupe se spécialise dans les missions de douanes et le contrôle des frontières, les missions de sauvetage (y compris la libération d'otages et les opérations navales), la préparation d'opérations militaires, ainsi que la protection physique des personnalités. Les organes d'information russes ont même affirmé que « l'un des clients de l'entreprise était Bachar el-Assad[3] ». Le haut niveau d'expertise dont fait

1 Igor Popov (1er avril 2013).

2 Il s'agit de quatre vieux de la vieille : Vadim Goussev (ancien opérateur de RusCorp en Irak) et Evgueni Sidorov qui fonderont le *Slavonic Corps* ; Boris Chikine qui sera instructeur dans la plupart de ces structures, et de Dmitri Outkine qui incarnera Wagner.

3 Sergey Lyutykh (1er février 2018).

preuve cette société peut être attribué aux personnalités de ses fondateurs.

Ratibor est le nom que porte aujourd'hui l'ancien *Myre Seadiver*. En 2012, ce navire, à la coque bleue, long d'une cinquantaine de mètres, affrété par Moran et battant pavillon des îles Cook fait scandale lorsqu'il est arrêté (avec son équipage) par les autorités nigérianes, le 23 octobre. Même si Moran Security Group est reconnu pour la qualité de ses activités de sécurité dans le secteur du transport maritime, ses contractants sont bel et bien arrêtés dans le port de Lagos pour trafic d'armes[1]. Une fouille du bateau permet la découverte et la saisie de 14 fusils AK-47, de 22 Benelli MR1[2] et de milliers de cartouches par les militaires nigérians. La réaction du commandement de Moran à cet incident est extrêmement surprenante. Les officiers supérieurs de la société pensent que les ressources et les capacités de Moran sont suffisantes pour faire face à l'armée nigériane sans aucun soutien du gouvernement russe : « Nous voudrions demander au président de la Fédération de Russie l'autorisation de mener une opération de sauvetage russe [...] Nous pouvons y arriver. Nous n'avons pas besoin d'aide [...] Nous disposons de milliers de guerriers hautement entraînés et militairement expérimentés qui ont participé à toutes les opérations militaires récentes... Nous attendons la décision du gouvernement[3]. »

Les récits des tribunaux ne précisent pas qui étaient les destinataires de ces fusils, ni si Moran était mandatée pour livrer des armes plutôt que d'en faire un trafic. Ce n'est finalement qu'après l'intervention de Moscou que les hommes sont libérés. Quelques mois après le jugement rendu par le Nigeria dans l'affaire de contrebande, Moran fera à nouveau la une de l'actualité internationale lorsque Vadim Goussev, ancien employé de RusCorp et lié à plusieurs

....

1 Caroline Britz (21 février 2013).

2 [Reuters] (23 octobre 2012).

3 Denis Korotkov (25 février 2013).

autres sociétés, se retrouve dans des ennuis qui mènent à la première condamnation en Russie pour mercenariat et à la dissolution du Slavonic Corps. La dernière activité de la société Moran date du 15 avril 2015 (annonce de la démission du secrétaire et du directeur) – Slavonic, une de ses filiales, présente quant à elle des rapports d'activité financière dès 2013 et 2014.

Cette fin de vie pour Moran est un des premiers signaux visibles qui rappelle que l'outil de déni plausible peut se retourner contre son créateur. Moran se révèle difficile à contrôler. Moscou devra prendre en compte cette variable pour sa prochaine création – qui finira par prendre la même route.

PHASE III : SLAVONIC CORPS, LA TOUCHE FINALE

Vadim Goussev et Evgueni Sidorov, anciens employés de Moran, devenus dirigeants dès 2012 de Slavonic Corps LLC, lancent au printemps 2013 une campagne publicitaire en Russie pour embaucher d'anciens militaires afin de travailler en Syrie[1]. Ils promettent aux vétérans que pour plusieurs milliers de dollars par mois, ils défendront les installations énergétiques dans les régions pétrolifères. Les employés du Slavonic Corps sont des vétérans expérimentés, y compris des anciens de la seconde guerre de Tchétchénie (1999-2009).

L'appel téléphonique passé, les candidats au mercenariat rencontrent dans la rue le chef de Moran Security Group, Viatcheslav Kalachnikov, lieutenant-colonel de réserve du FSB, qui leur explique les conditions. Puis, lors d'un deuxième entretien, des formulaires sont remplis et des passeports commandés. Dernière étape, une invitation à Moscou. Cette fois, les candidats s'entretiennent dans les locaux de Moran, rue Potapovsky couverte de jolis bâtiments aux teintes jaunes. On leur dit qu'ils doivent se rendre en

....

1 Denis Korotkov (14 novembre 2013).

Syrie avec le Slavonic Corps. Les liens entre ces structures sont assez flous, même si un article de Sergueï Soukhankine[1] confirme qu'en 2012, Moran crée Slavonic avant que les deux organisations ne fusionnent pour augmenter leurs parts de marché et leurs forces.

On demande aux candidats mercenaires de se tenir prêts. À peine rentrés à Saint-Pétersbourg, ils reçoivent un appel : « Il est urgent que vous veniez à Moscou. Il est temps de vous envoler pour un voyage d'affaires. N'apportez que votre passeport, ne portez ni n'apportez rien de militaire, la surveillance ennemie ne fait pas de sieste[2]. » Les contrats sont littéralement signés sur le quai de la gare : « Allez, allez, le temps presse. » Sur une vingtaine de candidats qui se sont présentés, trois font demi-tour et repartent chez eux au lieu d'aller en Syrie. Le Slavonic Corps est composé, après cette phase de recrutement, de 267 personnes réparties en deux compagnies déployées à Lattaquié, en Syrie, où elles suivent plusieurs semaines de formation. Le Corps embarque le 13 octobre 2013 dans des bus Hyundai et des jeeps GMC garnies de blindages de fortune et se dirige à travers dunes et routes de fortune vers les champs pétrolifères de la région stratégique de Deir ez-Zor[3].

Le 18 octobre 2013, les jeunes recrues font face à leur premier et dernier combat de mercenaires. Le Slavonic Corps est envoyé en renfort auprès des pro-gouvernementaux dans la ville d'al-Soukhna, harcelée par les troupes rebelles. Les forces se battent avec acharnement contre l'État islamique (EI). Lors de violents combats, six contractuels sont blessés et l'unité est contrainte au repli. La retraite est possible grâce à une violente tempête de sable. Au cours de la fuite, l'un des contractuels de Moran, Alexeï Maliouta[4], perd des documents contenant ses données personnelles et des informations sur

1 Sergey Sukhankin (18 décembre 2019).

2 [Interpreter] (16 novembre 2013).

3 Irek Murtazin (6 octobre 2017), et [War is Boring] (18 novembre 2013).

4 Michael Weiss (21 novembre 2013).

ses liens avec les mercenaires. L'EI publie quelques jours plus tard certains des documents perdus par le Russe, et une déclaration selon laquelle une troupe de mercenaires a été éliminée pendant le combat.

L'affrontement à al-Soukhna met fin aux activités du Corps. La mission qui devait durer six mois n'en dure qu'un, les troupes fuient le Levant à bord de deux avions, et le groupe est dissous. Goussev et Sidorov sont arrêtés à leur descente d'avion à Moscou par le FSB (les accusations sont fondées sur l'article 359 du code pénal russe[1]), et les hommes de base rentrent chez eux. Dans ces premiers mois de 2014, la nébuleuse d'où surgira Wagner attire l'attention du public russe pour la première fois. Le Slavonic recrutait des volontaires pour Damas. Goussev et Sidorov sont jugés pour avoir organisé des services de mercenaires et ont tout déballé. Leur procès se déroule dans le cadre d'une procédure spéciale et les documents restent classifiés, de sorte que l'identité de ceux contre qui Goussev et Sidorov ont témoigné reste un mystère (pour obtenir un accord et l'anonymat dans une procédure juridique russe, une condition obligatoire est de dénoncer une personne plus élevée que soi dans la hiérarchie criminelle). Il n'y a pas eu de détentions notoires de personnes appartenant à la sphère du mercenariat. Le verdict pour Vadim Goussev et Evgueni Sidorov est prononcé le 24 octobre 2014 par le juge d'un tribunal moscovite : ils tombent pour mercenariat. Ces trois premières phases seront aussi riches d'un enseignement. Si les sociétés disparaissent, les hommes restent. Il est fréquent de passer d'une structure à une autre.

1 En vertu de cet article, le recrutement de mercenaires, leur formation, leur financement ou tout autre soutien matériel, ainsi que leur utilisation dans un conflit armé ou dans des opérations militaires est interdit.

PHASE IV : L'IDÉE D'EEBEN

Dernière étape nécessaire à la création d'une structure qui obtient les faveurs des *siloviki* : la construction mythologique ou plutôt la compréhension officielle de l'utilité d'une société de mercenaires officieuse qui soit une marionnette au sein des échelons du pouvoir. En 2012, en réponse à une question d'un député de la Douma sur la possibilité d'utiliser les sociétés militaires privées comme instruments d'influence à l'étranger, Poutine explique : « Je crois que ces sociétés sont un moyen de mettre en œuvre les intérêts nationaux sans l'implication directe de l'État... Oui, je pense que nous pourrions envisager cette option. » Le vice-Premier ministre de l'époque, Dmitri Rogozine (qui supervisait l'industrie de la défense russe), complète : « Nous étudierons l'utilité de créer de telles entreprises en Russie, et nous ferons un pas dans cette direction[1]. » L'offensive vers une légalisation se poursuit avec cette déclaration de Vladimir Poutine, le 11 avril 2012 : « Un groupe d'entreprises militaires privées constituerait un outil efficace pour atteindre les objectifs nationaux sans impliquer directement l'État russe[2]. »

Les sociétés militaires privées sont, rappelons-le, illégales en Russie. Pourtant, c'est un scénario curieux qui se dessine, digne d'un film d'espionnage. Le chef d'état-major russe rencontre Eeben Barlow, vétéran du mercenariat et ancien soldat de l'armée sud-africaine. Sa société a mené des guerres sales en Afrique dans les années 1990 (au Sierra Leone[3] ou en Angola), avec des forces spéciales au chômage du gouvernement d'apartheid sud-africain. Des officiels russes vont donc échanger avec le créateur d'une société militaire privée pour pousser son idée au-delà de toutes les limites imaginables.

....

1 Asymmetric Warfare Group (avril 2020).

2 Union Européenne (25 novembre 2021).

3 Executive Outcomes recevra en paiement une partie des mines de diamants de la région, schéma que Wagner perfectionnera dans ses missions africaines.

Concrètement, cette rencontre a lieu au Forum économique de Saint-Pétersbourg, la conférence d'investissement phare de la Russie, en 2010. L'ancien militaire sud-africain est officiellement annoncé comme participant à une courte session – sur la manière dont la Défense devrait coopérer avec le secteur privé, et sur la possibilité de privatiser l'armée. Le but principal de sa visite est tout autre : une présentation à huis clos pour une petite délégation de l'état-major russe. Contacté plus tard sur le sujet, Barlow a expliqué qu'il détestait la presse et a cessé de donner des interviews. Toutefois, selon les journalistes qui ont sorti l'enquête[1], lors de cette réunion Eeben Barlow présente aux militaires le modèle de création d'une SMP et suggère des options pour adapter une telle société aux conditions russes. Le principal enjeu qui sera longuement débattu est de savoir si une telle structure doit être légale, certaines forces de sécurité s'y étant catégoriquement opposées. Leur crainte est de voir des armes potentiellement fournies par l'État échapper à tout contrôle. Quelques années plus tard, la fragmentation du monopole de la violence conduira presque à la prise de Moscou à l'été 2023.

Alors que l'armée russe accueille avec enthousiasme l'idée d'un groupe de mercenaires, dans un premier temps rien ne va se produire. Valeri Guerassimov, chef de l'état-major général, et futur commandant de l'offensive en Ukraine en janvier 2023, fait progresser l'idée. Les éléments qui ont mené au choix d'Evgueni Prigojine comme responsable de cette future structure sont encore mystérieux. Sa proximité avec Vladimir Poutine et le premier cercle, sa fortune et son ambition sont connues et pourraient avoir joué. Toutes nos pistes de recherches nous mènent à cet unique article russe, dont le titre, traduit en français, est : « Une armée pour le président : l'histoire de la mission la plus délicate d'Evgueni Prigojine ». Les informations qui y sont décrites

1 Irina Malkova, Anton Baev (29 janvier 2019).

sont plausibles. La présence des personnes mentionnées est avérée dans les lieux décrits. C'est le contenu qui est difficile à vérifier. Cependant, le site d'informations indépendant *The Bell*[1] estime que ce qui sonne comme une rumeur est très probable[2]. C'est en tout cas une bonne histoire qui semble entretenue par les réseaux de Prigojine pour expliquer la stratégie de « déni plausible ».

En 2012, Vladimir Poutine, alors Premier ministre, soutient l'idée de créer un système de sociétés militaires privées qui pourrait fournir des services de sécurité pour les installations et former des militaires étrangers à l'étranger sans la participation de l'État russe. En octobre 2014, un projet de loi sur les sociétés militaires est soumis à la Douma, qui réglemente les garanties sociales pour les employés de ces sociétés, les tâches qu'ils peuvent résoudre et pose certaines interdictions. Cette loi n'a jamais été adoptée. Analysée sous un prisme légal, Wagner n'a pas d'existence officielle. Les traces d'une prétendue société enregistrée en Amérique latine ne permettent pas de remonter à une société inscrite au registre du commerce, ou à des noms protégés. La piste relève plutôt de la légende urbaine.

Toutes les bases pratiques sont posées pour que Wagner se structure et reste une coquille vide à remplir. L'histoire montre que pour construire Wagner, le Kremlin s'est servi des cendres d'autres structures qu'il n'a pas hésité à démanteler. Pour parachever et améliorer sa créature, le gouvernement va devoir les parer d'une idéologie dans le but d'obtenir les combattants les plus fidèles possibles à la Russie. Les mouvances nationalistes déjà présentes apporteront cet ingrédient complémentaire.

1 Voir leur présentation : https://archive.vn/iJnv2.
2 Irina Malkova, Anton Baev, *ibid.*

L'IDÉOLOGIE DU CHAOS

Pour chapeauter la finalisation de la structure Wagner, il faut une couche idéologique, couche qui donnera aux hommes une raison de se battre dans des territoires désespérés. Pour cela, la solution existe déjà. Elle va s'ajouter comme un vernis. Les idéaux et les valeurs promues par une organisation ultranationaliste et suprémaciste blanche fourniront cette motivation. Le Mouvement impérial russe (RIM) est un groupe qui met l'accent sur deux piliers : le pouvoir politique, détenu par le tsar, et le pouvoir spirituel détenu par l'Église orthodoxe russe. L'organisation adhère à une forme de nationalisme fondée sur l'identité ethnique et demande à l'État de maintenir une influence ou un contrôle sur tout territoire où résident des « Russes ethniques ». L'organisation gère deux centres d'entraînement paramilitaire à Saint-Pétersbourg[1], par le biais desquels elle propose un cours de formation que le RIM appelle *Partisan*. Certaines recrues formées dans ce contexte intègreront plus tard Wagner. Le programme de formation comprend des cours sur les assauts en forêt et en milieu urbain, les armes à feu et d'autres techniques de combat. Le mouvement utilise ses installations pour former des citoyens à combattre aux côtés des séparatistes ukrainiens au sein de leur unité paramilitaire, la Légion impériale[2]. Sur son profil du réseau social russe VKontakte, la Légion se définit comme étant « une fraternité martiale orthodoxe à l'histoire glorieuse, qui défend les intérêts du peuple russe sur tous les fronts. Nous prêchons la fidélité au Christ, la voie de la Force et de la Gloire, en nous inspirant de l'exemple des légions de l'empereur Constantin le Grand et en poursuivant leurs

1 Andrew Roth (2 juin 2017).

2 Groupe paramilitaire issu du Mouvement impérialiste russe, voir Candace Rondeaux (8 juin 2020).

glorieuses traditions militaires. Nous croyons fermement à la voie impériale de la Russie, et nous y veillons[1] ».

Parallèlement, l'histoire des milices d'extrême droite comme Rusich (qui deviendra une forme d'unité spécialisée au sein de Wagner) commence en 2009. C'est l'année où des membres de cette unité sont aperçus dans la région de Saint-Pétersbourg. Les cadres de la milice prennent justement part au programme d'entraînement paramilitaire *Partisan*, géré par la Légion impériale. Symboliquement, c'est le début de Rusich. D'autres milices deviendront des structures militaires privées avec leur propre label, elles conserveront leur pensée néonazie tout au long de leurs déploiements[2] et leurs liens avec le RIM perdureront. L'idéologie de ces groupes se base sur un nationalisme ethnique russe, prône la restauration du régime tsariste et alimente l'extrémisme de la suprématie blanche en Occident.

Lors de la prise du Donbass, les forces de Wagner jouent un rôle offensif actif en coordination avec les milices séparatistes contre les troupes ukrainiennes. Elles n'étaient pas les seules, d'autres milices ou compagnies privées y ont joué un rôle. En juillet 2014, après le déclenchement du conflit dans l'est de l'Ukraine, le RIM forme et envoie des volontaires en soutien aux républiques séparatistes. Ces combattants participent aux combats dans les régions de Slaviansk, Donetsk, Debaltseve. Certains membres de la Légion vont ensuite travailler comme mercenaires au Moyen-Orient et en Afrique du Nord. Le 30 janvier 2020, Vladimir Skopinov, qui a combattu en Ukraine et en Syrie, meurt en Libye. C'est le deuxième membre du RIM à passer l'arme à gauche en Afrique du Nord[3].

En 2020, le Département d'État américain ajoute le RIM à son registre des organisations terroristes, alors que seules des associations islamistes radicales y figuraient jusque-là.

1 Имперский Легион, VK, [page d'accueil].
2 Goldilok, @Gareva01, X (14 avril 2022).
3 [UA Wire] (30 janvier 2020).

Toutes les transactions avec eux sont interdites, leurs biens aux États-Unis sont gelés et des sanctions frappent les trois dirigeants. « C'est la première fois que les États-Unis imposent des sanctions aux partisans de la suprématie blanche. Cela confirme le sérieux avec lequel l'administration de l'actuel président envisage cette question. Des mesures jamais prises auparavant par les États-Unis », explique le sous-secrétaire d'État à la lutte contre le terrorisme, Nathan Sayles[1]. En Russie, le RIM n'a pas été interdit par décision de justice, mais son site web et plusieurs numéros de sa publication sont placés sur le registre des matériaux extrémistes.

En 2022, le RIM est placé sous sanctions financières par l'Office of Foreign Assets Control (OFAC), le bureau anticriminalité du Trésor américain. « Le Mouvement impérial russe a cherché à collecter et à déplacer des fonds en utilisant le système financier international dans l'intention de construire un réseau mondial de groupes violents qui encouragent les opinions extrémistes et subvertissent les processus démocratiques », justifie le sous-secrétaire au Trésor pour le terrorisme et le renseignement financier, Brian E. Nelson. « Le RIM et ses partisans continuent d'exacerber la guerre d'agression de la Russie en Ukraine par leurs efforts de collecte de fonds. Nous continuerons à identifier les possibilités de perturber les réseaux d'extrémistes violents à motivation raciale et ethnique qui cherchent à s'entraîner, à collecter des fonds ou à recruter au-delà des frontières, afin d'empêcher le système financier international de devenir un incubateur d'activités extrémistes violentes[2]. »

La Russie vit depuis la fin de l'URSS une situation de transition sans avoir réellement retrouvé sa place sur l'échiquier mondial. Coûte que coûte, pour le Kremlin, il faut retrouver une place d'honneur. Formater son peuple pour qu'il obéisse est un objectif primordial pour le président

1 [Novaya Gazeta] (6 avril 2020).
2 [Treasury] (15 juin 2022).

Poutine, qui devient un expert de la gestion narrative de son idéologie. Depuis qu'il est au pouvoir, il encourage la mise sur pied de camps paramilitaires pour enfants. En 2003 déjà, Radio-Canada était partie sur leurs traces. Ils se déroulent à environ 300 kilomètres de Moscou, où de jeunes enfants âgés de 6 à 15 ans vont passer leur été dans la forêt. « On apprend à aimer notre patrie et à la défendre coûte que coûte. On apprend qu'on va avoir à donner notre sang, peut-être même notre vie[1]. » Le contenu du camp est basé sur les programmes de l'armée. Ils apprennent à monter et à démonter des AK-47. Ramper dans la boue pour protéger la mère Russie. Les instructeurs sont des membres des forces spéciales ayant connu l'épreuve du feu en Tchétchénie et en Afghanistan. Entre formation paramilitaire et endoctrinement, il s'agit de redorer l'image de l'armée, de trouver du sang frais.

Commandant en chef, président, Vladimir Poutine installe dans les milieux académiques le concept de « Nouvelle Russie », en s'inspirant notamment des succès de Catherine II, qui avait pris la Crimée et les littoraux de la mer d'Azov aux Ottomans en 1783. Ce sont ces mêmes régions qui sont aujourd'hui les objectifs de l'agression contre l'Ukraine. Suivant les succès de l'impératrice, Poutine aimerait à son tour réunir sous la bannière russe un monde qui engloberait Biélorusses et Ukrainiens, et parfois même, les slaves orientaux. Il trace un concept, celui d'un empire dont les frontières peuvent varier[2]. D'ailleurs, pour Alexandre Prokhanov, un des théoriciens favoris de Poutine, « la Russie est par nature un empire dont les frontières respirent[3] ». Un bel argument pour justifier les annexions de l'Est ukrainien et de la Crimée – qui, rappelons-le, a été donnée à l'Ukraine en 1954 par Nikita Khrouchtchev. Le président Poutine

1 Caroline Paulhus (24 janvier 2003).
2 Anna Colin Lebedev (29 août 2022).
3 Michel Eltchaninoff (2022, p. 134).

n'évoque pas encore en 2014 son pays comme un empire. Pourtant, il est en train de le constituer.

Alexandre Douguine serait un des idéologues les plus influents du Kremlin, ce qui lui vaut le surnom de « Raspoutine de Poutine », en référence au conseiller mystique du tsar Nicolas II, avec lequel il partage la même longue barbe grise. C'est lui qui, dans une vidéo en 2014, a appelé les Russes à « tuer, tuer, tuer » les Ukrainiens[1]. Néanmoins, il ne faut pas surinterpréter la congruence croissante entre le discours de Douguine et la rhétorique du Kremlin, en particulier depuis 2022. Une proximité est évidente, mais elle ne suffit pas à affirmer une causalité directe. D'ailleurs, il est peu probable qu'ils se fréquentent, selon Michel Eltchaninoff, qui cite un ancien conseiller du Kremlin : « Les proclamations grossières de Douguine insultent l'intelligence du président[2]. » Poutine s'adapte et se sert de l'essor de l'eurasisme, doctrine qui prône la spécificité de la Russie orthodoxe, une civilisation à distinguer de l'Occident comme de l'Asie. Douguine, qui est connu jusqu'en Europe occidentale pour influencer, entre autres, une partie de l'extrême droite française, est visé depuis 2014 par les sanctions de l'Union européenne prises dans la foulée de l'annexion de la péninsule de Crimée. Philosophe résolument nationaliste et conservateur, le Raspoutine postmoderne est l'un des promoteurs de ce courant qui a ressurgi lors de la chute de l'URSS et est devenu très populaire dans tout l'espace post-soviétique.

Dans son discours, la Russie doit coûte que coûte se démarquer d'une modernité occidentale jugée décadente. L'Ukraine est un pays que Douguine qualifie de « Nouvelle Russie », ce concept cher à Vladimir Poutine. De son côté, le président entretient une politique impérialiste et cherche à redorer les blasons russes. Depuis son accession au Kremlin

1 Andreas Umland (18 novembre 2023).

2 Michel Eltchaninoff (2022, p. 105).

en 2000, Poutine se constitue une aura de patriote qui rejette le nationalisme ethnique, susceptible de provoquer la désintégration du pays s'il n'est pas sous contrôle. Pragmatique, il constitue un projet philosophico-patriotique pour réunir tous les russophones sous un même drapeau. Lors d'un premier mandat crispé, il devient conservateur. Lors du troisième mandat, commencé en 2012, il prend un tournant impérialiste. Dans l'émission « Ligne directe avec Vladimir Poutine », diffusée pendant 4 heures 30 en direct par trois chaînes de télévision et trois radios fédérales du pays, le président détaille son projet : « Les droits et les intérêts des citoyens russes et russophones du sud-est de la Russie[1]. » Dans cette Nouvelle Russie, Poutine rappelle que Donetsk, Kharkiv et Odessa ne faisaient pas partie de l'Ukraine de 1920. Ces territoires lui ont été donnés par l'URSS. Il faut donc les récupérer. Très adroitement, depuis son accession au Kremlin, Poutine a réuni les idées des nationalistes, tout en se débarrassant des mouvements autonomistes qui sont exclus de la sphère officielle et de la politique légale, pour ne laisser exister que Russie Unie[2] et une opposition politiquement stérilisée. Caricaturalement, pour Viktor Erofeïev, figure de proue de la contestation littéraire en Russie, « Poutine est un tsar postmoderne, mais il n'est ni fou ni idiot[3] ». Pur produit du KGB, il se démarque du passé communiste de son pays. « Poutine incarne la revanche de ceux qui n'ont pas supporté la chute de l'URSS et sa métamorphose en démocratie[4] » conclut Michel Eltchaninoff.

Douguine suit ce courant philosophique. Il soutient que l'intervention militaire en Ukraine est nécessaire « pour sauver l'autorité morale de la Russie ». Le concept de Nouvelle Russie évolue pour se voir associé aux projets d'expansion de Vladimir Poutine. Constituer la Nouvelle Russie devient

1 Michel Eltchaninoff (2022, p. 154).
2 Parti politique fondé entre autres par Vladimir Poutine.
3 Vincent Monnet (2022, p. 41).
4 Michel Eltchaninoff (2022, p. 10).

officiellement le but à atteindre pour l'armée russe en 2022, après ses échecs dans le nord de l'Ukraine et le lancement de la seconde phase de son offensive.

Violence, nationalisme sans peur, identification de l'Ukraine comme un pays ou des régions qui doivent revenir à la Russie : voilà un cadre idéologique qui fédère les hommes de Wagner derrière un idéal. Quoi de mieux qu'un but commun pour encourager les troupes ?

II · DE « CUISINIER » À *CONDOTTIERE*, L'ÉTRANGE DESTIN DE M. PRIGOJINE

L'homme qui porte un couteau à la ceinture n'est pas pour autant cuisinier.
Proverbe russe

En 1961, alors que l'ombre du rideau de fer s'étend sur l'Europe, Saint-Pétersbourg s'appelle encore Léningrad et les Russes envoient le premier homme dans l'espace. 1961, c'est aussi l'année du procès Eichmann à Jérusalem. Le danseur et chorégraphe Rudolf Noureïev fait défection en juin pour rejoindre l'Ouest. D'étoile en étoile, le 1er juin marque aussi la naissance d'Evgueni Prigojine. La voie que va choisir ce fils d'un ingénieur des mines changera la politique russe du XXIe siècle. Le jeune Evgueni est diplômé en 1977 d'un internat axé sur l'athlétisme et tente de se lancer dans la compétition de ski de fond. « Je glissais en une journée parfois 50 kilomètres. Seul, je peux parcourir de très longues distances », explique-t-il dans une de ses rares interviews, accordée à la publication *Gorod 812* de Saint-Pétersbourg[1]. Dans les années 1980, il travaille comme professeur de ski à l'école de sport pour la jeunesse du district de Krasnogvardeïski[2].

Prigojine abandonne le sport pour suivre un cursus à l'Académie de chimie et de pharmacie de Léningrad. 1979 marque un tournant. Le 29 novembre, un tribunal de district le condamne[3] à deux ans et demi de prison avec sursis pour vol. Lors d'une nuit de mars 1980, Evgueni Prigojine suit une fille dans une rue sombre pour lui voler son manteau. Il l'attrape, elle crie, se débat. Il lui serre la gorge, l'étouffe et la tire par le cou dans une ruelle. Elle s'évanouit. Quand elle reprend connaissance, elle n'a plus ses boucles d'oreilles

1 Evgeny Vyshenkov (28 février 2011).
2 Отдел расследований (26 juin 2013).
3 ЦУРреализм (10 mai 2017).

ni ses bottes. Il tombe à nouveau, à l'âge de 20 ans. Cette même année, à peine libéré, un délit plus grave le rattrape : vol en bande organisée, fraude et prostitution de mineurs. Prigojine, qui ne cherche pas à clamer son innocence, écope d'une nouvelle peine de douze ans derrière les barreaux. Il n'en purgera que neuf grâce à un recours auprès de la Cour suprême et sort libre au printemps 1990.

La chute du mur de Berlin et la fin de l'URSS sont de bonnes nouvelles pour le futur oligarque. Libre, le Pétersbourgeois se révèle en homme d'affaires. Un voyage aux États-Unis en 1993 l'inspire : avec son beau-père (il a perdu son père à l'âge de 9 ans), il crée un réseau de vente de hot-dogs. « C'est dommage qu'ils n'aient pas imprimé de brochures publicitaires à l'époque. En 1990, j'ai été le premier à Léningrad à vendre des hot-dogs. La moutarde était préparée dans mon appartement – dans la cuisine, ma mère comptait les billets –, je gagnais 1 000 dollars par mois, et ça faisait des montagnes de roubles[1]. » Les affaires de Prigojine prennent leur envol. Il devient le directeur de Contrast, la première chaîne d'épiceries de l'ancienne capitale des tsars, ouverte par l'entrepreneur Boris Spektor, un camarade de classe. Ces échoppes sont très populaires et les acheteurs viennent de toute la ville. En 1993, Kirill Ziminov, un ami rencontré chez Contrast avec une expérience de chef de rayon dans un grand magasin, devient directeur commercial, tandis que Prigojine se voit chargé des finances.

Au milieu des années 1990, la Russie se libéralise à grande vitesse. Les entreprises d'État tombent entre les mains de proches du pouvoir. Boris Eltsine tente de maintenir debout l'ex-URSS, colosse aux pieds d'argile. Pour Prigojine, la relation de travail s'est transformée en relation d'amitié. Très proche de Ziminov, son associé avec qui il lancera ses premières affaires, il possède un appartement

1 Evgeny Vyshenkov (28 février 2011).

dans le même immeuble. Pendant huit ans, ils viennent travailler dans la même voiture[1].

Au moment où le business du jeu s'ouvre sur les rives de la Neva, les entrepreneurs Igor Gorbenko, Boris Spektor et Evgueni Prigojine renforcent leurs positions. Ce sont eux qui, selon le registre du commerce de Saint-Pétersbourg, ouvrent le premier des casinos de la capitale du Nord au début des années 1990. Ils créent également plusieurs sociétés commerciales (CJSC Spektr, CJSC Viking, LLC Contrast Consulting), dans lesquelles Prigojine figure en tant que fondateur et dirigeant. Les activités des LLC et CJSC[2] répertoriées sont le commerce de détail, la restauration, les jeux d'argent, le marketing, les travaux d'installation et de construction, le commerce extérieur[3].

Avec son ami Kirill, il ouvre en 1996 l'un des premiers restaurants d'élite de Saint-Pétersbourg, *Staraïa Tamojnia* (« la vieille maison des douanes ») sur les rives de la Neva, dans le bâtiment même du musée Kunstkamera. La future élite de la nation constitue le cœur de leur clientèle. Ils accueillent le cercle proche d'Anatoli Sobtchak, le maire de la ville entre 1991 et 1996, qui y vient régulièrement avec un de ses fidèles conseillers, un certain Vladimir Poutine. À l'époque, c'est autour d'une salade au crabe du Kamtchatka ou de blinis au caviar arrosés de la traditionnelle vodka que se négocient les plus gros contrats et se scellent des alliances toujours plus solides. Les rentrées financières sont positives. Les 350 000 dollars investis sont rentabilisés en cinq mois. Dès le milieu de l'année 1997, les partenaires remboursent tous les prêts et toutes les dettes et, à Noël, ils gagnent leur premier million de dollars.

1 Ilya Zhegulev (17 février 2013).

2 LLC ou *limited liability company* : société à responsabilité limitée. CJSC ou *closed joint-stock company* : société par actions privée ou « fermée ». OJSC ou *open joint-stock company* : société anonyme publique ou « ouverte », cotée en bourse.

3 Nina Petlyanova (14 octobre 2011).

Un peu plus tard, Prigojine occupera le palais des comtes Stroganov – sur la perspective Nevski – avec le restaurant *Rousski Ampir* (Empire russe). Un an après l'ouverture de ces restaurants, et inspirés par leurs confrères parisiens des bords de la Seine, Ziminov et son associé identifient leur prochain achat : un vieux bateau rouillé amarré sur la Viatka. Ils dépensent 385 000 euros pour le réaménager et le convertir en un restaurant, qu'ils appelleront *New Island*. Il devient rapidement l'un des endroits les plus huppés de Saint-Pétersbourg, attirant hommes d'affaires, fonctionnaires de la ville et du gouvernement fédéral. Sur Tripadvisor, après une visite en 2014, une famille écrit[1] : « Une combinaison exquise d'une promenade dans une belle ville (surtout par temps ensoleillé) et d'une cuisine délicieuse. Convient également très bien à une célébration de grande envergure. Pour les romantiques ! » Parmi les élites pétersbourgeoises, on retrouve Vladimir Poutine, qui commence à fréquenter assidûment cet établissement. Saint-Pétersbourg était alors la ville russe comptant le plus de crimes, brigands et politiciens y faisaient des affaires, y compris Prigojine[2].

L'histoire de la culture criminelle russe est intéressante quand il s'agit de comprendre un peu mieux ce qui se trame dans la tête d'Evgueni Prigojine. Jusqu'à la révolution d'octobre 1917, les criminels possèdent un code d'honneur qui leur interdit de fonder une famille, d'avoir un domicile ou de l'argent. Au sommet de la pyramide, les *vory v zakone* ou « voleurs légitimes ». Ils incarnent des hommes libres et fidèles à un code, une cause. La figure du brigand d'honneur et le mythe qu'ils ont construit sont mobilisés lors de la révolution russe. Les bolchéviques se servent de cette idéologie dans leur combat, mais une fois la lutte achevée,

....

1 Voir la page Tripadvisor du restaurant : https://ghostarchive.org/archive/5xUcn

2 Luke Harding (2021, p. 162).

ils les déportent et les enferment dans ce qui devient l'archipel du goulag, pour reprendre le titre du livre d'Alexandre Soljenitsyne.

Les purges, ces grandes manœuvres de déportation des opposants au régime et des criminels, s'accélèrent dès les années 1930. Elles sont à leur apogée sous le régime de Staline (1922-1953), où la police politique procède à des arrestations en masse. Dans les camps de travail sont concentrés les *zeks* (les prisonniers) et des groupes de *vory* (chefs des voleurs). Après la Seconde Guerre mondiale, la tradition s'effrite. Les *vory* s'allient avec le parti communiste et visent avant tout la recherche du profit. Au cours des décennies, les grands patrons de cette mafia étendent leur pouvoir et bénéficient de protections au sein du système politique et des forces de l'ordre. Ce milieu reprend les valeurs traditionnelles de ces criminels pour légitimer leur influence. Le mythe continue malgré de nouvelles pratiques en lien avec des autorités corrompues et d'autres groupes criminels. Signe distinctif important, leurs tatouages donnent des informations sur le statut, les condamnations et les séjours en prison du criminel. Se faire des tatouages auxquels on n'a pas droit ou se vanter de crimes qu'on n'a pas commis équivaut, dans la hiérarchie carcérale, à tomber très bas, au même niveau que les criminels sexuels. Lors d'un de ces procès de jeunesse, Prigojine exhibe les traces de la prison avec son dos recouvert du corps d'une femme dans le style des années 1990[1]. Au cours de cette décennie, l'esprit d'entreprise violent domine le passage à l'économie de marché, incarné par les *vory*. Le personnage de Prigojine en reprend les codes et les valeurs.

Prigojine retrouve un Vladimir Poutine président pour la première fois en 2000, lors d'une visite du Premier ministre japonais Yoshiro Mori à Saint-Pétersbourg[2]. L'année suivante, Poutine emmène Gerhard Schröder puis Jacques Chirac au *New Island* ou à la *Staraïa Tamojnia*. De manière inattendue

....

1 Proekt (12 juillet 2023).

2 Peter Mironenko (1er février 2019).

pour le service du protocole, Chirac souhaite en apprendre plus sur les bâtiments de la cité des tsars, devant lesquels le navire navigue, mais il n'y a pas un seul guide à bord. La situation est sauvée par Ziminov, qui s'improvise guide pour une soirée[1] et raconte au président français l'histoire de la capitale des tsars et de ses magnifiques monuments. Le *New Island* prendra quai par la suite à Moscou, en même temps que Prigojine déplace ses centres d'intérêt.

D'après la légende entretenue par l'oligarque lui-même, il profite de cet événement pour mieux connaître le maître du Kremlin et tisser de premiers liens solides. Même s'il présente un nouveau récit en 2023, selon lequel il n'aurait eu des contacts avec Poutine que lors de son installation à Moscou : « J'avais une entreprise de restauration très prospère. Les meilleurs restaurants de Saint-Pétersbourg, des restaurants à Moscou. Comme le ferait n'importe quel maître de maison bien élevé, quand Poutine se présentait, j'allais à sa rencontre et je le saluais. D'où un tel éventail de photographies [communes][2]. » En mai 2002, c'est George W. Bush et sa femme Laura qui dînent avec le président russe dans un de ses établissements[3]. Au menu : pâté de foie de canard et de pain d'épices servi avec des pruneaux et du caramel de porto vieilli, caviar noir sur glace, filet de bœuf frit aux truffes noires, servi avec des morilles fraîches et de jeunes carottes bouillies dans un bouillon de sorbier, un mille-feuille de framboises en dessert. Un document obtenu dans une fuite de données par le magazine *The Intercept* révèle une longue liste de chefs de gouvernement servis par Prigojine : elle va du président de la Confédération suisse, Didier Burkhalter, au prince Charles (futur roi Charles III

1 Ilya Zhegulev (17 février 2013).
2 Вёрстка, Telegram (24 mai 2023).
3 [Kremlin] (25 mai 2002).

du Royaume-Uni), en passant par José Manuel Barroso, alors Premier ministre portugais[1].

C'est le début d'une longue, discrète et profitable collaboration. Prigojine aura l'occasion de recevoir plus souvent le président lors de ses anniversaires et de banquets d'État. « Vladimir Poutine a vu comment j'ai construit mon entreprise à partir de rien. Il a vu que je ne craignais pas de servir deux têtes couronnées. Après tout, ils étaient mes hôtes[2]. » Il a toujours servi lui-même ses clients de marque, et le fait encore aujourd'hui. Son succès auprès de la clientèle d'élite est réel, il remporte le contrat de traiteur pour les invités de l'inauguration présidentielle de Dmitri Medvedev, en mai 2008. Entouré des principaux dirigeants du Kremlin, le charmant Prigojine est accueilli comme l'un des membres de la famille. Il rejoint le premier cercle des proches du pouvoir.

En septembre 2010, Vladimir Poutine assiste à la cérémonie d'ouverture de l'usine Concord Culinary Line, située à l'extérieur de Saint-Pétersbourg. C'est un succès pour Prigojine, qui a dû batailler pour financer ce colossal projet. « Quand j'ai décidé de m'engager à l'échelle industrielle, j'ai fait une offre à Matvienko[3], elle a refusé. Je suis allé voir Beglov[4], il est allé voir Medvedev, qui est allé voir Poutine. Ça ne date pas d'hier. J'ai inclus les repas scolaires dans le projet national. J'ai beaucoup bu lors de réunions interminables avec Dvorkovitch[5], j'ai dépensé un million (et pas en roubles) en vain avec les Allemands, j'ai réalisé que le projet dépassait mes 10 millions d'euros romantiques initiaux. La Vnesheconombank a accordé un prêt[6]. » Les coûts de construction s'élèvent à environ 51 millions d'euros, dont 41 millions seront empruntés à la Banque de

1 Alice Speri (2 février 2023).

2 Sébastien Seibt (2 octobre 2019).

3 Présidente du Conseil de la fédération russe depuis 2011.

4 Actuel gouverneur de Saint-Pétersbourg.

5 Économiste russe, vice-président dans le gouvernement de Dmitri Medvedev de 2012 à 2018.

6 Evgeny Vyshenkov (28 février 2011).

développement de la fédération de Russie. Obtenir un tel prêt est exceptionnel pour cette banque d'État qui n'a accordé des crédits dans des proportions aussi généreuses qu'aux projets de construction liés aux Jeux olympiques d'hiver de Sotchi (2014). L'usine est construite spécifiquement pour alimenter les écoles.

Dès qu'ils réalisent que leurs enfants mangent des aliments semi-transformés à la manière des produits Tricatel de *L'Aile ou la Cuisse*, les parents de Saint-Pétersbourg se révoltent contre Concord. Inquiets de la très longue durée de conservation de tous les aliments, suspecte, les parents protestent. Presque un an après, *Vesti*, l'émission d'information de la chaîne de télévision publique Rossia 1, diffuse un reportage sur plusieurs écoles de la ville qui se sont retrouvées sans aucune nourriture, par la faute de Concord. Après ces nouveaux incidents, Prigojine met son usine en sommeil.

Cet accident de parcours ne l'arrête pas. L'entrepreneur rebondit, en profitant des volontés d'externalisation des services de restauration et de nettoyage au sein de l'armée. Jusqu'en 2010, les unités militaires préparaient leur propre nourriture, en faisant appel à des conscrits pour le travail en cuisine. L'ancien ministre de la Défense, Anatoli Serdioukov (en poste de 2007 à 2012), met toute une série de réformes en œuvre, créant une nouvelle industrie d'une valeur annuelle d'environ 50 milliards de roubles (714 millions d'euros[1]). Dans un premier temps, Prigojine organise une poignée d'espaces de restauration au sein de l'état-major général et du ministère de la Défense. Le système convient, le service plaît. En 2012, Vladimir Pavlov, le chef de Voentorg[2], signe un accord attribuant plus de 90 % de toutes les commandes de nourriture pour les soldats à des entreprises affiliées à Evgueni Prigojine. Le contrat dure deux ans et s'élève à

1 Le rouble étant particulièrement volatile, les montants en euros sont plus à prendre comme un ordre de grandeur que comme une conversion fiable.

2 Agence chargée de la logistique pour l'armée.

92 milliards de roubles (1,3 milliard d'euros). Ce sont ces commandes rentables du Kremlin qui constituent la base de sa fortune et lui vaudront le surnom de « cuisinier de Poutine ». Prigojine intègre alors la structure kleptocratique[1] du Kremlin.

LE CHEF GAGNE SES ÉTOILES

Au sommet de sa carrière de restaurateur, Prigojine achète un avion privé ainsi qu'un yacht (qui porte le doux nom de *Saint Vitamin*) et possède une collection de voitures de luxe[2]. Il en profitera avec sa femme et ses enfants. Ses cuisines sont partout. Une discorde règne dans les appels d'offres de la Défense. Choïgou considère le ministère comme son fief et pense avoir le droit de déterminer qui obtient le plus de contrats. Mais la société Concord, avec la bénédiction de Poutine, remporte de plus en plus d'appels d'offre. Prigojine engrange non seulement des contrats pour la fourniture de nourriture, mais aussi pour le nettoyage et même la construction de camps militaires. Le ministre se cabre, se sentant privé d'une ressource informelle qui lui était donnée pour s'enrichir personnellement. Sergueï Choïgou arrête l'externalisation des services alimentaires de l'armée. Le gouvernement ne renouvelle pas le contrat, et Prigojine ne perçoit « que » 46 milliards de roubles (654 millions d'euros) pour une partie de l'année 2013. Il cherchera d'autres sources de revenus et n'oubliera pas l'affront que vient de lui faire le ministre. Si une grande partie de sa fortune dans la restauration est faite, les nouveaux secteurs qu'il va développer vont le rendre encore plus riche.

Ce sont les premiers liens forts de notre oligarque avec des *siloviki*, ces hommes détenteurs du plus puissant des pouvoirs régaliens : la force. Ce sont souvent des représentants

1 Le terme de kleptocratie désigne un système politique au sein duquel une ou plusieurs personnes, à la tête d'un pays, pratiquent à une très grande échelle la corruption.

2 Luke Harding (2021, p. 162).

d'organismes étatiques impliqués dans des missions de renseignement, la sécurité d'État ou les armées. Le président russe favorise les personnes provenant de cette élite pour les placer à des postes décisionnels. Depuis 2012, Vladimir Poutine renforce les cercles militaires et de sécurité tout en affaiblissant les technocrates réformateurs[1]. Il crée un appareil de sécurité intérieure extrêmement concentré, avec lequel il peut également agir contre les oligarques qui ne le soutiendraient pas et ainsi maintenir son pouvoir. Le pouvoir au Kremlin se concentre autour de trois cercles qui ont l'oreille présidentielle. Outre les *siloviki* et les oligarques, il y a le camp de ceux qui soutiennent la guerre en Ukraine à tout prix comme le président tchétchène, Ramzan Kadyrov.

Prigojine, entre 2012 et 2016, continue le développement de ses activités de restauration. Son groupe est jusqu'en 2018 la plus importante société de traiteur en Russie. En 2014, le « cuisinier de Poutine » investit discrètement dans la création de Wagner et soutient son développement en restant dans l'ombre. À côté de ces activités paramilitaires, il investit aussi une partie de ses forces dans des activités de manipulation politique. On l'accuse d'avoir manipulé les élections états-uniennes de 2016, mais ce n'est que la partie émergée de l'iceberg. Des journalistes ont découvert qu'il était derrière la célèbre usine à trolls dans le quartier d'Olgino, au sud-ouest de Saint-Pétersbourg. En plus de sa casquette d'homme d'affaires proche du pouvoir, il mérite le titre d'« entrepreneur d'influence ». Une caractéristique notable des opérations pilotées par ces magnats de l'e-réputation et de la communication stratégique est qu'elles sont menées en ligne. Ces entrepreneurs créent des sites web, de faux profils et organisent des campagnes d'influence sur les réseaux sociaux. Leur but est de servir les intérêts de leurs clients gouvernementaux tout en faisant fructifier leur capital économique ou politique auprès des autorités.

1 Margarete Klein (2016).

Ces activités laissent notamment des traces numériques qui sont librement accessibles et permettent de documenter en détails certaines de leurs tactiques.

C'est donc sans surprise qu'il prend en 2019 la tête de la holding Patriot media, la vitrine officielle de son entreprise d'influence. Autant le clarifier, ses usines à fabriquer des fausses informations, ses médias « patriotes » et sa milice privée font de lui un entrepreneur de la prise d'intérêts géopolitiques au service du rayonnement de la Russie à l'étranger. Retournant les opinions à son avantage, il sait convaincre les foules de sociétés vulnérables de la nécessité d'une intervention russe et donc d'une sécurisation du pays par ses hommes.

La mise en place détaillée du groupe Wagner reste trouble et peu documentée. Les médias d'opposition russes comme *Novaya Gazeta*, *Meduza* ou *Fontanka* ont tenté entre 2014 et 2022 de faire sortir du bois Prigojine. En vain. En 2021, le fondateur du collectif de recherche Bellingcat, Eliot Higgins, est traîné devant les tribunaux pour avoir publié une enquête où l'oligarque est présenté comme le fondateur de Wagner. Ce n'est que le 26 septembre 2022 que Prigojine publie enfin sur ses réseaux sociaux une déclaration dans laquelle il reconnaît un lien avec la structure[1]. L'automne 2022 marque en effet un tournant. Presque coup sur coup, deux publications le voient se positionner dans une fonction officielle. Après sa mise en scène de recrutements dans une colonie pénitentiaire, il admet être à la tête du groupe, et réécrit une nouvelle fois sa légende : « Ensuite, j'ai pris l'avion jusqu'à l'un des champs de tir et je l'ai fait moi-même. J'ai nettoyé les vieilles armes moi-même, j'ai trié les gilets pare-balles moi-même et j'ai trouvé des spécialistes qui ont pu m'aider dans ce domaine. À partir de ce moment, le 1er mai 2014, un groupe de patriotes est né, qui a ensuite pris le

1 [RIA] (26 septembre 2022).

nom de "Wagner"[1]. » Le destin de la compagnie est ainsi lié à jamais à l'annexion de la Crimée et aux combats dans les républiques séparatistes. Prigojine ajoute : « C'est leur courage et leur bravoure qui ont rendu possible la libération de l'aéroport de Lougansk et de nombreux autres territoires, et changé radicalement le destin [des républiques séparatistes de Lougansk (LNR) et Donetsk (DNR)][2]. » Il admet finalement l'avoir fondé.

Le lien entre Wagner et d'autres sociétés militaires privées peut être tracé directement à travers les réseaux stratégiques d'entreprises d'État et de courtisans liés aux agences de sécurité, ces *siloviki* qui ont gagné en influence sous Poutine. Pour les investisseurs privés, financer des paramilitaires est un moyen de prouver leur loyauté, par exemple pour travailler plus étroitement avec le département militaire. Parallèlement, alors qu'en 2014, le volume des services rendus au ministère de la Défense et à ses structures par les sociétés associées à Prigojine s'élève à 7,15 millions d'euros, en 2015, le volume de ces contrats atteint 850 millions d'euros[3].

Evgueni Prigojine, que ses employés les plus proches qualifient de très émotionnel[4], mettra toute son énergie dans le projet titanesque de Wagner. Suivant les intérêts du Kremlin, mais surtout les siens – la frontière entre les deux est dure à distinguer, pour ne pas dire invisible[5]. La vie de Prigojine est un conte rabelaisien. Voleur, taulard, commerçant, courtier du tsar, traître.

1 РИА Новости, Telegram (26 septembre 2022) et [AFP] (26 septembre 2022).

2 РИА Новости, Telegram (26 septembre 2022) et [AFP] (26 septembre 2022).

3 Denis Korotkov (12 janvier 2016).

4 En échange de la garantie d'anonymat, nous avons pu notamment nous entretenir avec l'un de ses hauts cadres.

5 Luke Harding (2021, p. 163).

III · LA TRIADE WAGNÉRIENNE

« La société militaire privée qui recrute des combattants ne publie pas son nom. Elle n'est pas dans les livres ni registres de référence, [...] elle est connue sous le nom de "SMP Wagner". »
Denis Korotkov, *Fontanka*, octobre 2015

Denis Korotkov, ancien policier de Saint-Pétersbourg devenu journaliste d'investigation, reçoit au début de l'automne 2015 un numéro à appeler. La personne au bout du fil se charge d'étranges recrutements dans le cadre de la participation russe à la guerre en Syrie. Dans un des tout premiers articles[1] qui évoquera le nom de Wagner, le journaliste détaille sa conversation téléphonique :

« Bonjour, on m'a dit que je pouvais vous contacter pour un emploi.

— Quel type de travail vous intéresse, dans quel domaine ?

— Travailler à l'étranger. Je crois savoir qu'il s'agit de la Syrie.

— Dans quel domaine ?

— Je suis mitrailleur. J'ai une grande expérience.

— Vous avez un passeport ?

— Oui.

— Des problèmes avec la justice ?

— Non, pas de casier judiciaire, pas d'antécédents, je ne suis pas un déserteur. »

C'est ainsi que démarre la légende, faite de mystères, de testostérone et du mythe du soldat solitaire envoyé dans des contrées exotiques. Ces trois éléments forment le socle de cette compagnie de mercenaires. Wagner, ce sont avant tout des hommes, à commencer par leur chef officiel – celui dont le groupe adopte le surnom. Dépassant Vladimir Poutine d'une tête sur une photo de 2016, totalement chauve et les traits secs, Dmitri Outkine est la figure qui personnifie la

1 Denis Korotkov (16 octobre 2015).

structure mais c'est aussi un personnage énigmatique. Principal détail sur sa personnalité, et non des moindres : il est un grand admirateur du IIIe Reich et d'Adolf Hitler, et l'affiche ouvertement. Sur les rares images, le quinquagénaire arbore des tatouages représentant des insignes SS. Outkine, pilote de formation, est un grand fan de la scène des hélicoptères d'*Apocalypse Now*[1]. C'est une des raisons pour lesquelles il s'est choisi ce surnom de « Wagner ». Surnom originellement lié à Richard, le compositeur préféré du Führer, mais renvoyant aussi à Eduard Wagner, un général de la Wehrmacht qui a servi comme chef des forces d'arrière-garde et a soutenu les unités mobiles d'extermination (ou *Einsatzgruppen*), avant de se retourner contre Hitler. Un grand nombre de documents internes au groupe Wagner sont signés par Outkine en utilisant les runes « Sig », le signe des SS dans le symbolisme nazi[2]. Les *Wagner Leaks*[3] ont aussi révélé que parmi les mots de passe utilisés, nombreux sont ceux qui se terminent par 1488, autre référence d'extrême droite[4].

Difficile de retracer avec précision le parcours exact de Dmitri Outkine. Militaire professionnel, il est jusqu'en 2013 le commandant du 700e détachement de la 2e brigade distincte des forces spéciales de la direction principale du renseignement du ministère de la Défense, stationné à Petchory, dans la région de Pskov, proche de Saint-Pétersbourg[5]. Passé par l'Afghanistan et la Tchétchénie, il aurait quitté ses fonctions

1 Luke Harding (2021, p. 153).

2 Denis Koroktov (10 avril 2023).

3 Fuite de documents issus d'une opération *hack and leak* d'un groupe de pirates qui se présentent comme des cyber-hacktivistes anti-Poutine.

4 1488 est une combinaison de deux symboles numériques utilisés par les groupes suprémacistes blancs. Le premier, 14, est une abréviation du slogan « 14 mots » qui déclare : « Nous devons assurer l'existence de notre peuple et un avenir pour les enfants blancs. » Le second chiffre, 88, peut faire référence à *Heil Hitler* ou aux lettres SS, la huitième lettre de l'alphabet en partant de la fin.

5 Denis Korotkov (28 février 2016).

en tant que lieutenant-colonel à la Direction des renseignements militaires (GRU) pour rejoindre les rangs de la société militaire privée Moran. Ensuite, il participe à l'expédition syrienne en 2013 du Slavonic Corps, basé à Hong Kong[1], déployée pour combattre aux côtés de Damas. Plus qu'un maître-espion, Outkine est un combattant. Cette année-là, les services de sécurité de l'État russe l'ont même arrêté, mais après le déclenchement de l'agression contre l'Ukraine l'année suivante, ses activités et son équipe sont sollicitées par le Kremlin. À partir du printemps 2014, Outkine se fait connaître sous son surnom de Wagner. Il est commandant d'une unité. Son nom est mentionné dans plusieurs documents de la société d'Evgueni Prigojine, en référence à un groupement tactique de 150 à 200 personnes combattant pour sa société. Son unité a opéré en Crimée, dans une mission de désarmement des militaires ukrainiens qui n'ont pas résisté aux troupes russes sur la péninsule.

L'HOMME DERRIÈRE LA LÉGENDE

Les informations disponibles sur Outkine sont comme les fragments d'une mosaïque qui ne peuvent pas toujours être assemblés pour cerner quel genre d'homme il est. Les éléments connus le présentent comme un soldat aguerri et à l'idéologie bien trempée. Le média en ligne russe *Daily Storm*[2] identifie une première unité de Dmitri Outkine : l'unité militaire 64044, soit la 2e brigade des forces spéciales de la GRU. Outkine est accompagné de Diana Grintchichina, une spécialiste radio. Une fois la campagne finie, ils emménagent ensemble et travaillent dans le commerce de détail. Elle continue dans la politique, et Dmitri Outkine, lui, reste dans le métier des armes et entre au service au sein de Moran.

1 Denis Koroktov (10 avril 2023).
2 Rostislav Bogushevsky, Ilya Yushkov (19 décembre 2018).

Les données présentées dans une enquête de Bellingcat en 2020[1] suggèrent que le colonel Outkine n'était pas aux commandes des troupes lors de la création de Wagner. L'hypothèse la plus vraisemblable est qu'il soit, en fait, un leurre commode pour dissimuler son origine étatique. Autrement dit : personnifier cette armée privée avec la figure d'Outkine permet au Kremlin d'être le donneur d'ordres, et à Prigojine, le financier et directeur. En prenant tous les éléments que nous avons réunis jusque-là, ce nouvel ingrédient s'insère parfaitement dans le récit. La figure de l'homme brutal et charismatique est très pratique. Elle sert pour les recrutements, elle effraie l'ennemi et ajoute une dose de mystère. Elle construit la marque Wagner jusqu'au symbole de la masse utilisée pour punir les traîtres lors d'exécutions sommaires.

Historiquement, l'un des détachements qui est entré dans le Donbass était bien celui de Dmitri Outkine. Après les premiers combats, ces groupes ont été contrôlés, certains s'étant dissous. L'unité pilotée par Wagner s'étant avérée efficace, le but fut désormais de l'élargir. « [Outkine] est généralement un homme dur, pas un fainéant[2] » se souvient l'un de ses commandants. Au Levant, Outkine arrive torse nu sur les positions tenues par ses hommes à Palmyre. Torse qui laisse apparaître une croix gammée sur l'épaule. Il porte un casque avec des cornes et serait adepte de la rodnovérie[3] : des éléments complémentaires bien utiles pour sa mythification. Outkine n'est en réalité pas la tête de la compagnie, il n'est que commandant de brigade[4].

Si les rumeurs concernant Outkine sont nombreuses, elles participent à sa légende. Après sa construction puis sa popularisation médiatique, Dmitri Outkine n'est plus

1 [Bellingcat] (14 août 2020).
2 Sergey Khazov-Kassia (7 février 2018).
3 Forme de néopaganisme slave.
4 Petra Ramsauer (30 janvier 2022, p. 6).

vu ou entendu en public. Bellingcat prouvera qu'il a continué à effectuer de rares voyages entre Saint-Pétersbourg et Krasnodar jusqu'à la fin 2019[1]. Il est localisé quelques mois plus tard en Syrie, ou encore dans le camp d'entraînement de Molkino[2]. Malgré son retrait apparent de toute participation opérationnelle aux activités de la compagnie, son nom ne quitte pas les médias. Wagner se retire provisoirement d'Ukraine fin 2015 pour être envoyé en Syrie. Ce n'est qu'en 2017 que le lien entre Prigojine et Outkine devient officiel, lorsque la presse russe rapporte que Dmitri Outkine est un cadre de Concord[3]. En effet, quelques mois après la publication d'une photographie où il apparaît en compagnie de Poutine et des wagnériens décorés, Ratibor et Sedoï, une personne portant le nom complet d'Outkine est nommée PDG de Concord Management. Sollicité par les médias russes pour commenter leurs liens présumés, Prigojine explique : « La nomination de Dmitri Outkine – qui n'a jamais occupé de poste au sein de notre groupe – est une décision privée concernant le personnel ». Il déclare même ne pas avoir connaissance de l'existence d'une telle société qui, selon lui, « n'est même pas légale au regard de la loi russe ». C'est le jeu du chat et de la souris : les médias trouvent des informations, qui sont ensuite démenties[4].

Début 2019, Dmitri Outkine est surexposé depuis quelques années, tant par sa présence à la cérémonie du Kremlin de 2016 que par les sanctions états-uniennes. Cela pourrait avoir entraîné sa non-participation aux campagnes africaines[5]. En 2019, le colonel Outkine prévoyait de se rendre au Rwanda avec Valery Zakharov, le conseiller à la sécurité du président centrafricain en sécurité et maître d'œuvre officieux de la marque Wagner, mais le voyage est annulé

1 [Bellingcat], *ibid.*
2 Denis Korotkov (28 février 2016).
3 Fredy Gsteiger (8 février 2018, p. 6).
4 [Bellingcat], *ibid.*
5 *Ibid.*

au dernier moment. En septembre 2022, des détenus d'une colonie pénitentiaire de Bataïsk auraient vu Prigojine arriver au pénitencier avec son hélicoptère privé et son associé Outkine[1]. D'habitude discret, voire aux abonnés absents, l'ancien colonel réapparaît dans une dernière vidéo sur la nouvelle base biélorusse du groupe, mi-juillet 2023. Il y motive les troupes à sa façon : « Bienvenue en enfer ! »

HÉROS, HÉRAUTS, PARFOIS ZÉRO

Aux côtés d'Outkine, d'autres figures émergent. L'expert alcoolique : Andreï Nikolaïevitch Trochev alias Sedoï (« Cheveux gris »). Ancien membre des forces armées soviétiques, colonel de police à la retraite du SOBR (les forces spéciales du ministère de l'Intérieur), ancien artilleur parachutiste. Héros des guerres d'Afghanistan et de Tchétchénie[2], décoré de deux ordres de la Bannière rouge, deux ordres du Courage, il est depuis 2016 responsable de la Ligue de protection des intérêts des vétérans des guerres locales et des conflits militaires à Saint-Pétersbourg. Le héros Trochev perd de sa superbe en juin 2017 quand il est retrouvé dans un hôpital en état d'intoxication alcoolique, ayant avec lui des listes d'armes de Wagner, des cartes de la Syrie, plusieurs millions de roubles et plusieurs milliers de dollars[3]. Cet incident ne l'empêche pas d'être toujours listé à l'été 2021 comme directeur des activités militaires de Wagner, avec Outkine[4]. Trochev quitte Wagner pour Redut, la société concurrente qui pourrait reprendre le marché laissé libre à l'été 2023. Cette société a, selon les sources présentées sur sa page Wikipedia, triplé ses effectifs en une année. Elle compterait 7 000 mercenaires dans ses rangs.

1 [Radio Free Europe] (2 septembre 2022).

2 Denis Korotkov (21 août 2017).

3 [Fontanka] (6 juin 2017).

4 D'après une fuite de données donnant l'ordre de bataille du groupe Wagner à l'été 2021.

Le vrai chef de Redut est Anatoli Karazi, placé à sa tête par la GRU, les financements viennent du milliardaire Guennadi Timtchenko, et de Gazprom. La raison est simple : le conglomérat gazier a des vues sur le gaz et le pétrole syriens. Les rumeurs confirment que l'héritier de la nébuleuse, Pavel Prigojine, a déjà lâché les contrats militaires de Libye et Syrie aux nouvelles SMP de la GRU comme Redut.

À ses côtés apparaît régulièrement Alexander Sergueïevitch Kouznetsov, dit Ratibor, lui aussi vétéran russe. Il a servi à la tête d'une unité des forces spéciales stationnée dans l'oblast[1] de Moscou, unité qui donnera naissance aux forces d'opérations spéciales russes. Au cours de l'été 2008, le major Kouznetsov est arrêté car soupçonné d'enlèvement et de vol. En 2010, il est condamné et envoyé dans une colonie de la région de Nijni Novgorod pour y purger sa peine. Notons qu'en 2016, Kouznetsov, alors membre de Moran, est aperçu avec Outkine et Trochev au Kremlin, lors de la cérémonie de remise de médailles où il est décoré avec d'autres personnes pour la prise de Palmyre[2].

Prigojine raconte sur Telegram comment le vétéran Kouznetsov a été le premier à entrer dans la ville : « Je me souviens bien de ses paroles : [Ratibor] s'est tourné vers le fonctionnaire et lui a dit : "Si vous bousillez encore Palmyre, la troisième fois, nous ne la reprendrons pas". Ratibor a conduit son groupe d'assaut sur plusieurs kilomètres à travers des champs de mines jusqu'à la fameuse hauteur qui est devenue la clé de la "première Palmyre"[3]. » La prise de la ville est logiquement le fait des mercenaires, Prigojine poursuit : « À la mi-journée, Ratibor y est entré et s'est dirigé vers la gauche le long de la crête, jusqu'à ce que, à la tombée de la nuit, il ait pris toutes les hauteurs principales[4]. » Ratibor est ensuite envoyé au Soudan en 2017 pour veiller à la bonne

1 Subdivision administrative russe qui correspond à une région.
2 Denis Korotkov (21 août 2017).
3 Пресс-служба Пригожина, Telegram (2 février 2023).
4 *Ibid.*

organisation de l'extraction et du commerce de l'or[1]. Par la suite, des wagnériens combattent en Libye en 2019, avec Kouznetsov à la tête de la première compagnie d'assaut. Il sera rapatrié blessé, avant de s'illustrer en chef de guerre en Ukraine dès 2022. Représentant de la marque Wagner, Ratibor s'exprime d'une voix calme sur les valeurs qui animent son combat au micro du journaliste pro-Kremlin Vladimir Soloviev, sur ses thèmes favoris : la patrie russe, le travail et la persévérance. Barbe longue, foulard camouflage sur la tête, Kouznetsov est la figure christique de l'assaut wagnérien à Soledar en Ukraine. Le 11 janvier 2023, RIA-FAN rapporte que Ratibor perd un pied et une main après ces affrontements. Prigojine l'aurait personnellement accompagné dans l'avion d'évacuation militaire en direction de Moscou. Il revient telle une vieille gloire à la tête de Wagner Légion à l'automne 2024, sorte de SMP au goût de réchauffé pour relancer les recrutements d'hommes au profit du ministère de la Défense russe. Autographe contre enrôlement, Prigojine doit se retourner dans sa tombe.

D'autres noms sont découverts au fil des enquêtes, souvent des vétérans. En 2018, Konstantin Pikalov (surnommé Mazaï), lunettes noires, barbe blanche taillée et casquette vissée sur la tête, apparaît en imposant garde du corps du pasteur Mailhol, alors le candidat préféré des Russes à l'élection présidentielle de Madagascar[2]. Il réapparaît en 2023 à la tête de Convoy[3], une nouvelle milice armée censée renouveler avec Redut le paysage du mercenariat russe en Ukraine. On trouve aussi ce Sibérien âgé de 40 ans, Ivan Maslov, un rouquin au nom de code Miron, qui fait ses armes dans le Donbass de 2014 avant de se retrouver propulsé chef des unités Wagner au Mali dès 2021 – et responsable ultime des exactions commises par ses hommes sur place.

1 Nima Elbagir, *et al.* (29 juillet 2022).
2 Tancrède Chambraud (19 août 2020).
3 Salomé Kourdouli (8 avril 2023).

LES VISAGES DE LA TERREUR

Fin juin 2023, nous recevons anonymement une liste complète des membres du groupe Wagner impliqués dans ses actions militaires en Afrique et en Syrie, en date du 11 juillet 2021. Nos vérifications et analyses permettent d'authentifier le document, intitulé « Liste du personnel », qui offre un regard unique sur les rangs de la compagnie. Il est à notre connaissance l'un des documents les plus à jour ayant fuité[1]. L'adrénaline monte et notre groupe travaille scrupuleusement à identifier et comprendre qui sont les visages de la terreur de Wagner.

Réparti en une douzaine d'onglets, tout en russe, ce tableur est en réalité l'ordre de bataille des unités du groupe. Plus de 5 600 noms de combattants et personnels logistiques, une liste de 6 000 candidats parfois refusés, parfois recrutés, l'ordre de bataille de Wagner permet de comprendre un peu mieux l'organisation de ce qui a longtemps été l'armée secrète de Poutine. Ce document liste les paramilitaires engagés en dehors de l'Ukraine, donne des informations sur leurs décorations, blessures et liste des numéros de téléphone.

Logiquement, en haut de la pyramide, le commandement. Première surprise pour les observateurs moins initiés, ce n'est pas Dmitri Outkine qui est à la direction. Celui qui a donné son nom au groupe occupe le poste de commandant des opérations. Il a par ailleurs changé d'identifiant, son surnom étant celui de la structure, il se fait désormais appeler « Neuvième ». Le directeur est Andreï Trochev. Parmi les officiers de l'état-major wagnérien, on retrouve aussi une série d'anciens de la Légion étrangère qui ont continué dans le métier des armes, comme Vitali Perfilev (Roland), matricule Б-45788, chef de cabinet adjoint en Centrafrique.

....

1 Les mises à jour mensuelles de cette « Liste du personnel » s'arrêtent en septembre, avec peu de changement entre juillet et septembre.

Plus techniquement, après l'état-major qui est localisé avec les services administratifs et logistiques sur la base du renseignement militaire à Molkino, Wagner se décline en 11 compagnies d'assaut, un bataillon de communication, un détachement de drones (équipé en Orlan-10 et en Griffin-12), un régiment de missiles anti-aériens, un groupe d'artillerie consolidé, un régiment de blindés, des troupes du génie, des unités de ravitaillement. Parmi les unités moins traditionnelles dans une armée, on trouve les fameux instructeurs présents en Centrafrique notamment, ainsi que les membres du projet 000 (en réalité chargés de sécuriser les puits de pétrole en Syrie), ou encore un service de sécurité équipé de polygraphes.

Organisé hiérarchiquement, l'ordre de bataille devient plus intéressant quand la mécanique est comprise. Même si l'identité réelle des combattants ne figure pas sur ce document, les recherches en sources ouvertes et notamment la recension publiée sur le site Myrotvorets[1] nous permettent de commencer le croisement des données. Chaque homme est doté d'un numéro principal (Б -90209, pour Dmitri Outkine) et d'un numéro de mission (M-0209). Avec ces informations, nous confirmerons l'identité de près de la moitié des hommes engagés par Wagner.

Autant le dire tout de suite, ce sont en grande majorité des Russes, puis des Ukrainiens, et des ressortissants d'ex-républiques de l'URSS (comme le Kazakhstan ou l'Ouzbékistan). Tous ou presque ont un passeport russe. La liste n'est pas exhaustive mais elle comporte ces identifiants, et la mention de leur organisation ou armée d'origine. Beaucoup viennent de la GRU ou des unités spéciales. Parmi les organisations d'origine étrangère, nous découvrons qu'une dizaine de mercenaires sont passés par la Légion étrangère française

....

1 Voir leur site Internet : https://myrotvorets.center/.

(FIL/ФИЛ[1] en abrégé dans le tableau). On y trouve Kaien (pour Cayenne), issu du 3e régiment étranger d'infanterie (basé en Guyane). Engagé dans le groupe depuis 2020, au Levant notamment, il est opérateur radiotéléphonique en Centrafrique à l'été 2021. Tout comme Kalvi, matricule B-36161, dont le pseudo fait référence sans équivoque au 2e régiment étranger de parachutistes basé en Corse et qui est tireur en Libye depuis juillet 2021. Il est engagé pour la compagnie jusqu'en 2029 et une note indique à côté de son nom qu'il est aussi traducteur du français. Il n'est pas à exclure qu'il ait été transféré au Mali par la suite grâce à ses compétences linguistiques. Kenon, posté en Libye en juillet 2021, tient son surnom de sa passion pour la photographie. Sa photo de profil sur WhatsApp est celle d'un colosse compact et chauve avec un appareil photo Canon autour du cou. À côté de son nom, un numéro de téléphone. L'occasion est trop belle pour la laisser passer. Nous tentons une prise de contact. Ce numéro est celui de sa mère. Quelques jours plus tard, un numéro russe nous invite à laisser madame tranquille. Lui, ne veut rien entendre de plus. Wagner va chercher ses talents chez quelques anciens d'autres armées européennes. On retrouve ainsi Schiller, posté en Libye en 2021 et ancien de la Bundeswehr, et à ses côtés Madrid, matricule Б-45571, qui parle catalan, très probablement un ancien de la Légion espagnole. Avec l'aide d'une journaliste espagnole, nous tentons de remonter sa piste. Difficile. C'est par une source proche de l'armée que nous espérons en savoir plus. Comme pour Kenon, ce sera une fin de non-recevoir. La légion sait de qui il s'agit mais ne veut pas communiquer sur un ancien frère d'armes. Personne ne veut admettre qu'il connaît un wagnérien ou en fait partie. Ces numéros de téléphone nous seront heureusement plus utiles dans nos géolocalisations.

1 ФИЛ - Французский Иностранный легион [frantsouzsky inostranny leguion].

Leur formation révèle aussi des enseignements. Si la moitié des hommes ont bénéficié d'une formation du ministère russe de la Défense, il faut aussi compter sur l'expertise d'anciens vétérans des services de renseignements (environ 10 %), de celle de forces spéciales du ministère de l'Intérieur (15 %), et ils sont moins de 1 % à venir d'armées étrangères. Contrairement aux soldats de l'armée russe engagés en Ukraine, qui ont moins de 30 ans, l'âge moyen des wagnériens est plus élevé, 41 ans – preuve d'un fort niveau d'expertise et de connaissances. Comme cette liste date de 2021, nous avons cherché à savoir si ces hommes étaient toujours dans les rangs de Wagner. En OSINT, le site poteru.ru s'est avéré très utile pour cela. Il référence les avis funéraires des soldats et des mercenaires tombés en Ukraine, et donne un avis de décès, des médailles. Il nous permet surtout de voir quels sont les hommes qui ont quitté les dunes africaines pour mourir dans les plaines d'Ukraine. Déterminer le nombre de ces combattants qui ont survécu aux opérations en Libye, Syrie, Mali et Soudan est plus difficile. 370 ont été référencés comme blessés. Les blessures décrites sont typiques de celle de combats terrestres. Et quand les blessures sont trop sérieuses, la compagnie semble prendre soin de ses hommes en ne les laissant pas tomber. C'est ainsi que l'on découvre plusieurs cas révélateurs comme celui d'un ancien éclaireur, blessé et devenu chef des ressources humaines, ou d'un commandant de peloton devenu chef de service adjoint dans la logistique. En revanche, Wagner fait fi d'une surexposition médiatique tant que les profils l'arrangent. Les tortionnaires du déserteur syrien en 2017 sont toujours engagés en 2021. Toutefois, dans les détails de candidatures et dans l'effectif complet sont signalés ceux qui sont aperçus ivres, drogués ou porteurs de maladies. Pour ceux-ci, pas de deuxième chance possible.

Le nombre peu élevé de victimes recensées en 2021 s'explique surtout par un engagement à cette date dans des conflits de faible intensité. Notre liste est partielle et ne concerne que les hommes engagés en dehors de l'Ukraine. Et si l'on regarde plus précisément le *modus operandi* de Wagner au Mali, par exemple, ce n'est jamais une unité complète, mais une poignée d'hommes qui encadrent les troupes locales. Les déboires de Deir ez-Zor en 2018, où les wagnériens avec leurs alliés syriens se sont frottés aux forces états-uniennes, ont laissé des traces. Cet affrontement reste le plus meurtrier et le plus traumatisant pour les paramilitaires, jusqu'à la débandade de Tin Zaouatine, à la frontière algéro-malienne, en 2024. Ces derniers tenteront après la bataille syrienne de se cantonner à des missions différentes, comme offrir des services de protection de présidents ou officiels africains, ou surveiller des exploitations minières. Ces combattants ne sont plus présents en première vague, on les voit en deuxième voire en troisième. Le but est désormais de faire de la préservation de régime – c'est la méthode Wagner.

Ceux qui parlent le mieux de Wagner restent les quelques membres du groupe qui choisissent de sortir du chaos pour rejoindre l'Europe. Marat Gabidullin, contractuel du rang projeté en Syrie, publiera un livre pour raconter sa campagne vers Palmyre. Un autre contractuel arrivera à Paris-Charles de Gaulle à l'automne 2022 pour demander l'asile. Présenté comme un proche d'Outkine et haut gradé des missions en Syrie, Alexander Zlodeïev n'hésitera pas à déambuler en treillis dans les couloirs d'une grande rédaction française pour montrer qu'il en a été[1]. Au fil des questions et quand il s'agit de creuser les détails, l'ex-mercenaire s'impatiente et se demande ce qu'on veut vérifier. Difficile de faire la part entre ce qu'il reprend du livre de son camarade Gabidullin (que Zlodeïev a commenté sur ses réseaux sociaux retrouvés pour l'occasion de l'entretien) et ce qui appartient à son expérience propre sur place. Il n'est pas l'homme important

1 All Eyes on Wagner a eu l'occasion de participer à cette discussion et nous en retranscrivons les éléments principaux ici.

que prétend l'organisation Gulagu[1], dirigée par un activiste exilé à Nice et qui l'a aidé à rallier Paris. Au téléphone d'une voix rocailleuse et un peu usée, on comprend qu'il a rejoint le groupe à la suite d'une « combine boulot » d'un ami pour gagner de l'argent. Il reprend sa traductrice qui embellit un peu ses propos en français et ne traduit pas une réalité plus terne et moins glorieuse que les vidéos sur fond techno trash utilisées pour le recrutement au sein de Wagner. On pourrait encore ajouter le cas de cet homme qui nous aborde à Genève et se présente comme un traducteur de la compagnie. Il nous glisse un numéro de téléphone puis disparaît des radars. Nous retrouverons sa trace en France où il dépose une demande d'asile. Cette réalité est aussi celle d'hommes qui s'engagent pour de l'argent, un quotidien moins vide et un peu d'adrénaline. Comme le souligne Ilya Barabanov, journaliste à la BBC, Evgueni Prigojine est le premier homme d'affaires russe à réfléchir à la manière dont la mort de Russes peut être monétisée : « Il n'est guère possible de considérer ce talent d'un point de vue humanitaire, car, bien sûr, c'est inhumain. Mais du point de vue des réalités russes, quand les gens essaient de survivre dans les provinces avec 20 à 25 000 roubles, et qu'on leur propose soudainement de mourir quelque part en République centrafricaine pour dix fois plus, eh bien, on peut les comprendre[2]. » Un autre protégé de Gulagu, Andreï Medvedev, arrive en Norvège en janvier 2023 en franchissant clandestinement la frontière russo-norvégienne. Réalité ou story-telling ? L'attention des spectateurs occidentaux est à nouveau captivée. Jeune homme de 26 ans au visage carré et au regard doux, il se retrouve embarqué dans l'armée de Wagner depuis la prison. Au cours de la séquence médiatique qui suivra son arrivée,

....

1 Association qui vise la protection des droits des détenus en Russie et milite contre la torture et la corruption dans le système pénitentiaire.

2 Барабанов, Telegram (8 novembre 2021).

il révélera l'existence d'un service de sécurité au sein de la nébuleuse qui sera confirmée plus tard par les *Wagner Leaks*.

L'ESTHÉTIQUE WAGNER

Au-delà de ces chefs et de leurs hommes, dont l'image est utilisée pour bâtir la symbolique du groupe, l'esthétique wagnérienne passe aussi par des films qui construisent ce mythe du soldat en terres exotiques. *Tourist*, un film produit par la société Aurum, filiale du groupe de sociétés de Prigojine, raconte la vie des mercenaires russes en Centrafrique : explosions, aventures et gros bras. Un *Rambo* version vodka et cornichon bon marché.

Mais loin de l'image de l'aventurier, du soldat inspiré ou de la franche camaraderie en cinémascope, la marque Wagner, c'est aussi la barbarie. Le prix à payer si l'on décide de quitter le groupe, c'est celui d'une mort violente à coups de masse. Le samedi 12 novembre 2022 au matin, entre le café et les croissants, nous découvrons la vidéo de l'exécution d'Evgueni Noujine, un ancien détenu de 55 ans, son crâne scotché à un bloc de pierre. Cet acte d'une sauvagerie inouïe rappelle la mafia russe des années 1990 qui n'hésitait pas à commanditer des exécutions à l'encontre des balances ou des concurrents trop gênants. « Une mort de chien... pour un chien », commente publiquement Prigojine[1], se comportant alors en véritable parrain.

C'est aussi le meurtre filmé d'un Syrien qui a donné naissance à cette culture d'ultraviolence, explicitement centrée sur le symbole de la masse et glorifiant la brutalité contre les non-combattants. Emprunté à la légende du dieu Thor et son marteau, cet instrument est devenu culte dans le groupe. Tous l'adoptent, y compris Evgueni Prigojine, qui en fait un objet de merchandising : des tee-shirts et d'autres produits dérivés représentent des marteaux de forgeron à côté du logo, tandis que les troupes se photographient marteaux à la

1 Пресс-служба Пригожина, Telegram (13 novembre 2022).

main. Wagner joue de l'image de cet outil, et en fait sa carte de visite officielle. En novembre 2022, dans la foulée d'une résolution symbolique de l'Union européenne désignant la Russie comme un État soutenant le terrorisme, Prigojine envoie par courrier au Parlement européen, à Bruxelles, une masse barbouillée de faux sang[1].

À cet égard, cette culture de l'ultraviolence est un avertissement de la trajectoire actuelle de la Russie. Le marteau n'est pas non plus un simple symbole. Alors que le groupe intensifie ses opérations dans le monde entier, ce ne sera pas son dernier *snuff movie*[2]. Cette culture est aussi l'amorce du déclin du groupe. Wagner devient de plus en plus incontrôlable, même pour ses créateurs.

1 КИБЕР ФРОНТ Z, Telegram (23 novembre 2022).
2 Пресс-служба Пригожина, Telegram (13 février 2023).

IV · COLONNE VERTÉBRALE D'UNE NÉBULEUSE

Pas vraiment d'existence légale, pas tout à fait une société militaire privée, pas complètement mercenaire, le mot « Wagner » est utilisé à toutes les sauces pour désigner entraînement militaire, forces supplétives, paramilitaires, mais aussi opérations d'influence et prédation économique. Alors qu'il reconnaît fin juin 2023 le financement du groupe (et en parallèle, celui de Concord, la holding de Prigojine), Vladimir Poutine maintient l'illusion d'une nébuleuse dont il est difficile de faire le tour, d'observer les contours et les limites. C'est aussi sa force : sans savoir ni où elle commence ni elle où s'arrête, la structure Wagner projette une aura de puissance d'autant plus qu'elle a presque marché sur le Kremlin – après elle, Moscou fera tout pour garder les franchises sous son contrôle.

Pourtant des indices techniques, géographiques, informatiques et comptables murmurent une autre histoire, celle d'une organisation tentaculaire qui a des relations privilégiées avec l'État. Prises séparément, ces petites traces – des adresses, des e-mails, des numéros de téléphones ou des adresses IP – n'ont aucune signification, mais c'est la compilation méthodique de plusieurs organisations et leurs croisements qui offrent une nouvelle lecture de ce qu'est la structure Wagner : une organisation avec un début et une fin, à la fois indépendante mais aussi très liée au pouvoir russe. À cela s'ajoute l'existence de fuites de données émanant directement des serveurs de la galaxie ou d'autres organisations russes comme des cabinets d'avocats ou des agences gouvernementales, à la suite d'attaques informatiques menées ou commandées à différents groupes de hackers. La cyberguerre n'épargne pas Evgueni Prigojine, qui est évidemment une cible de choix pour des organisations comme DDoSecrets, Dossier Center ou certains consortiums de journalistes. L'utilisation de ces données reste controversée car il faut pouvoir déterminer leur authenticité et veiller à ne pas faire le jeu d'une opération d'influence d'un acteur tiers qui y glisserait des fausses informations. C'est un travail constant de vérification. Elles revêtent aussi un caractère légal particulier tant dans leur accès, leur stockage et leur utilisation que dans le cadre d'une procédure devant certaines juridictions. Cependant, la réunion de ces éléments permet d'appréhender ce qu'est structurellement le groupe, ses rapports avec le pouvoir et comment il opère.

VOISINS DE PALIER DE LA GRU

Jusqu'à son déménagement durant l'été 2023, se rendre sur la base centrale de la compagnie est moins difficile qu'il n'y paraît. Il suffit de se balader sur Google Earth du côté de la ville de Molkino, dans la région de Krasnodar, non loin de la mer Noire. Au nord de cette localité de 3 000 habitants, à gauche de la voie rapide M4-A/A-148, on observe l'évolution du grand terrain sur les images satellites compilées par Google (les mêmes images sont aussi disponibles sur Bing et Yandex). Peu utilisé en 2013, le terrain s'anime dès 2016 avec des images satellite qui montrent l'apparition de trois grands bâtiments et des conteneurs alignés à partir du mois de juillet sur la zone militaire dévolue au groupe. Sous nos yeux, la base Wagner prend vie. Il est alors possible de compter les voitures garées sur le parking. Plus au sud, du même côté de la route, se trouve une autre base militaire. Bien plus grande et structurée, elle compte des dizaines de bâtiments. Une simple requête en russe sur un moteur de recherche indique qu'il s'agit de l'unité militaire 51532, mieux connue comme la 10e brigade des forces spéciales de la GRU, la direction du renseignement militaire russe. Wagner et les services de renseignement sont donc voisins, une proximité géographique dont il est impossible d'imaginer qu'elle échappe à la Défense. Après la marche de juin 2023, la nouvelle base du groupe dans le village de Tsel en

Biélorussie est scrutée quotidiennement par satellite, et grandit sous nos yeux. Plus besoin de cacher la proximité avec l'armée biélorusse, elle est affichée. Son démantèlement sera aussi visible.

Difficile de savoir qui détient réellement le terrain de Molkino qu'occupait Wagner jusqu'à l'été 2023. La consultation de la plateforme des marchés publics russes[1] montre que la base est totalement rééquipée à partir de 2014-2015 par une filiale de la Défense. Dès 2015, des appels d'offres pour l'entretien de la base de la GRU sont remportés par des sociétés du nom de Megaline LLC, Agat LLC, Teplosintez LLC : toutes des filiales de Concord, la société centrale d'Evgueni Prigojine[2]. En juin, Megaline LLC assigne en justice la société SevZapstroi LLC au tribunal d'arbitrage de Saint-Pétersbourg pour un contentieux commercial. Megaline a embauché SevZapstroi pour construire à l'adresse du camp de Molkino un bâtiment décrit dans les documents du tribunal[3] comme « un camp de pionniers » de 3 528 m^2 – une référence aux camps de vacances d'été pour enfants de l'ère soviétique – et les deux autres bâtiments comme des logements temporaires pour les vacanciers. Selon les documents judiciaires, Megaline a transféré 86 millions de roubles (1,4 million de dollars à l'époque) à l'entrepreneur SevZapstroi pour la construction de ces trois bâtiments, somme qui fait tout l'objet de la procédure. Une procédure qui a le mérite de mettre en lumière les acteurs qui se tiennent dans l'ombre et de mettre un nom sur le marionnettiste derrière la foule d'entreprises.

1 [Закупки] (s.d.).

2 Ilya Rozhdestvensky, Anton Baev, Polina Rusyaeva (25 août 2016).

3 Voir l'affaire A56-20277/2015, sur le site http://www.spb.arbitr.ru.

UN BRAS ARMÉ ÉTATIQUE

La proximité de l'oligarque avec le gouvernement russe et le ministère de la Défense ne s'arrête pas là. En plus des indices géographiques et contractuels du camp de Molkino, des fuites de données organisées par différents groupes de hackers montrent la relation étroite et directe entre Prigojine et l'appareil sécuritaire et diplomatique russe. Bellingcat, une organisation qui a popularisé l'OSINT dans des enquêtes comme celle du vol MH-17[1], a obtenu les e-mails[2] de l'assistante personnelle de Prigojine, hackés en 2015 par Chaltaï-Boltaï. Certains courriels ont en pièce jointe des factures téléphoniques qui ont permis à Bellingcat de suivre les appels téléphoniques de Prigojine de 2013 à 2014 et d'identifier les numéros de téléphone. Au total, il échangera 144 fois avec Dmitri Peskov, conseiller et porte-parole du Kremlin, mais aussi 99 fois avec Anton Vaïno, le directeur de cabinet de Poutine, et 25 fois avec le général Alexeï Dioumin, directeur adjoint de la GRU qui supervisera l'annexion de la Crimée. Les communications téléphoniques de Prigojine montrent qu'il a été en contact avec l'ensemble de l'administration présidentielle, du ministère de la Défense et des services de sécurité russes. Les *Wagner Leaks* contiennent l'agenda de Prigojine. Ces dernières années, il a aussi rencontré de très nombreuses fois Mikhaïl Bogdanov, le vice-ministre des Affaires étrangères qui chapeaute les dossiers Moyen-Orient et Afrique. Wagner fonctionne main dans la main avec l'État russe, prolongement opérationnel caché.

Non seulement Prigojine bénéficie de l'oreille des puissants mais il est lui-même une personne protégée par l'État. Nouvelle fuite de données, organisée par le groupe de hackers

1 Cet avion civil de Malaysian Airlines a été abattu au-dessus du Donbass le 17 juillet 2014. L'enquête de Bellingcat a démontré que le missile avait été tiré depuis les lignes séparatistes pro-russes.

2 [Bellingcat] (14 août 2020).

Cyber Partisans et obtenue par DDoSecrets[1] : les e-mails de Roskomnadzor[2] (le Service fédéral de supervision des communications, des technologies de l'information et des médias de masse) sont une ressource précieuse pour qui veut comprendre le contrôle et la surveillance des médias. En fouillant parmi les 732 000 e-mails mis à disposition, nous avons compris à quel point le *condottiere* est une figure centrale du système. Depuis 2016, l'agence Roskomnadzor inclut Prigojine comme mot-clé dans sa veille quotidienne des propos d'opposition en Russie effectuée par des sociétés de la tech russe comme RSpektr. Cette veille permet au gouvernement d'identifier les médias russophones et les personnalités russophones influentes critiques du pouvoir. L'agence travaille de concert avec les tribunaux et nourrit grâce à cette veille des dossiers à charge contre des journalistes, des activistes ou des médias. Ainsi, le 27 mai 2021, Vladimir Kudinov, chef adjoint du département de veille du Centre de fréquence radio principal, envoie à l'agence une note sur Lilia Yapparova, journaliste russe de Meduza, un média basé à Riga, créé par Galina Timtchenko et classé comme agent de l'étranger depuis avril 2021 par la Russie[3]. Notons que l'activité des associations et des médias qualifiés d'agents étrangers est soumise à la tutelle du ministère de la Justice, qui exerce une surveillance sur ces structures[4]. Meduza s'est spécialisé dans les enquêtes sur le régime de Poutine et ses soutiens. Ce sont justement les articles sur le parrain du groupe qui lui sont alors reprochés. La guerre en Ukraine a multiplié les avertissements faits aux médias par l'agence. Pour contrôler ce qui se dit en ligne, l'agence Roskomnadzor surveille mais aussi bloque sur les réseaux sociaux et Telegram toutes les URLs qui offrent une vision discordante. Ainsi, le 28 juillet 2022, le bulletin de veille

1 [DDOS] (14 février 2023).
2 Voir leur site Internet : https://rkn.gov.ru/.
3 [Meduza] (23 avril 2021).
4 Voir le site Internet : http://unro.minjust.ru/.

« Résonance » détecte une mention très critique au sujet de Prigojine et des activités du groupe Wagner sur la chaîne Telegram de Leonid Volkov[1], homme politique et ex-directeur de cabinet d'Alexeï Navalny. La machine se met en marche au sein de l'agence pour bloquer au plus vite l'accès depuis la Russie à ce message. L'e-mail déclenchant la procédure de censure indique : « Selon le texte de la résolution, l'accès aux informations discréditant l'honneur, la dignité et la réputation commerciale d'Evgueni Viktorovitch Prigojine devrait être limité, il est noté dans le message que : "Evgueni Prigojine est un criminel particulièrement dangereux, condamné pour de multiples crimes. C'est un assassin, il a organisé le meurtre de Djemal, Rastorgouïev et Radtchenko en RCA il y a deux ans. Il dirige une usine à trolls et une société militaire privée, responsables de centaines de vies humaines et de souffrances indicibles." Ce lien spécifique [renvoie vers] un message de Leonid Volkov, dont le texte contient des informations discréditant l'honneur, la dignité et la réputation commerciale d'Evgueni Viktorovich Prigojine. »

Une décision de justice est obtenue le même jour puis transmise au Centre de fréquences radio principal. Dans son post, Leonid Volkov encourage pourtant les journalistes à ne pas nourrir le troll, avant de conclure presque prophétiquement : « Evgueni Prigojine n'existe pas ; vous ne pouvez pas écrire sur lui, vous ne pouvez pas parler de lui, vous ne pouvez pas réagir. » La critique de Prigojine n'est plus accessible en Russie et depuis mars 2023, la censure s'est étendue à Wagner dans son ensemble[2], signe évident du soutien officiel du Kremlin. Après la marche sur Moscou, c'est la bascule : la page VK de Concord est bloquée, des comptes Telegram de Wagner également. Pour nous c'est aussi un signal, de peur que certaines informations disparaissent

....

1 Leonid Volkov, Telegram (1er septembre 2020).

2 [Reuters] (14 février 2023).

nous archivons les principaux canaux utilisés par la compagnie et ses sœurs en vue d'une utilisation future.

LA TOILE WAGNÉRIENNE

L'idée que Wagner est une nébuleuse, sans forme, sans corps, une multitude sans colonne vertébrale n'échappe pas à la dure réalité de l'organisation et de la comptabilité. À mi-chemin entre la holding des oligarques russes ayant construit leur fortune dans les années 1990 et le crime organisé, la compagnie laisse des traces comptables comme une sorte de colle reliant des activités et des sociétés pourtant aux antipodes.

Tout travail mérite salaire et la chasse aux bulletins de paie fait se rencontrer plusieurs mondes, comme dans l'histoire de Diamville[1], en Centrafrique. La gemmologue qui œuvre pour la structure de Wagner en charge des diamants est employée originellement par une autre société, Service K. La représentante de cette structure n'est pas étrangère au réseau d'entreprises d'Evgueni Prigojine. D'après les données obtenues par le Dossier Center, elle est également représentante de Mercury LLC, qui possède aujourd'hui des permis d'exploitation de pétrole et de gaz en Syrie. Toujours selon les documents consultés, la représentante de Service K serait chargée des ressources humaines au sein de la galaxie de sociétés opérationnelles liées à Wagner[2].

En Centrafrique, les autres étoiles de la galaxie ont aussi des budgets prévoyant des postes pour des activités de sécurité et des feuilles de paie édictées par matricule militaire au nom de la société M-Finance LLC. En Syrie également, où des mercenaires ont rapporté recevoir leur salaire de la société Evro Polis LLC. Point commun entre M-Finance et Evro Polis ? Ces deux sociétés russes sont des filiales de Concord Management et actionnaires d'entités

1 Voir partie 3, chapitre 1, p. 212.
2 Dimitri Zufferey, Justine Brabant (2 décembre 2022).

juridiques locales (Lobaye Invest à Bangui, et la branche damascène d'Evro Polis), détenant des concessions minières et pétrolières. En comptabilité, activités militaires et activités commerciales se confondent dans les mêmes sociétés de l'empire du « cuisinier de Poutine ».

Sur les sites compilant des informations administratives à propos des sociétés russes, on retrouve M-Finance LLC en tapant son nom et son numéro attribué par les impôts, identifiant unique des sociétés. En Russie, la forme juridique d'une entreprise détermine les informations disponibles dans les sources officielles. Pour en savoir plus, direction le Registre unifié des entités légales (EGRUL). En sources ouvertes, il faut surtout retenir que toutes les entités avec une existence légale (personnes morales et entrepreneurs individuels) sont sur la base de données du Service fédéral des impôts. Autre point intéressant, la société fait appel à un cabinet, Akcent Audit. Cette société apparaît comme auditeur d'autres sociétés affiliées à la galaxie de Prigojine : Concord, Megaline LLC, Broker Expert LLC, M-Invest LLC, Agro Kapital LLC, etc. Toutes ces sociétés se retrouvent dans des organigrammes que nous essayons de compléter au fur et à mesure pour cartographier la galaxie. Toutes ces sociétés jouent un rôle opérationnel important en Russie mais aussi à l'étranger, au Soudan ou en Centrafrique. Dirigé par Olga Fomina, la quarantaine élégante et souriante, le cabinet de Saint-Pétersbourg appose son tampon sur l'ensemble des bilans comptables rendus publics : « Comptes conformes ».

Pourtant, l'accès à des budgets internes de la nébuleuse révèle l'existence d'une comptabilité secrète appelée « 1S ». Commun sur la plupart des documents Excel des opérations de la galaxie, cet onglet recense l'intégralité des dépenses et recettes, y compris certains paiements en liquide faits à des intervenants ou des employés pour compléter leur salaire, ou les montants versés à des projets secrets comme la subvention d'un influenceur franco-béninois sur les réseaux sociaux – que l'on recroisera plus tard. Cette nécessité de tout enregistrer est sûrement le fruit de la rencontre entre la bureaucratie russe, son inflation de papiers à signer et la prévention des vols dus à l'argent liquide en circulation. Des indices supplémentaires qui rendent la nébuleuse plus cohérente.

Ces possibilités sont uniques dans l'univers paramilitaire russe. Depuis la chute de l'avion de Prigojine, les informations sur les sociétés qui ont repris le relais de Wagner arrivent au compte-gouttes. Comme si la Russie avait appris la leçon et voulait éviter que les yeux du monde se braquent trop dans le bac à sable de ses opérations militaires extérieures – la proximité avec le Kremlin ne sera plus la même pour les structures qui prendront la place.

FAILLES NUMÉRIQUES

Aux éléments comptables s'ajoutent les indices techniques. E-mails et téléphones, mais aussi adresses IP et serveurs sont partagés entre les différentes entités de la galaxie. Un même numéro de téléphone est utilisé par trois structures : Broker Expert LLC chargé de fournir les équipements nécessaires aux opérations minières au Soudan et en Centrafrique ; Agat LLC chargé des contrats à Molkino ; Lakhta Plaza LLC, qui s'occupe d'immobilier, au nom du fils de Prigojine. De même, le domaine « vpmail.office-vp.spb.ru » est noté dans l'e-mail comme point de contact de plusieurs entreprises ASP LLC, TKS LLC, Modus Stroy LLC ou Megaline LLC. Il s'agit d'un domaine localisé sur une adresse IP fixe des employés de Prigojine. Quelques éléments qui permettent de faire une moisson de nouveaux noms d'entreprises.

Dans une enquête pointue[1], le Dossier Center, financé par l'ex-patron de Ioukos, Mikhaïl Khodorkovski – condamné pour corruption en 2003, gracié en 2013 et en exil à Londres depuis 2015 – enquête sur les oligarques proches du Kremlin,

1 [Dossier Center] (18 février 2023).

et s'est intéressé à l'informatique de Prigojine, véritable colonne vertébrale du groupe. La première grosse révélation de cette enquête est qu'il y a peu d'informaticiens engagés chez Wagner, quelques dizaines de personnes. Ce qui explique certainement ces lacunes. L'ensemble des dossiers importants et des communications de l'équipe de Prigojine est stocké sur des serveurs localisés au même endroit : au siège de Patriot Media Group, 78 Primorsky Prospekt, à Saint-Pétersbourg.

Combattants ou simples employés, ils utilisent tous un « téléphone fermé » ou KODE, sorte de VPN interne utilisable sur des téléphones Android. Problème : alors que le système serait fiable, les serveurs centraux sont accessibles depuis le réseau interne de Concord, mal protégé. Nombre de mercenaires finiraient par acheter des téléphones locaux plus pratiques pour communiquer sur WhatsApp ou Telegram.

Décembre 2022, dans le quartier général de Wagner à Saint-Pétersbourg, la compagnie organise un hackathon. Son but ? Développer un système de positionnement de drones grâce à la reconnaissance vidéo, en recherchant des points de cheminement à l'aide de points de repère en l'absence de systèmes de navigation par satellite et de contrôle externe. « Nos experts apprécieront de voler autour du Wagner Center au sein d'un essaim de quatre drones DJI Mavic2 avec GPS et panneaux de contrôle désactivés. Des équipes de 2 à 5 personnes sont autorisées à participer[1]. » annoncent les équipes de Prigojine. L'analyse de la National Crime Agency soulignera plus tard que le hacker Igor Turashev a fait une carrière criminelle remarquée au sein du groupe Evil Corp et ses affiliés[2]. Evil Corp, en 2021, a récupéré environ 10 % de tous les revenus mondiaux provenant des *ransomwares,* ces programmes malveillants qui bloquent l'accès aux données d'un ordinateur en les chiffrant, ce qui

....

1 Wagner Center (11 décembre 2022).

2 National Crime Agency (Octobre 2024).

en fait le groupe le plus important au monde sur ce secteur. Quant aux résultats de ce concours, ils sont visibles dans le déploiement des drones dans le conflit ukrainien,

Ironiquement, la cybersécurité n'est pas, semble-t-il, le fort de Wagner, même s'il est avéré que tous les employés potentiels, allant du personnel de cuisine au cyberguerrier, sont soumis à un interrogatoire obligatoire de deux heures sur le détecteur de mensonges Diana-07[1], et que le service de sécurité de la compagnie est chargé de gérer tout cela. Personne n'est à l'abri d'une nouvelle fuite.

1 C'est ce type d'outil qui est utilisé : https://www.polyconius.ru/production/diana-07/.

V · 2014 : RÉPÉTITION GÉNÉRALE POUR LES TROUPES DANS LE DONBASS

Division hybride composée de vétérans des forces armées russes, de mercenaires et d'experts militaires d'Europe de l'Est, Wagner est découvert par les Européens dans le contexte syrien, alors que son origine prend ses racines pendant le premier conflit ukrainien de 2014.

Ksenia Bolchakova, co-réalisatrice d'un documentaire diffusé par France Télévisions[1] dresse le portrait-robot du mercenaire : « L'âge moyen est de 30 ans, le plus jeune avait 21 ans et le plus vieux 73 ans. Ils sont originaires d'une quinzaine de pays, en majorité des anciennes républiques soviétiques, mais 75 % du contingent est russe. Tous sont au moins réservistes ou anciens de l'armée officielle russe, ou alors des repris de justice avec un passé militaire[2]. » En 2019, une fuite de données organisée par le renseignement ukrainien complète le profil des membres. Les fichiers comprennent les noms de code et les numéros d'identification spéciaux des mercenaires, ainsi que le nom de leurs unités et leur rang au sein de celles-ci. Pour chaque combattant est renseignée la nationalité, voire le domicile. Parmi les 4 184 personnes d'alors, les combattants sont originaires de 15 pays différents, et certains ont plusieurs nationalités. La majorité d'entre eux est sans surprise originaire de Russie, 222 d'Ukraine, 17 de Biélorussie, 11 du Kazakhstan, 9 de Moldavie, 8 de Serbie, le reste vient ou d'Asie centrale ou d'Europe de l'Est[3]. Ces éléments confirment les analyses d'All Eyes on Wagner établies à partir de l'ordre de bataille africain, daté de 2021. Sur le fonctionnement de la chaîne de commandement, les informations sont rares. Ironie de l'histoire, c'est un général ukrainien, Vadym Skibitsky, qui

1 Réalisé avec Alexandra Jousset et diffusé début 2022, voir les références : https://archive.vn/fHDil.

2 Ronan Tésorière (18 février 2022).

3 Michael Weiss, Holger Rooneema (19 décembre 2021).

résume le mieux la stratégie d'action russe et la coordination nécessaire entre les différents groupements : « Pour trouver la combinaison d'outils la plus efficace pour atteindre ses objectifs agressifs, la Russie tente de combiner les moyens militaires et spéciaux traditionnels avec les activités corrélées des SMP, des mercenaires, des forces collaborationnistes locales et d'autres groupes paramilitaires. [...] Toutes ces unités sont intégrées dans l'espace commun de communication et de renseignement et opèrent sous le contrôle direct du commandement militaire russe dans le cadre du concept militaire général. La théorie militaire moderne russe définit cette approche comme le "groupement de forces intégrées"[1]. »

En 2013, Wagner bénéficie d'un soutien ou d'une coopération avec le renseignement militaire russe, comprenant l'utilisation de terrains[2] avec l'attribution du polygone de Molkino, dans le territoire de Krasnodar. La base principale utilisée par l'armée russe comprend un quartier général, un parcours d'entraînement et d'obstacles aéroportés, un stockage d'armes et de munitions et d'autres installations militaires. Au nord de la base, sur une installation séparée, les mercenaires disposent aussi d'un grand espace d'entraînement qui couvre environ 2,5 hectares et est composé d'environ neuf structures.

En se basant sur les vidéos tournées à Molkino, disponibles sur YouTube ou d'autres réseaux sociaux, notre enquête en sources ouvertes permet d'en savoir plus sur le centre d'entraînement. Les jeunes recrues sont formées de manière intensive avec canons et lance-roquettes. Les exercices visent, en partie, à développer les compétences militaires suivantes : utilisation avancée de moyens modernes de guerre électronique, coordination des actions entre les opérations terrestres et aériennes[3], activités subversives

1 Vadym Skibitsky (17 juin 2020).

2 Sergey Sukhankin (13 juillet 2018).

3 [Voyennoe Obozrenie] (19 février 2017).

de type guérilla, *maskirovka* (désinformation militaire), sabotage et recrutement d'agents étrangers.

Le personnel de Wagner suit des cours d'entraînement préparatoires complets[1]. Il est en mesure d'utiliser les installations et les techniques d'entraînement de la GRU. En parallèle, les contingents s'appuient sur des experts de premier ordre en matière de guerre en montagne ou d'opérations maritimes, comme Boris Chikin et Andreï Trochev. Les techniques de préparation peuvent combiner les techniques du renseignement et celles des forces spéciales. En 2018, Molkino reste un point central pour le rassemblement et la formation, mais les ressources mises à disposition ont légèrement diminué.

Aussi étrange que cela puisse paraître, les mercenaires sont souvent engagés directement pour des missions de surveillance et de protection d'installations minières. Contractuellement, les documents qu'ils signent concernent l'exploration géologique et des missions de surveillance dans les champs pétrolifères, mais avec une réserve : il faut travailler dans une zone de guerre, et être prêt à prendre les armes si la mission concerne un déploiement en Afrique ou en Asie – pour l'Ukraine, c'est moins clair. Les mercenaires sont souvent engagés sous le couvert de missions de surveillance et de protection d'installations minières. Leurs armes sont fournies à l'arrivée sur site. Avant la vague de recrutement dans les prisons, la situation était simple : le principal était d'avoir 25 ans et aucun problème avec la loi. Presque n'importe qui était embauché, sans que l'on vérifie vraiment son état de santé, même si dans la vidéo de recrutement de 2022, Prigojine annonce des visites médicales. Les candidats passent tous un test polygraphique (vérification du travail pour des services spéciaux, du casier judiciaire, de la coopération avec des « organisations rivales »), suivi

1 Denis Korotkov (21 août 2017).

d'un entretien avec un psychologue : « Combien de temps allez-vous penser à tuer ?[1] »

Les politiques salariales ont changé à plusieurs reprises. Pendant la première période ukrainienne (2014-2015), par exemple, chaque contractant touchait 80 000 roubles (1 400 euros) par mois pendant sa formation à Molkino. Après avoir franchi la frontière ukrainienne, le salaire mensuel atteint 120 000 roubles (2 050 euros). La participation à des opérations paramilitaires sur le territoire de Lougansk fera grimper les paiements à 180 000 roubles (3 100 euros) ; chaque engagement militaire avec les forces armées ukrainiennes donne aux militants 60 000 roubles (1 050 euros) supplémentaires par semaine à leur salaire mensuel[2]. Un mois, sans repos et sans cesse au combat, pourrait ainsi rapporter plus de 7 000 euros au combattant, à condition qu'il survive. En comparaison, les séparatistes des républiques populaires de Donetsk et de Lougansk gagnent environ 15 000 roubles (260 euros) mensuels[3]. Le décalage entre les salaires du mercenaire et du combattant séparatiste est gigantesque – peu importe les missions, le salaire du contractuel est supérieur.

Revenons à l'été 2014. La compagnie effectue sa première mission en Ukraine, lors de la conquête de la Crimée. L'occupation de la presqu'île est en partie l'œuvre de wagnériens, rejoints par des forces russes. Le groupe est déployé à la mi-mai. Environ 300 mercenaires aident à la logistique et à la sécurisation, s'emparant des installations de l'administration ukrainienne et mènent des opérations de reconnaissance. À côté, les hommes de la compagnie sont engagés dans des actions de sabotage et protègent les commandants séparatistes les plus importants. Ces hommes vont également participer à la saisie d'unités militaires et d'entrepôts.

1 Sergey Khazov-Kassia (7 février 2018).
2 Denis Korotkov (16 octobre 2015).
3 *Ibid.*

Le 14 juin 2014, à Lougansk, les recrues utilisent un système de défense aérienne portatif pour abattre un Iliouchine 76 ukrainien lors de son atterrissage sur un aéroport en ruines. Le missile atteint facilement sa cible. Le crash tue 40 parachutistes ukrainiens et 9 membres d'équipage. La question de savoir qui a donné l'ordre d'engager cette troupe reste obscure, l'aval du Kremlin est indiscutable. En octobre 2017, le chef du Service de sécurité de l'Ukraine (SBU), Vassyl Hrytsak, estime que ses services ont établi l'implication du groupe dans la destruction de cet avion[1]. Les enquêteurs ukrainiens concluent cinq ans après que l'ordre a été directement donné par le major-général Evgueni Nikiforov, commandant de la 58e armée de la Garde nationale, envoyé dans le Donbass pour mener à bien l'invasion[2]. L'Ukraine prouve aussi que les auteurs de l'assassinat de ses soldats ont été décorés à leur retour en Russie. Le 9 décembre 2016, ils sont pris en photo avec Vladimir Poutine.

L'Ukraine devient le terrain d'essai qui aide les sociétés militaires privées à remédier à leurs lacunes initiales. Comme le décrit Igor Guirkine, commandant du GRU dans le Donbass : « La bataille de Debaltseve a illustré le processus de transformation profonde du groupe Wagner, qui [...] est devenu une véritable formation de choc et a atteint son plein potentiel plus tard, en Syrie[3]. »

RUSICH, LES FORCES SPÉCIALES

Des services de renseignements confirment que le Mouvement impérial russe (RIM) forme des combattants volontaires dans le camp d'entraînement « Partisan » pour soutenir les séparatistes pro-russes dans le Donbass. Wagner recrute dans ces rangs. Parmi les volontaires, Alexeï Miltchakov

1 Interfax-Ukraine (7 octobre 2017).
2 [Gouvernement ukrainien] (14 juin 2019).
3 [Vbloknot] (14 juillet 2018).

et Yan Petrovsky, deux néonazis russes qui fondent la *Task-Force Rusich* après leur séjour. Miltchakov, lors d'une interview aux chaînes de télévision publiques et à des YouTubeurs russes[1], résume sa propre idéologie de manière lapidaire[2] : « Je le dis sans détours : je suis un nazi. » Il a rejoint, dès les années 2000, la section de Saint-Pétersbourg de l'organisation Union slave. Et lorsque la guerre éclate dans le Donbass en 2014, Miltchakov adopte le nom de code radio *Serbe* et rejoint le combat au sein d'un « petit groupe de nationalistes russes[3] ».

À partir d'un canal Telegram aujourd'hui supprimé[4], on peut retracer une partie de l'histoire de cette troupe. Rusich est souvent considérée comme une unité faisant partie de Wagner[5], bien que ses débuts soient tout à fait distincts. L'idée de créer un groupe militarisé de nationalistes prêts à prendre part à des conflits militaires remonte à 2009, et émerge dans la mouvance nationaliste. À l'époque, ces réseaux n'offrent plus de possibilités aux nationalistes russes de se battre ou de prendre les armes. Un petit groupe, désireux d'acquérir des connaissances et des compétences dans les arts militaires, se sépare des nationalistes du RIM. Un vétéran de l'armée russe organise l'entraînement ; le matériel nécessaire aux exercices est peu abondant. La troupe dispose d'armes de chasse civiles et de fusils d'assaut factices ; l'ensemble de l'oblast de Saint-Pétersbourg est utilisé comme champ de tir. Les hommes s'entraînent et s'aguerrissent au combat, ils affrontent des tirs réels. Histoire de parachever le tout et en plus d'une formation tactique, il y a de nombreux exercices sur le terrain pour développer les compétences de survie.

1 CzarTalks, YouTube (26 décembre 2020).

2 Dmitry Kozhurin (27 mai 2022).

3 CzarTalks, *ibid.*

4 Voir les archives disponibles : https://archive.ph/9GxEZ.

5 Dans les commentaires d'un post VK de Liza Isaeva, la petite amie de Miltchakov, mention est faite d'un financement de « DShRG Rusich » par Evgueni Prigojine, voir l'article du collectif Molfar : https://archive.vn/ofAxp.

Des vétérans de la guerre de Tchétchénie et des militaires partageant leurs vues sont invités comme instructeurs. Ces hommes deviennent le bras armé d'une idéologie et serviront de base aux sociétés militaires.

Au sein de Wagner, Rusich joue le rôle de forces spéciales, en même temps que celui de *sonderkommando*. L'unité devient le Bataillon Viking et joue avec l'imagerie guerrière et païenne scandinave, commettant de terribles atrocités dans la région du Donbass. Elle aurait des liens avec le renseignement militaire russe (GRU) pour des missions de nettoyage. Ses membres postent des photos de profanation de corps sur les réseaux sociaux.

D'un point de vue organisationnel, Rusich entretient deux troupes de combat, soit environ 400 hommes. Toutefois, à en juger par les articles qui relatent leurs actions en 2014-2015, ils avaient probablement plus de deux unités. Parmi ses faits d'armes, Rusich a participé à la deuxième bataille pour l'aéroport de Donetsk (septembre 2014-janvier 2015), ainsi qu'aux opérations dans l'aéroport de Lougansk (à l'été 2014). Rusich a attaqué une colonne de combattants volontaires ukrainiens le 5 septembre 2014, près de Metalist, dans le Donbass, tuant des dizaines de personnes[1]. Avec un matériel de protection et des armes à la pointe de la technologie, Rusich est en quelque sorte l'élite des troupes wagnériennes. Au niveau symbolique, l'unité opte pour la *svastika* slave de Kolovrat[2] comme insigne, un élément qui confirme leur idéologie et leur sensibilité nationalistes.

Réputé pour sa brutalité lors de son intervention dans le Donbass, Rusich tue des dizaines de volontaires du côté ukrainien. Ils partagent sur les médias sociaux des photos dès septembre 2014. Ces images montrent des corps démembrés

1 Candace Rondeaux (26 janvier 2022).

2 Les groupes d'extrême droite russes et ukrainiens utilisent le Kolovrat à la place de la croix gammée. À l'origine, c'est un symbole de la mythologie slave, signifiant « roue tournante », dédié au dieu slave du feu et de la métallurgie.

ou profanés. Des sources locales confirment que les membres de Rusich mutilent et incendient les morts, et la circulation de ces images alimente le mythe d'une unité sanguinaire[1].

Tout au long de leur déploiement en 2014-2015, les commandants Miltchakov, Petrovsky et d'autres courtisent l'infâmie, postant des images d'atrocités et des selfies avec des cadavres. Des groupes ukrainiens de défense des droits humains accusent le contingent de torturer des prisonniers de guerre. La forte présence de Rusich sur les médias sociaux sert de propagande utile, faisant passer ses membres pour des guerriers redoutables et démentant leur nombre relativement faible dans l'est du pays entre 2014 et 2015. Sur le canal Telegram *rusichdshrg*, des membres expliquent également le traitement infligé aux prisonniers de guerre – qui se résume en un « pas de quartier ». Un post Telegram suggère ainsi, à l'automne 2022, d'interroger les prisonniers d'abord sans méthodes physiques, puis avec des tortures. Une fois l'interrogatoire terminé, « tirez-leur dessus – soit loin des regards indiscrets, soit avec tous les frères de bataille pour vous assurer que cela reste secret[2] ». Traitement qui correspond au comportement antérieur de Rusich en Ukraine en 2014 et en Syrie.

Rusich quitte l'Ukraine à l'été 2015. Quelques mois plus tard, les Occidentaux sanctionnent Alexeï Miltchakov pour son rôle de commandant de cette unité, après des rapports sur l'implication de son unité dans des crimes de guerre présumés dans le Donbass. Des apparitions de Miltchakov et de Petrovsky en Syrie ont depuis fait l'objet de multiples rapports sur leurs exploits au cours des dernières années, notamment la torture et le démembrement macabres d'un prisonnier syrien. Les membres de Rusich sont repérés pour la première fois au Levant en 2017. Il n'est pas impossible qu'ils y aient été déployés plus tôt. Des combattants de Rusich

1 Nicholas Potter (1er février 2022).

2 V., @sweetgroove69, X (22 septembre 2022).

posent en Syrie avec un Valknut[1]. Ils posteront également des contenus prouvant la torture. Et pas de regrets ou de remords quand ils sont interrogés sur leurs méfaits : « Les actes décrits ne constituent pas un crime de guerre parce que a) nous ne sommes pas des militaires, et b) nous étions heureux de le faire[2]. » En 2020, un post accompagné d'une photo permet de confirmer que Rusich est présent en Libye, déployé dans le cadre d'opérations sous le commandement de Wagner. Le diable se cache dans les détails : ici, c'est un écusson Kolovrat sur l'épaule[3]. Ils sont toujours visibles en Syrie en 2022, du moins si on se base sur les tenues de Rusich quand ils posent exhibant des têtes comme trophées – les mêmes uniformes avec le même décor de désert réapparaissent sur leur chaîne Telegram.

Après avoir un peu échappé aux radars entre 2015 et 2022, les hommes de l'unité sont réapparus dans différents posts et photos révélatrices de leur engagement ukrainien[4]. Un premier post[5] est visible sur Telegram dès le 24 février 2022. Un canal partageant les mêmes idées a publié un post[6] avec des photos des combattants de la troupe pour indiquer que Miltchakov était blessé et avait besoin d'un traitement coûteux. L'analyse des réseaux confirme leurs déplacements en territoire ukrainien. Par exemple, une photo les localise à Izioum à l'été 2022[7], et certains de leurs membres postent des photos dans d'autres lieux. Ils continuent entraînements et recrutements[8]. Rusich signale sa première perte en Ukraine

1 Signe mythologique scandinave lié au dieu de la guerre Odin, il symbolise aujourd'hui les guerriers morts au combat. Il est repris par les mouvements nationalistes russes et occidentaux.

2 Michael Sheldon (23 janvier 2024).

3 Grey Zone, Telegram (9 août 2022).

4 Tom Ball (7 avril 2022).

5 Волчанске, Telegram (2 juin 2022).

6 Govorit Topaz, Telegram (6 avril 2022).

7 Rusichdshrg, Telegram (16 juillet 2022).

8 Rusichdshrg, Telegram (17 août 2022), et (19 août 2022).

depuis 2015 : Andreï, un médecin militaire, est tué. Un post précise que le soldat « est tombé avec honneur – au combat sur sa propre terre, avec une arme dans ses mains ». On notera le choix des mots, « propre terre » et la symbolique, les runes sur le front, opérant encore dans cette imagerie viking[1]. Toujours dans le jeu de la propagande, Rusich nie sur ses réseaux sociaux qu'un grand nombre de ses combattants aient été tués lors du premier semestre de la guerre. Sur VK, ils donnent quelques précisions. Ils ont un « faible taux de pertes irrécupérables » (pas plus de 15 % de leur troupe standard, et 5 % de leurs forces spéciales). Avant d'ajouter détenir une capacité de compensation des pertes grâce à leur base d'entraînement à Saint-Pétersbourg[2]. Est-ce parce que le groupe se dit prêt à recruter des « enfants à partir de 12 ans, quand ils commencent à comprendre quelque chose[3] » ?

En juin 2022, les communicants de Rusich justifient leur participation aux combats en parlant de russophobie[4] : « L'un des principaux objectifs de l'opération militaire spéciale est la soi-disant dénazification des territoires de l'Ukraine. Malheureusement, les propagandistes de bas étage (encore pires que les Ukrainiens) prêchent ce sujet comme un sermon. Nous, par contre, ne croyons pas à la propagande, et en utilisant notre propre expérience et les faits connus, nous pouvons dire avec certitude que [les forces armées ukrainiennes] ne sont pas entièrement composées de nazis ou de nationalistes ukrainiens, quoi qu'on nous ait dit (nous doutons que ces personnes aux croyances déclarées représentent plus de 10 %). Cependant, cela ne signifie pas que ceux qui se battent contre nous ne doivent pas être éliminés [...] À la question “Comment pouvez-vous, vous, nationalistes russes, combattre les Ukrainiens ? vous

....

1 Rusichdshrg, Telegram (18 juillet 2022).
2 ДШРГ Русич, VK (23 décembre 2022).
3 Obozrevatel (4 novembre 2016).
4 Rusichdshrg, Telegram (14 juin 2022).

partagez les mêmes vues ?", nous répondons simplement : "Nous le pouvons, avec plaisir". »

Le 25 octobre 2022, Rusich publie ses souhaits concernant les mesures à prendre en Ukraine : « En général, nous croyons que tout le monde, principalement la population non blanche de l'Ukraine [...], devrait être physiquement détruit (en partie par des expériences scientifiques). Les garçons restants devraient être élevés comme janissaires dans le service militaire de la Russie, et les filles, après avoir suivi les cours pour épouses diligentes et avec des passeports de non-citoyens de la Fédération russe [...], seront données aux soldats russes ethniques, 2-3 femmes par personne. Les métisses peuvent être distribuées aux non-Russes de souche, mais seulement à ceux qui ont combattu pour la Russie. [...] Tous les biens de l'ancienne Ukraine doivent également être répartis entre les soldats. Les soldats doivent être indemnisés pour les risques qu'ils ont pris pendant la guerre, et les misérables 200 000 [roubles] par mois (on ne peut pas acheter grand-chose) ne sont pas très motivants[1]. »

Leurs chefs survivent. Alexeï Miltchakov semble avoir récupéré des blessures qui lui sont attribuées. Il est aperçu sur les lignes de front en août[2]. Rusich appelle à « des bombardements en tapis des zones résidentielles de Kiev, Lviv, Vinnitsa, Lutsk (au lieu des pathétiques frappes singulières) [...] Seulement des mesures radicales. Et une destruction totale[3] », ajoutent-ils. Les membres de Rusich peuvent aussi critiquer ouvertement le gouvernement, certainement, pensent-ils, en raison de leur efficience sur le terrain : « Il s'est avéré (ce que nous savions depuis longtemps) que certains ministères sont inaptes à l'action et que d'autres structures privées sont au contraire parfaitement prêtes au combat[4]. »

1 RSOTM Division, Telegram (25 octobre 2022).
2 Sladkov_plus, Telegram (27 août 2022).
3 Rusichdshrg, Telegram (16 septembre 2022).
4 ДШРГ Русич, VK (23 décembre 2022).

Fin 2022, Rusich demande à ses membres de transmettre des renseignements sur les activités frontalières et stratégiques dans les pays baltes[1], suscitant des inquiétudes quant à la possibilité d'une attaque contre des pays de l'Otan. Fin août 2023, MTV3, une chaîne de télévision finlandaise[2], rapporte que Yan Petrovsky a été arrêté par la police. Kiev apprenant la nouvelle demande aussitôt son extradition. Coup de théâtre en décembre : la Cour suprême d'Helsinki refuse que Petrovsky (qui se fait désormais appeler Voislav Torden) soit extradé. Les conditions de détention en Ukraine pourraient violer ses droits humains, le traitement infligé aux personnes soupçonnées de collaborer avec la Russie s'assimilant à de la torture, et le traitement réservé aux prisonniers russes suscite également des inquiétudes. Après sa libération, Petrovsky ne franchit pas pour autant les portes de la prison libre : il quitte les lieux dans un véhicule des gardes-frontières[3].

Deux semaines plus tard, le parquet national finlandais rassure l'opinion publique, et explique que « M. Petrovsky est soupçonné de crimes de guerre "commis à l'encontre de soldats ukrainiens blessés ou qui se sont rendus pendant le conflit armé en Ukraine" en 2014-2015, avant le début de l'assaut de Moscou contre l'Ukraine en février 2022. » Et d'ajouter que « les autorités finlandaises enquêteront sur ces crimes, car le suspect ne peut être extradé vers l'Ukraine, et l'affaire, en tant que crime international, relève de la juridiction de la Finlande[4]. » Le 13 février 2024, la télévision publique finlandaise YLE évoque dans un article une condamnation de 40 jours de prison avec sursis[5]. Motifs invoqués ? Entrée illégale dans le pays. Les investigations sur les crimes de guerre, elles, suivent leur cours.

1 Mark Townsend (11 décembre 2022).
2 Eetu Ruonakoski (25 août 2023).
3 Eetu Ruonakoski (8 décembre 2023).
4 AP (17 décembre 2023).
5 [YLE News] (13 février 2024).

Sur les réseaux sociaux comme Instagram surgissent souvent des photos non datées. Comme celle-ci, publiée en janvier 2024 : on y voit un groupe d'hommes en uniforme, armés et munis d'écussons aux symboles de l'unité. Ils s'entraînent dans la neige, comme le dit la légende, probablement dans la région de Saint-Pétersbourg[1]. Rusich conserve une forte présence sur Telegram et continue simplement ses activités, comme si Wagner ne s'était jamais arrêté.

Le même mois, Miltchakov réapparaît, interviewé par un blogueur russe[2]. Il avait déjà partagé sur Telegram des instructions concernant le traitement des « *khokhols* » (terme péjoratif désignant les Ukrainiens) prisonniers en Russie, préconisant leur élimination discrète aux lecteurs de sa chaîne Telegram très populaire (plus de 143 000 followers). Aujourd'hui, Miltchakov évolue vers une vision du monde plus sophistiquée : il pense que les prisonniers de guerre qui se rendent immédiatement devraient être « graciés » ou soumis à des formes de violence moins brutales, tout en affirmant que ceux qui sont capturés lors d'opérations offensives devraient être exécutés sur-le-champ. Les commandants d'Azovstal, par exemple, auraient dû « être forcés de se manger littéralement les uns les autres », ou « leurs têtes auraient dû être suspendues le long de la route de Mangush », explique le commandant de Rusich. Pour l'Occident, comme en témoigne notamment sa page Wikipedia[3] et de nombreuses sources officielles, Miltchakov reste toujours qualifié de criminel de guerre « présumé » jusqu'au début du mois de décembre 2024 où un procureur d'Helsinki l'inculpe pour des crimes de guerre commis en 2014.

1 Monopoly on Violence, post Instagram (12 janvier 2024).

2 Saint Javelin, post Instagram (19 janvier 2024).

3 Voir par exemple la page en français : https://fr.wikipedia.org/wiki/Alexe%C3%AF_Miltchakov.

LES TROUPES DE CHOC

Reverse Side of the Medal (abrégé en RSOTM) et ses affiliés sont ceux qui se rapprochent le plus des troupes d'assaut de Wagner. Ces troupes sont surtout connues par leur présence sur les réseaux sociaux. À tel point que le canal RSOTM est devenu une des principales sources d'information wagnérienne sur Telegram. Leurs posts couvrent surtout, depuis février 2022, les mouvements de l'« opération spéciale ». Ces vétérans de Slavonic, Moran Group ou Vympel sont les initiateurs de la branche merchandising, avec de multiples sous-groupes. Chaque unité a son chef, la chaîne de commandement reste, elle, opaque. RSOTM possède également un site web officiel vendant de nombreux articles de marque. Ils vont populariser les tee-shirts « Je suis Wagner », les écussons et autres éléments à la mode dans l'armée russe également. Ils utilisent plusieurs canaux de communication pour détailler leurs activités.

Parmi eux, il y a aussi des unités étrangères. Lors du deuxième conflit avec l'Ukraine, la Russie entraîne de nouvelles troupes et se prépare à combler ses rangs en faisant venir des mercenaires libyens et serbes, en plus des mercenaires syriens qu'elle enrôle déjà. C'est en tout cas ce qu'affirme la Direction principale des renseignements militaires ukrainiens (GUR) et l'état-major général des forces armées ukrainiennes, dans des déclarations distinctes[1]. Des mercenaires des Balkans sont aperçus au sein des groupes armés des républiques séparatistes. Les services de sécurité ukrainiens chiffrent leur nombre à 300 dans le Donbass. Kiev transmet à Belgrade des listes de leurs citoyens qui combattent en Ukraine. « Nous avons informé [le gouvernement serbe] pour la première fois à l'été 2014. Puis, plus récemment, en 2017. Malheureusement, nous n'avons pas reçu une seule

1 Michael Starr (5 mai 2022).

réponse officielle », regrette Igor Gouskov, porte-parole des services de sécurité ukrainiens[1].

« Sans la Russie, la Serbie n'aurait pas vu le jour en tant qu'État. Un seul sang, une seule foi, une seule famille », justifie Radomir, un militant serbe surnommé Grizzly. Les Serbes qui se battent en Ukraine se racontent tous la même légende, à savoir qu'ils se battent pour « leur propre terre[2] ». Au fil du temps et avec l'accumulation d'expérience et de capital, la compagnie augmente ses effectifs. L'organisation possède une unité serbe depuis 2014, dirigée par Davor Savičić (surnommé Elvis), un proche d'Outkine depuis les premiers combats dans le Donbass[3].

Pourtant en 2014, la Serbie adopte une loi interdisant aux citoyens de combattre sur des champs de bataille étrangers avec des formations militaires et paramilitaires, sauf dans le cadre d'une mission officielle d'une organisation internationale dont la Serbie est membre. Les peines encourues vont de six mois à cinq ans d'emprisonnement. Les documents d'un procès énumèrent les unités dans lesquelles les Serbes ont combattu : la Brigade internationale, la Septième Brigade, le Régiment de hussards serbes, l'Unité ouralienne, la Première Unité slave et Wagner[4].

Un membre de l'unité serbe de Wagner tombe en Syrie en juin 2017[5]. En décembre, le SBU émet des mandats d'arrêt contre six Serbes appartenant à Wagner et ayant combattu en Ukraine, dont Savičić[6]. Avec une présence confirmée en Syrie, Ukraine, Libye, au Soudan et en RCA, les mercenaires serbes sont précieux. Ils ont deux avantages : un grand réseau parmi les hooligans en Europe, et leur passeport,

1 Andriy Stelmakh, Pavlo Kholodov (22 octobre 2017).
2 *Ibid.*
3 Hannah Wallace (17 février 2022).
4 Maja Zivanovic (13 décembre 2018).
5 Miloš Stanić, Marko Tašković (23 juin 2017).
6 Marija Ristic (27 décembre 2017).

qui leur permet une circulation facilitée dans l'Union. Tout comme RSOTM, ils entretiennent une chaîne Telegram.

En janvier 2023, le président Aleksandar Vučić critique ouvertement la compagnie, alors que des unités serbes sont aperçues dans la ville ukraininenne de Zaporojié[1]. Le groupe vient de publier des petites annonces dans la presse nationale afin de recruter des combattants pour l'Ukraine. « Pourquoi faites-vous cela à la Serbie ? », lance le chef de l'État dans un entretien télévisé cité par l'agence Beta. « Pourquoi est-ce que vous, Wagner, lancez des appels alors que c'est contre les règles ? » Le son de cloche est tout à fait différent chez Concord. « Toutes les rumeurs qui entourent l'interaction entre le groupe Wagner et la Serbie n'ont donc aucun fondement. Pour autant que nous le sachions, les Serbes se portent bien tout seuls[2]. » Il persiste au mois de mars : « Si un Serbe prétend avoir combattu dans les rangs de Wagner en 2023, c'est un mensonge. Ne le croyez pas[3]. »

1 ZOKA, @200_zoka, X (17 janvier 2023).
2 Пресс-служба Пригожина, Telegram (17 janvier 2023).
3 Пресс-служба Пригожина, Telegram (1er février 2023).

VI · LES MAGES DE PRIGOJINE

« L'un des centres les plus innovants en géopolitique appliquée se trouve à Saint-Pétersbourg près de Prigojine. »
Alexander Seravine,
consultant en communication politique

La rébellion de juin 2023 sème le doute et la confusion. Prigojine, qui défie Poutine un jour, le trahit le lendemain, avant d'être reçu par le président russe puis photographié lors du sommet Russie-Afrique : cet enchaînement laisse perplexe. Les commentaires hésitent entre coup d'État et opération de communication. Le coup de tonnerre reste à venir. Après un arrêt des fermes à trolls de 24 heures, la machine redémarre. Le faux compte X (anciennement Twitter) « Luka Malle » balance ses vérités alternatives sur la Minusma, la mission de l'ONU au Mali ; Nathalie Yamb critique Macron dans son émission YouTube, et deux experts en communication politique de chez Wagner, l'un animateur d'une chaîne Telegram russe sur l'Afrique et l'autre directeur des opérations du groupe au Soudan, glosent dans un podcast sur les derniers événements, comme si de rien n'était.

La machine est tout de même un peu grippée. Maxim Chougaleï remarque que sa page VK à plus de 5 000 abonnés a été bloquée par le service exécutif fédéral russe chargé de la supervision dans le domaine des médias. Le 30 juin, Prigojine annonce la dissolution du groupe Patriot Media, créé en 2019. Le groupe était la vitrine officielle du projet Lakhta, les actions d'influence de Wagner, composé de 11 médias et d'un réseau de plus de 150 médias partenaires. Quelques heures plus tard, Evgueni Zoubarev, directeur de Patriot Media, confirme l'existence de fermes à troll depuis 2009.

Vertigineux. Car au-delà de ses compétences militaires, la véritable force du groupe Wagner est de savoir comment changer les opinions et influencer les événements. En l'espace de quelques mois, en parallèle de la réorganisation du dispositif Wagner, la machine à influence va se réveiller à nouveau. Les faux comptes mis en sommeil reprennent du service, de nouvelles campagnes apparaissent. Pas si surprenant puisque les unités de la GRU pilotent en partie les opérations d'influence à l'étranger du groupe Wagner. Certaines sources indiquent que des officiers seraient en rotation depuis 2021 en Afrique. Ce système perdure même avec la mort des chefs de Wagner.

L'ARMÉE DE TROLLS

En août 2013, une intrigante annonce d'emploi pour une toute jeune entreprise à Saint-Pétersbourg apparaît sur les réseaux sociaux : « Opérateurs Internet recherchés ! Travail dans un bureau chic à Olgino !!!, rémunération 25 960 roubles par mois. Objectif : poster des commentaires sur des sites Internet spécialisés, rédiger des billets thématiques, des blogs, des réseaux sociaux. Rapports de captures d'écran. L'horaire de travail est choisi individuellement [...] Paiements hebdomadaires et nourriture gratuite !!! Emploi officiel ou contractuel (facultatif). Formation offerte[1] ! » *Novaya Gazeta* y infiltre l'un de ses correspondants[2]. Qui est derrière cette structure dont le but est de faire rédiger 100 commentaires par jour du genre : « Le sommet du G20 qui vient de se terminer à Saint-Pétersbourg est un grand succès pour la Russie ». L'objectif est d'accroître la visibilité de ces articles, de la même manière qu'écrire des commentaires sur Amazon augmente les ventes de produits. Des robots pourraient faire le travail, mais les sites les bloquent souvent.

L'Internet Research Agency, qui poste cette annonce, est créée en 2013. Elle est liée à la société Concord[3]. Elle confie cette tâche à des humains. En dehors des murs de

1 Seth Hettena (4 novembre 2019).
2 Alexandra Garmazhapova (7 septembre 2013).
3 James J. F. Forest (2022, p. 8).

l'agence, d'autres opérations sont menées. Prigojine est notamment soupçonné d'avoir organisé des coups médiatiques comme la mise sur pied d'une manifestation de faux militants pro-LGBT lors de la venue du président américain Barack Obama en 2013, alors que se tenait le sommet du G20 à Saint-Pétersbourg. L'objectif est d'aller dans le sens du discours officiel du Kremlin, teinté d'homophobie, sur la défense des valeurs familiales face à un Occident décadent[1].

Assez vite après le début de leur infiltration, les journalistes de *Novaya Gazeta* découvrent qui se cache derrière l'IRA. Ils reconnaissent une ancienne collègue à eux, Maria Kouprachevitch, qui a travaillé sous couverture pour Prigojine au département publicité du journal. Dans une interview de 2018, elle démontera le travail du journal : « Tout d'abord, tout le monde a peur de tout. Les nouveaux employés sont contrôlés de toutes parts, ils subissent une vraie pression. Le stress est évacué de différentes manières : bien sûr, avec de l'alcool, parfois, peut-être, avec des drogues [...] aujourd'hui on se tue avec de la drogue, demain on écrit des enquêtes sympas. Il arrive que vous entriez dans le bureau, et qu'il y ait du vomi, des préservatifs, excusez-moi, des [excréments] qui traînent[2]. » En 2013, les journalistes ne font qu'employer à leur tour les mêmes stratagèmes. En fait, Kouprachevitch travaille pour le département des relations publiques de Concord. *Novaya Gazeta* l'a surnommée « Masha Hari », jeu de mots rappelant la célèbre espionne, Mata Hari[3].

Le premier Occidental à s'intéresser à l'IRA est Max Seddon, alors journaliste chez *Buzzfeed*. L'Américain va mettre la main sur des documents internes de l'organisation mis en ligne par des hackers. Dès 2014, un de ses articles[4] montre que les basses œuvres de la ferme à trolls dépassent

1 Sébastien Seibt (2 octobre 2019).
2 Leonid Vinchevsky (15 novembre 2018).
3 Отдел расследований (26 juin 2013).
4 Max Seddon (2 juin 2014).

largement les frontières russes. Dans les documents internes se trouvaient des directives sur l'affichage dans les sections de commentaires de *Fox News*, *The Huffington Post*, *The Blaze*, *Politico* et *WorldNetDaily*.

L'IRA est dirigée par un comité de gestion et organisée en trois départements : 1) graphisme, analyse de données, optimisation des moteurs de recherche (SEO) ; 2) département de technologies de l'information pour maintenir l'infrastructure numérique utilisée dans les opérations ; 3) finances pour budgétiser et allouer les fonds. La société Concord finance l'IRA dans le cadre d'une de ses opérations d'ingérence en ligne plus vaste baptisée Projet Lakhta. Ce projet est doté d'un budget qui frise le million d'euros mensuels et qui a de multiples composantes, certaines concernant des personnalités au sein de la Fédération de Russie et d'autres visant des acteurs étrangers dans divers pays, dont les États-Unis[1].

En 2014, l'IRA logeait dans un immeuble de quatre étages à Saint-Pétersbourg, et l'usine à trolls fonctionnait à plein régime. Ses employés devaient gérer chacun six comptes Facebook, publier quotidiennement au moins trois messages et discuter de l'actualité dans des groupes. À la fin du premier mois, ces discrets guerriers du clavier devaient avoir gagné 50 abonnés. Sur X, ils gèrent 10 comptes avec jusqu'à 2 000 followers et tweeter 50 fois par jour.

« Nous devions écrire des posts ordinaires sur la fabrication de gâteaux ou sur des morceaux de musique que nous aimions, mais de temps en temps, il fallait ajouter un post politique sur la façon dont le gouvernement de Kiev est fasciste, ou ce genre de choses », explique une ancienne employée. Les conditions de travail sont misérables. Les employés sont punis pour quelques minutes de retard ou pour ne pas avoir atteint leurs objectifs. Les rédacteurs en chef infligent en plus des amendes s'ils constatent que des messages ont été plagiés ou qu'ils ne sont pas pertinents d'un point de vue idéologique.

1 [Intelligence] (s.d.).

Les Russes dépensent 100 000 dollars dans de la publicité anti-Clinton sur Facebook, somme qui semble dérisoire en regard des 617 millions de la campagne de Trump et du 1,2 milliard des Démocrates[1]. Mais elle donne une petite idée des capacités d'influence russe dans une campagne politique d'importance mondiale. Ce déferlement de désinformation sur leurs plateformes ne laisse pas les géants de la Silicon Valley indifférents : le 6 septembre 2017, Facebook bloque 470 comptes liés à l'Internet Research Agency[2].

C'est principalement sur les réseaux sociaux comme Facebook, Telegram, X ou VK que cette propagande et ces vidéos se développent. À cela, il faut ajouter TikTok. La plateforme identifie 41 191 vidéos, dont 87 % violent les politiques du réseau. Au total, ce seront 321 784 faux comptes qui seront supprimés en Russie, et 46 298 en Ukraine, totalisant 343 961 vidéos[3].

Pour compléter l'attirail, les hommes de Prigojine peuvent aussi compter sur le soutien de RIA-FAN – agence de presse basée à Saint-Pétersbourg, précédemment installée dans le même bâtiment que l'IRA. L'agence est sous la tutelle du ministère de la Presse et de l'Information. Vladimir Poutine en prend le contrôle en 2013 et en fait un vrai organe de propagande placé sous le contrôle de Prigojine. L'agence publie le 11 août 2019 une vidéo de 15 minutes intitulée « enquête spéciale sur les activités de CNN en Centrafrique[4] ». La vidéo suggère un lien entre les journalistes, des attentats et des tentatives de manipulation de l'opinion, et accuse, images à l'appui, ces États-Uniens d'être des espions.

1 Luke Harding (2021, p. 169).

2 Alex Stamos (6 septembre 2017).

3 [TikTok] (12 avril 2022).

4 [Bellingcat] (20 août 2020), voir la vidéo https://archive.vn/TFXW1.

ENTRE LES GRIFFES DU KREMLIN

Entrepreneur d'influence, Prigojine utilise dans un premier temps ses médias et autres blogueurs à destination des audiences russes. Appelé « Demandes spéciales[1] », ce projet mené par les organes d'influence cible les médias et journalistes russes d'opposition grâce à un réseau d'informateurs et de campagnes de discrédit à leur encontre. Également dans cette même idée, le projet « Sobol » est mis en place par les équipes du « cuisinier » afin de nuire à l'avocate Lioubov Sobol, qui travaille pour l'opposant politique Alexeï Navalny.

Mais Prigojine ne lance pas que des vendettas en ligne. Les services de sa société s'intègrent totalement dans l'effort de contrôle de l'information du Kremlin. Dans des fuites de données que nous avons pu consulter[2], des échanges d'e-mails du service fédéral russe Roskomnadzor montrent que toute critique en ligne de Prigojine entraîne une procédure juridique de blocage du message, et nourrit des dossiers contre certaines personnes et médias, désignés comme des « agents de l'étranger ». Ironie du sort, cette même agence commencera à censurer en masse Prigojine et ses médias en ligne au lendemain de sa mutinerie avortée !

La compagnie est l'un des deux fournisseurs privés d'influence au service du pouvoir russe dans le cadre de la guerre en Ukraine. D'après une étude de l'équipe Threat Analysis Group de Google[3], les fermes à trolls de Prigojine sont sanctionnées 814 fois par le géant américain sur l'année 2022 pour « utilisation coordonnée et inauthentique » – la définition des opérations d'influence en ligne – des produits Google. Sur YouTube et certains blogs, les fermes à trolls de Prigojine s'emploient à faire croire aux Russes que l'Ukraine est nazie et qu'il faut soutenir cette guerre qui ne dit pas son nom.

1 Alexandra Jousset (2023).
2 [DDOS] (14 février 2023).
3 Shane Huntley (16 février 2023).

MANIPULER LES ÉLECTIONS

« Si nous devons faire la guerre à l'Amérique, nous la ferons. Ils ne savent pas comment se battre. Comme l'a dit Poutine, vous pouvez inventer des missiles différents – vous ne pouvez pas inventer des gens comme nous. Notre peuple sait comment se sacrifier[1] », explique un commandant de Wagner à la presse russe en mars 2018. Manipuler des élections n'est pas une invention récente. En 1802, juste avant les guerres napoléoniennes, des agents sont envoyés de France à Londres pour influencer les salons de la capitale, publier des articles dans la presse libre, acheter quelques consciences. Un programme qui sonne familier.

Mikhaïl Poteptkine, le directeur régional de M-Invest, présente en janvier 2018 la Stratégie de développement de la Division Afrique de la compagnie, projet visant à « générer une attitude négative envers les puissances européennes et les États-Unis ». Selon le document, les propagandistes prévoient de recruter des Afro-Américains vivant dans les villes les plus pauvres de l'Alabama, de la Géorgie, de la Caroline du Sud, du Mississippi et de la Louisiane et ayant l'expérience de la participation à des groupes criminels organisés, ainsi que d'anciens criminels ayant purgé des peines de prison.

Le 16 février 2018, le procureur spécial américain Robert Mueller inculpe treize personnes (dont Prigojine) et trois organisations russes pour avoir participé à des opérations d'ingérence électorale, lors de l'élection présidentielle de 2016. Les charges seront abandonnées, les procureurs états-uniens craignant que Concord ne profite de la procédure pour obtenir des informations sensibles. En effet, l'usage veut que les deux parties lors d'un procès aient accès à tous les documents de l'enquête et aux éléments récoltés dans le cadre de la procédure. Ce dossier donne toutefois quelques précieuses informations. C'est une étape importante dans

1 Sergey Khazov-Kassia (7 février 2018).

la révélation de cette campagne secrète sur les réseaux sociaux, et qui permet de déterminer les responsabilités de cette attaque. L'enquête démontre que l'Internet Research Agency prévoyait dès mai 2014 d'interférer avec l'élection présidentielle américaine de 2016. Les documents laissent clairement sous-entendre que les équipes d'Evgueni Prigojine travaillent en service commandé.

L'IRA a constitué dès avril 2014 un département appelé le *Translator project*. Son objectif déclaré est de « répandre la méfiance envers les candidats et le système politique en général ». Vers juillet 2016, plus de 80 employés sont affectés au projet[1], qui se concentre sur la population américaine et mène des opérations sur des plateformes de médias sociaux (YouTube, Facebook, Instagram et X).

À partir de 2014, les suspects identifiés par le procureur américain inspectent les sites de médias sociaux consacrés à la politique de son pays. Pour évaluer la performance de divers groupes sur ces sites, l'IRA se conforme à certaines mesures telles que la taille, la fréquence du contenu et le niveau d'engagement du public, ou encore le nombre moyen de commentaires ou de réponses à un post. Leurs efforts commencent concrètement sur le terrain en 2014, lorsque trois des conspirateurs russes visitent dix États, recueillant des renseignements sur la politique américaine. Au fur et à mesure que l'opération progresse, les suspects engagent également des conversations en ligne approfondies avec des États-Uniens qui deviennent des complices involontaires. L'acte d'accusation ne désignera finalement pas le gouvernement russe coupable d'avoir participé à l'opération, et ne prétendra pas que celle-ci ait réussi à influencer des votes[2].

Les procureurs ont découvert que l'IRA conservait une liste de vrais États-Uniens que ses employés avaient contactés en utilisant de faux profils et auxquels ils avaient

1 Robert S. Mueller III (16 février 2018).

2 Devlin Barrett, Sari Horwitz, Rosalind S. Helderman (16 février 2018).

demandé de participer à l'effort. La liste, qui compte plus de 100 personnes fin août 2016, comprend les coordonnées de ces citoyens, un résumé des opinions politiques de chaque personne et les activités que les Russes leur avaient demandé d'entreprendre[1].

Pour Prigojine, ses services « [ont] corrigé l'opinion des électeurs et introduit des corrections dans les préférences de la population, tout comme le font les tireurs d'élite[2] ». Malgré l'enquête fédérale, les activités russes ne tarissent pas. En 2018, Alexander Malkevitch est expulsé par Washington après avoir tenté de lancer *USA Really*, un site de désinformation, avec le soutien des équipes et structures de l'IRA. L'année suivante, il crée la Fondation russe pour la protection des valeurs nationales (FZNC). Présent au sommet de Sotchi en 2019, il s'active désormais en Afrique. On retrouve sa trace quand deux de ses employés sont arrêtés en Libye, accusés par Tripoli d'ingérence dans les élections[3].

LES CODES HOLLYWOODIENS AU SERVICE DE WAGNER

Le *Wagner Cinematic Universe* reprend le concept du MCU, ou le *Marvel Cinematic Universe*, et est conceptualisé par Jack Margolin[4]. C'est ce qui définit le cycle de films financés par Evgueni Prigojine par le biais d'une participation partielle dans la société de production Aurum LLC. Destinés aux cinémas russes et à ceux des pays amis, ses films présentent la Russie, l'armée et ses mercenaires, ainsi que les activités d'influence, sous un jour positif.

....

1 Devlin Barrett, Sari Horwitz, Rosalind S. Helderman (16 février 2018).

2 Пресс-служба компании "Конкорд", VK (25 novembre 2022).

3 Benoît Vitkine (18 septembre 2020).

4 Jack Margolin, @Jack_Mrgln, X (26 janvier 2022).

Les films sont tournés avec des budgets conséquents et ont toutes les qualités des films d'action hollywoodiens. Moscou reproduit ce que le Troisième Reich avait mis en place avec les productions de Leni Riefenstahl. Dans le catalogue d'Aurum, il y a même une satire[1] sur l'IRA et son rôle dans les élections américaines. Lors de la même année 2021 sort *Solntsepek*[2]. L'intrigue se déroule dans l'est de l'Ukraine et prétend être basée sur des événements réels de 2014 avec des mercenaires russes, liés à Wagner, protégeant les Russes contre les forces ukrainiennes. *Granit*[3] glorifie les actions de la compagnie. Le pitch est assez simple : un soldat au nom de code radio *Granit* est envoyé au Mozambique[4] pour aider à former les forces armées du pays qui combattent des bandits indistincts soutenant l'EI. Mais il n'est pas là pour se battre héroïquement à leurs côtés, son patron lui dit même : « Je vous préviens – pas de combat et pas d'héroïsme. » Enfin, *Tourist*[5] sort lui aussi en 2021. C'est l'œuvre la plus connue de la WCU. Remake du film de propagande chinois[6] *Wolf Warrior 2*, il trace le parcours d'un jeune soldat qui, arrivé dans une Afrique terriblement dangereuse et fantasmée, n'a d'autre choix que de liquider les méchants rebelles sans foi ni loi, payés par un émissaire français. Le film, en dehors de son utilité de propagande en Centrafrique, est aussi un excellent outil pour attirer des âmes perdues en mal d'héroïsme, d'aventures ou d'argent. Il est projeté à sa sortie dans le stade national de 20 000 places, devant un public banguissois arborant des tee-shirts « Je suis Wagner » à l'effigie d'un militaire, le tout dans des gerbes de flammes, fusil d'assaut (russe) à la main.

Tous les films d'Aurum reprennent les codes des blockbusters américains, et on y retrouve aussi des similitudes

1 Voir le trailer du film *16th* : https://archive.ph/u0khc.
2 Voir le trailer du film *Solncepek* : https://archive.ph/n8T4k.
3 Voir le trailer du film *Granit* : https://archive.ph/tNpZM.
4 Voir partie 2, chapitre 4, p. 175.
5 Voir le trailer du film *Tourist* : https://archive.ph/SPigq.
6 [AFP] (9 août 2017).

avec la saga *James Bond* – à la seule différence que cette fois le personnage principal est membre de SPECTRE[1]. Parmi les ingrédients incontournables : l'aventure épique d'un héros malgré lui, qui se retrouve obligé de défendre la paix et les innocents ; des méchants prêts à la violence (souvent gratuite), méchants décrits sans nuances ; effets spéciaux, scènes d'action et de guerre ; et une musique tonitruante. Ce héros malgré lui est tout trouvé : Maxim Chougaleï donne son nom à un premier film sorti en salle en 2020, et qui connaît un tel succès en Russie que deux autres seront rapidement tournés.

À la manière de la saga *Avengers*, les personnages présents dans les films d'Aurum se croisent. Ainsi des figures de *Tourist* se retrouvent dans *Shugaley* ou *Granit*. Pour renforcer ces productions, Sergueï Chnourov, un chanteur rock très connu en Russie, compose la bande originale de la plupart des blockbusters de Prigojine.

Redoutable d'efficacité, Evgueni Prigojine offre la possibilité à tous les cinémas de Russie de projeter gratuitement ses films. Officiellement en soutien à la baisse des entrées – officieusement, une nouvelle campagne de recrutement pour Wagner[2]. La mise à disposition gratuite de l'ensemble des films de la société Aurum, qui contribuent au développement d'une mythologie autour du groupe, apparaît dans ce contexte comme une tentative de toucher un public élargi et susceptible d'être intéressé par le mercenariat.

Ces films ne sont qu'un artefact de plus parmi toute une série de contenus – mémoires, bandes dessinées, vidéos de voyage, clips musicaux – que l'on appelle le *Wagnerverse*. Terme qui joue à la fois avec les notions d'Univers et de

1 Organisation fictive popularisée dans les livres de Ian Fleming. Ses domaines d'action sont très variés : la vente d'armes et les interventions en tant que conseillers criminels ou terroristes constituent une part importante de ses revenus.

2 Пресс-служба компании «Конкорд», VK, (19 mai 2022), et Colin Gerard (19 mai 2022).

métavers, tout en faisant référence à la culture des *comics* américains comme l'univers des personnages de Marvel ou de DC Comics. La communication de la marque Wagner est agressive et reprend justement les codes des bandes dessinées et des réseaux sociaux et des canaux spécifiques se consacrent uniquement au neuvième art[1]. Dans ces planches de BD, par exemple, Wagner est une figure angélique vengeresse qui après une enfance horrible part se battre sur les théâtres d'opérations de la compagnie. Comme pour les films de super-héros, l'ange devient symbole de paix et de protection des populations. À l'instar des vieux magazines de mercenaires américains, tout cela donne un visage vertueux et séduisant au fait de tuer et de mourir.

1 Voir les profils Telegram de https://t.me/wagner_comix et VK, https://vk.com/wagner_comix.

VII · *MAD MEN* À LA CONQUÊTE DE L'AFRIQUE

« Je ne suis pas une solution à tes problèmes. Je suis un autre problème »
Joan Holloway Harris, *Mad Men*

Parmi les vidéos de propagande russe les plus marquantes, on retrouve celle réalisée en juin 2019[1] et mise en ligne sur YouTube par un compte n'ayant que quelques abonnés. Son contenu est à bien des égards une innocente caricature racontée en français par une voix d'enfant à l'accent slave. Mais la version anglaise comprend une scène de hyènes se rassemblant autour des drapeaux de la France et des États-Unis. L'histoire du lion, de l'ours et de la hyène est en fait un contenu créé et diffusé par un agent d'information russe en Centrafrique. Le film d'animation, projeté dans un cinéma à Bangui, est produit par la société de prospection minière du groupe, Lobaye Invest[2]. Au Mali, les dessins animés antifrançais font fureur, comme cette autre animation où Wagner apparaît en sauveur contre les serpents français[3]. Selon Washington, « le groupe Wagner [...] exploite l'insécurité pour étendre sa présence en Afrique, menaçant la stabilité, la bonne gouvernance et le respect des droits de l'homme[4] ». À Saint-Pétersbourg, le bureau Afrique du back-office de la compagnie est considéré par l'ensemble du secteur des conseillers politiques et autres faiseurs de campagne russes comme *the place to be*.

Créé en 2018 avec l'entrée de Wagner au Soudan et en Centrafrique, le bureau, établi dans des appartements loués à Saint-Pétersbourg, compte une quinzaine de consultants, dont

1 Улыбаемся Машем, YouTube (18 juillet 2019).
2 Maxime Audinet (juillet 2021).
3 Souley, @Souleym25304454, X (14 janvier 2023).
4 [Department of State] (24 mai 2022).

les plus illustres comme Peter Bychkov ou Ioulia Afanaseva ont fini épinglés par les États-Uniens. Les objectifs de ce bureau, appelé Africa Politology et dirigé en 2021 par Sergueï Machkevitch[1], n'ont pas changé : asseoir les intérêts du Kremlin en Afrique en y menant des opérations d'influence à grande échelle. Pour cela, la compagnie a entrepris de combiner les fermes à trolls avec la création et le financement de médias sur place. De fausses ONG sont même créées et de véritables agents d'influence recrutés pour interférer dans les élections.

L'AFFAIRE LIBYENNE

Le 3 avril 2019, le nom d'Alexandre Prokofiev, employé de la Fondation pour la protection des valeurs nationales (FZNC), apparaît dans les métadonnées du résumé d'une réunion avec Kadhafi, ce qui suggère que Prokofiev lui-même ou quelqu'un ayant accès à son ordinateur a rédigé le document. Cette fameuse fondation est justement la structure dirigée par Malkevitch, qui attire l'attention de la presse après son expulsion de Washington, en juin[2]. Une semaine plus tard, un mémo diplomatique affirme que Khalifa Haftar a diffusé des informations erronées sur la présence de 300 hommes du groupe, allant jusqu'à demander aux troupes de l'armée de coller des copies papier de plaques d'immatriculation russes sur leurs véhicules afin de donner l'impression d'un soutien russe (des employés de la société sont dépêchés pour décoller ces faux).

Le 14 mai, Prokofiev est inquiété par le procureur libyen. Trois jours avant les arrestations, il rentre en Russie, et explique à la chaîne d'information russe RTVi qu'il a bien rencontré le fils Kadhafi, mais nie de nouveau toute ingérence[3]. Tout se corse. L'un des architectes de cette opération

....

1 Document non publié issu des *Wagner Leaks*.
2 Michael Weiss, Pierre Vaux (12 septembre 2019).
3 *Ibid.*

russe est Maxim Chougaleï qui se trouvait avec Prokofiev en Libye. Malkevitch expliquera avoir envoyé les deux Russes pour découvrir comment, « sous le drapeau de la soi-disant démocratie », la Libye s'était « brisée en morceaux si rapidement » après l'éviction du colonel Kadhafi en 2011. Officiellement, Chougaleï, alors âgé de 53 ans, voyage en tant que chercheur et expert pour un projet lancé par la FZNC. Pendant leur séjour, il réalise de nombreux sondages d'opinion pour prendre le pouls de la rue à Tripoli et dans d'autres villes. Leurs rencontres avec le cercle Kadhafi attirent l'attention des services de renseignement libyen, qui saisissent des documents sur les élections dans leurs ordinateurs portables.

Au matin du 17 mai, Chougaleï est arrêté avec Samer Seifan, son interprète. Ils passeront 18 mois en détention. Les conditions pénitentiaires sont atroces à Tripoli. Pendant qu'il purge sa peine, le sociologue peut entendre des explosions à proximité alors que les combats font rage entre le gouvernement de la capitale et les forces d'opposition soutenues par Moscou. Accusé d'avoir rencontré secrètement des personnalités politiques comme Saïf al-Islam Kadhafi, le Russe ronge son frein dans sa cellule.

En Russie, Maxim Chougaleï est une star. Un film sur ses aventures en Libye, *Shugaley*, sort sur les écrans de cinéma dans le cadre d'une campagne planifiée, à l'approche du premier anniversaire de son arrestation. Le film dépeint le sociologue comme le héros d'un film d'action qui affronte le chaos de la guerre civile. Selon l'intrigue, le sociologue et son interprète arrivent dans le pays déchiré par la guerre après une invitation officielle pour mener des recherches. L'Internet Research Agency lance en parallèle une campagne pour obtenir la liberté du sociologue, s'assurant le soutien de Charlie Sheen et d'autres acteurs sur la plateforme vidéo pour célébrités Cameo. Alors qu'il secoue son poing vers la caméra, des sous-titres cyrilliques traduisent le message de l'acteur en russe. « N'abandonne pas. La liberté viendra.

Nous insistons sur le fait que la liberté est à venir, dans un futur proche[1] » s'exclame-t-il. Condamné pour avoir tenté de truquer les élections libyennes, Chougaleï purgera seulement une partie de sa peine, avant d'être libéré en décembre 2020 – après des pressions du gouvernement russe – en échange du versement de 250 000 dollars. Une somme payée par Evgueni Prigojine[2].

Un an plus tard, Chougaleï poste sur Facebook : « Je suis libre [...] après être tombé entre les mains de terroristes en Libye et emprisonné sans procès. [...] Notre arrestation et notre emprisonnement étaient liés à de nombreuses violations des droits de l'homme et des libertés. La torture était massive et systémique. J'avoue que ça a affecté ma santé, mais ça ne m'a pas brisé[3]. » Pourtant, il remet cela en 2024 en se faisant arrêter et emprisonner au Tchad à la suite de sa participation éclair, le temps d'une photo, aux élections présidentielles.

RADIO PRIGO

Depuis bientôt 20 ans, Poutine cherche à affirmer la présence et le rôle de Moscou en Afrique. Entre 2015 et 2019, le Kremlin signe 19 accords de collaboration militaire avec des gouvernements africains. Ces collaborations portent en grande partie sur les ventes d'armes russes. Mais surtout, l'expansion de l'influence de la Russie en Afrique se centre sur l'utilisation de sociétés de sécurité privées pour dispenser des formations et des conseils en matière de contre-insurrection et de lutte contre le terrorisme.

La présence de Wagner sur le continent se fait de plus en plus visible. Les équipes de Prigojine financent et lancent des médias. Parmi les nombreuses *joint-ventures*, il y a cette nouvelle station de radio, Radio Lengo Songo. Elle démarre

1 Шугалей, VK (11 septembre 2020).
2 Gaël Grilhot (5 avril 2021).
3 Maxim Shugaley, post Facebook (10 décembre 2021).

en novembre 2018 à Bangui avec une capacité d'émission d'un rayon de 100 kilomètres autour de la capitale. Sur les panneaux publicitaires de la radio dans Bangui, le logo de son sponsor, Lobaye Invest. La galaxie Prigojine étincelle. Fred Krock, directeur de cette radio très populaire, est un des principaux alliés médiatiques du Kremlin. Ses articles sont régulièrement mis en avant par l'agence RIA-FAN, fleuron de l'écosystème médiatique.

Sur cette radio, les principales personnalités russes présentes à Bangui ont leur temps d'antenne. Alexandre Ivanov, chef de la Communauté des officiers pour la sécurité internationale (COSI), Maxim Chougaleï, Vladimir Titorenko, l'ambassadeur russe, ou Valery Zakharov y ont leurs entrées[1]. La radio est largement utilisée par une partie de la société civile centrafricaine, notamment Harouna Douamba, président d'Aimons notre Afrique (ANA), association financée par Lobaye Invest[2]. Douamba sera chargé de la communication de la campagne présidentielle de Faustin-Archange Touadéra en 2020. Par ailleurs, des actions coordonnées à partir de pages Facebook du réseau de l'association ANA sont lancées à l'été 2022 avec des messages pro-russes (après avoir été démantelées en 2021 par Facebook[3]). En somme, des comptes louant la politique du Kremlin. Les propositions de rémunération arrivent chez tous les journalistes : du liquide contre des articles favorables. Les rédacteurs du site Ndjoni Sango[4] versent dans le publi-communiqué russe et lancent des campagnes de dénigrement de la Minusca ou de toute présence occidentale.

Au vu de ses succès aux États-Unis, l'IRA reproduira le même schéma en Afrique avec des déclinaisons locales. Cette réalité permet à X et à Meta de se défendre alors

1 Voir notamment leur site Internet : https://lengosongo.cf/.

2 [Africa Report] (7 avril 2022).

3 [AEOW] (1er février 2023).

4 Alexandra Jousset (2023).

que l'essentiel de la désinformation sur leurs réseaux leur échappe. X annonce le 2 décembre 2021, « [avoir] supprimé un réseau de 16 comptes liés à l'IRA qui tentait une opération d'information en République centrafricaine », et ajoute : « L'opération s'est appuyée sur un mélange de comptes réels et inauthentiques pour introduire un point de vue pro-russe dans le discours politique centrafricain[1]. » En février 2022, c'est au tour de Meta de faire une annonce similaire : « Nous avons supprimé un réseau de trois comptes Facebook exploités depuis Saint-Pétersbourg qui ciblait principalement le Nigeria, le Cameroun, la Gambie, le Zimbabwe et le Congo. Nous avons détecté et commencé à enquêter sur cette opération peu de temps après son activation. Les personnes à l'origine de cette activité ont principalement tenté de contacter des journalistes en Afrique pour les inciter à publier des articles en leur nom. [...] Notre enquête a révélé des liens avec des individus associés aux activités passées de l'IRA[2]. » « Ces campagnes ciblent souvent des personnes très en vue, notamment des influenceurs et des journalistes. [...] Nous continuons à dépister ces réseaux, y compris celui qui fait l'objet de ce rapport, au début de leurs opérations, avant qu'ils n'atteignent un public plus large[3]. »

En Centrafrique, Dmitri Syty, ex-employé de l'IRA envoyé sur place, officie discrètement pour le Bureau d'information et de communication (BIC)[4]. Cette structure sert à lancer des manœuvres informationnelles du même type que la ferme à trolls de Prigojine. Tous les ingrédients de la machine à laver les esprits sont réunis. En quatre ans, « M. Propagande centrafricaine », alias Dmitri Syty, tisse son réseau et prend de l'importance dans la galaxie. En juin 2021, il apparaît comme directeur général de la Maison russe, une société enregistrée en Centrafrique et qui se présente comme un

....

1 X Safety (2 décembre 2021).
2 [Meta] (16 février 2022, communiqué).
3 [Meta] (16 février 2022, rapport).
4 Mathieu Olivier (26 juillet 2021).

centre culturel étatique proche de l'ambassade à Bangui. Elle organise des conférences[1], soirées ou événements en lien avec la promotion des intérêts russes – et ceux d'Evgueni Prigojine, par exemple des projections de ses films[2].

Rapidement après l'arrivée de Wagner au Mali, en 2021, le bouche à oreille opère là aussi : il est possible de doubler voire de tripler son salaire en rejoignant l'équipe de communication de Prigojine. Située à Bamako, une ferme à trolls locale permet d'offrir à la junte malienne un service très efficace pour cacher ses exactions, faire accuser l'armée française de massacre à Gossi ou discréditer la Minusma.

LES MARIONNETTISTES DU PANAFRICANISME

Les équipes de Prigojine font très vite le pari de compter sur des relais humains pour étendre leur influence. Fin décembre 2017, Kemi Seba, le président d'une association africaine, Urgences Panafricanistes, est interviewé par Sputnik[3]. Il est invité à Moscou par « une structure qui se donne pour mission de rapprocher les sociétés civiles africaine et russe, dans l'optique d'une collaboration visant à défaire nos peuples respectifs de l'impérialisme occidental ». Seba a un profil particulier : affilié à la branche française de l'organisation américaine Nation of Islam[4], il se fait connaître au début des années 2000 à l'occasion de son combat militant dans différents mouvements puis dans ses propres associations. Toutes affirment à des degrés divers œuvrer pour l'« afrocentrisme radical[5] ». Il devient le chantre du panafricanisme, cherche à effacer toute trace de la Françafrique et se montre

1 GC Dongobada, @GregoireDngbd, X (18 décembre 2022).
2 [Nouvelles] (14 mai 2022).
3 Mikhaïl Gamandiy-Egorov (22 décembre 2017).
4 Groupe américain suprémaciste noir.
5 Forme d'ethnocentrisme qui considère comme supérieures les cultures originaires d'Afrique subsaharienne.

très sensible aux appels russes. En France, ses déclarations extrémistes provoquent des tollés prévisibles et lui valent plusieurs condamnations pour incitation à la haine raciale.

Quelques mois donc avant ses éclats à Madagascar (où il donnera des conférences engagées et manifestera bruyamment contre la France), Seba se rend à Moscou où il rencontre Alexandre Douguine[1]. « Kemi Seba n'est pas seulement une chance pour l'Afrique. C'est un espoir pour toutes les forces de résistance multipolaire », écrira le philosophe russe à propos de cette rencontre[2], en préface à son livre, *L'Afrique libre ou la mort*[3]. Au cours de ce déplacement en Russie, le Béninois s'entretient également avec Mikhaïl Bogdanov, le vice-ministre des Affaires étrangères, avant de prononcer une conférence à l'Institut d'État des relations internationales[4]. Il intervient régulièrement en faveur d'un rapprochement Russie-Afrique. Dans des fuites de données que nous avons obtenues[5], la preuve est là, l'activiste est bien à la solde de Prigojine dès 2018. Ses équipes vont même jusqu'à créer une stratégie Kemi Seba. Consignée dans les dossiers du bureau Afrique à Saint-Pétersbourg, cette stratégie a pour objectif de transformer l'activiste en leader politique du mouvement panafricain afin de pousser les intérêts russes au travers de ses interventions. La compagnie aide donc à organiser des conférences comme « Les procès de la Françafrique » dans tous les pays où Wagner veut s'implanter et soutient l'activiste en produisant du contenu. Il est même envisagé à un moment d'en faire un candidat politique au Bénin pour lancer son propre parti panafricain. Dans des échanges de SMS entre membres du bureau Afrique, il est question de l'utiliser dans le cadre d'une opération d'influence contre la France au sujet de la Centrafrique. Les feuilles de budget du

1 Ignace Sossou (13 décembre 2017).
2 Alexandre Douguine (20 mai 2019).
3 Publié aux éditions Fiat Lux en 2019.
4 Michael Weiss, Pierre Vaux (8 septembre 2020).
5 Benjamin Roger (23 février 2023).

bureau Afrique révèlent surtout l'existence d'un projet dédié « Kemi Seba », qui bénéficie d'un gestionnaire de projet mais aussi de lignes budgétaires. Au total, 440 000 dollars sont versés entre octobre 2018 et juillet 2019, sans que le tableau précise si ces transactions ont été effectuées en liquide ou par virement.

Sur la chaîne *Vox Africa*, Kemi Seba confirme en octobre 2020 être invité par Evgueni Prigojine en Russie, au Soudan et en Libye [1], mais ne veut pas se laisser dicter sa conduite : « Je ne quitte pas le colon français pour le colon russe. » Il précise avoir pris ses distances avec l'oligarque lorsque celui-ci lui a suggéré de passer à des actions violentes contre des symboles occidentaux, quitte à faire des dommages africains collatéraux : « Nous ne serons par les tirailleurs de l'oligarchie russe ». Pourtant, un membre de son bureau, Karifa, est présenté comme le responsable « Défense » en charge « des troupes sur le terrain pour toutes les actions politiques coup de poing ». L'activiste n'hésite pas à créer des partenariats très opérationnels, comme avec le mouvement malien Yerewolo-Debout sur les remparts, à l'origine de plusieurs manifestations antifrançaises dès 2021 et réclamant la venue de Wagner au Mali. Son responsable des affaires internationales, Bassaro Sylla, est aussi le représentant au Mali d'Urgences panafricanistes.

Depuis 2020, Kemi Seba multiplie les déclarations favorables aux thèses de Moscou sur les réseaux sociaux malgré les pressions imposées : déchéance de nationalité, arrestation par les services français. Sans totalement s'éloigner de la galaxie, il développe ses activités en faveur de ses propres idéaux. Il sera à Moscou avec Mikhaïl Bogdanov [2] quelques jours après le début de la guerre en Ukraine et donnera une

1 Kemi Seba officiel, YouTube (4 octobre 2020).
2 Kemi Seba, post Facebook (9 février 2022).

nouvelle conférence à l'Institut d'État aux relations internationales[1] en décembre 2022 sur les relations Russie-Afrique.

Ancienne directrice de la communication du parti Liberté et Démocratie pour la République (LIDER) en Côte d'Ivoire, Nathalie Yamb, sœur de cœur de Kemi Seba, se fait appeler « la Dame de Sotchi »[2] depuis un discours mémorable qu'elle a tenu lors de la conférence du forum Russie-Afrique à Sotchi, en 2019. Elle crève l'écran et révèle au monde ses talents d'influenceuse « anti-impérialiste » et « anti-Françafrique ». Ses mots sont forts et bien choisis. Elle explique qu'« après l'esclavage, après la colonisation, après les pseudo-indépendances, on ne nous a reconnu que le droit d'être libre, mais seulement au sein de l'enclos français. L'Afrique francophone est encore aujourd'hui [...] sous le contrôle de la France[3] ». Elle se profile comme une voix indiscutable au sein du panafricanisme, en restant proche de la Russie. Yamb apparaît dans la galaxie Prigojine comme experte du think tank AFRIC, dirigé depuis Maputo par le psychologue José Matemulane. Présidée par Ioulia Afanaseva du bureau Afrique, cette structure directement affiliée à Prigojine permet à la galaxie de mener ses opérations d'influence en Afrique. L'association entretient des liens étroits avec plusieurs sites panafricanistes, dont Radio Révolution panafricaine[4] et Afrique Média TV[5], où elle fait passer des messages pro-russes ou antifrançais. En janvier 2020, Yamb participe à une conférence à Berlin coorganisée avec la Fondation pour la protection des valeurs nationales, sous la houlette de son président Alexander Malkevitch. Lors de l'événement, les intervenants préconisent aux pays africains l'alignement sur la Russie plutôt que sur « les puissances coloniales qui violent

....

1 Kemi Seba Officiel, @KemiSeba1, X (12 octobre 2022).

2 Voir à ce sujet sa chaine Telegram : https://t.me/ladamedesochi.

3 Nathalie Yamb, Youtube (26 octobre 2019).

4 Voir le site Internet : https://www.radiorevolutionpanafricaine.com/

5 Voir le site Internet : https://afriquemedia.tv/

encore aujourd'hui la souveraineté des pays africains en toute impunité[1] ». Interrogée par *Temps Présent* de la Radio Télévision Suisse, elle nie tout lien avec le « cuisinier » mais se montre ouverte à son aide : « J'ai une lutte à financer [...] Si Monsieur Prigojine pense qu'il doit me financer, donnez-moi le compte en banque. Honnêtement, moi je prendrai l'argent d'où qu'il vienne. Je n'ai aucun état d'âme. Moi, j'ai plus de mal avec l'armée française aujourd'hui qu'avec Wagner[2]. » Dans les feuilles budgétaires des *Wagner Leaks*, on retrouve des billets d'avion et un hôtel pris par le bureau Afrique de Prigojine pour participer en décembre 2019 à la session de clôture de la Chambre Civique de la Fédération de Russie, avec ses camarades d'AFRIC[3]. Nathalie Yamb ne fait pas la sourde oreille aux appels russes. Pour elle, la Russie reste le moyen de chasser la France hors d'Afrique.

Peu après l'invasion russe en Ukraine, dans une vidéo publiée sur Facebook, Kemi Seba explique que Moscou « essayait de reconquérir les terres russes[4] ». Nathalie Yamb considère, elle, que l'Ukraine est « truffée de néo-nazis[5] » et désigne Kiev comme responsable[6]. La férocité et la portée de cette campagne se sont tant propagées qu'en novembre 2022, le Département d'État américain publie une déclaration extraordinaire qui veut lier le rôle de ces influenceurs et les crimes commis par Wagner. Pourtant, cela n'arrête pas ces influenceurs qui continuent à voyager régulièrement en Russie pour intervenir dans des conférences organisées par le gouvernement russe dans le but de promouvoir ses intérêts en Afrique. À l'heure des réseaux sociaux et des téléphones portables, rien n'est plus efficace qu'un post par

....

1 Department of State (4 novembre 2022).
2 Cécile Tran-Tien (23 février 2023).
3 Nathalie Yamb, YouTube (14 décembre 2019).
4 Kemi Seba Officiel, post Facebook (26 février 2022).
5 Nathalie Yamb, @Nath_Yamb, X (21 mai 2022).
6 Nathalie Yamb, @Nath_Yamb, X (23 juin 2022).

ces agents d'influence pour amplifier la voix de Poutine auprès des diasporas et de la jeunesse africaine.

EN CAMPAGNE POUR LES INTÉRÊTS DE MOSCOU

Les « consultants politiques » interviennent dans des campagnes électorales, à l'instar du scrutin présidentiel malgache d'octobre 2018, et nouent des alliances avec des forces politiques, en particulier quand celles-ci contestent l'influence de Paris dans les anciennes colonies françaises. L'*Association for free research and international cooperation* (AFRIC) se présente comme un « réseau d'agents d'influence » composé d'experts de pays africains, avec un site Internet[1] qui publie « des nouvelles et des analyses » offrant une vision alternative du continent. En parallèle, elle organise des forums et des séminaires, et envoie « des rapports et des demandes de renseignements aux organisations internationales et aux médias ». Cette structure réunit les fameux consultants de Prigojine et organise le projet africain. Avec le politologue Peter Bychkov, l'équipe élabore un plan pour une campagne de désinformation favorable à l'ANC, le parti politique au pouvoir à Pretoria, pour les élections de 2019. Le principal agent russe à l'origine de la campagne de désinformation est Ioulia Afanaseva, une employée de Prigojine qui est allée en Afrique du Sud à plusieurs reprises pour l'association[2].

Les consultants impliqués dans ces structures en 2018-2019 se connaissent depuis longtemps. Pour preuve, une photo prise à Saint-Pétersbourg lors d'un forum en 2015[3] : on y voit, entre autres, Peter Bychkov, en charge du back-office et du projet africain ; Mikhaïl Potepkine, l'un des personnages clés

1 Voir leur site Internet ; régulièrement hors service, certains articles restent accessibles dans les archives : https://web.archive.org/web/*/https://afric.online/*.

2 Ferial Haffajee (7 mai 2019).

3 Seravin Aleks, post Facebook (28 novembre 2015).

du projet africain et des entreprises de la galaxie ; Alexander Seravine, collègue d'Alexander Malkevitch. Dans l'équipe, on retrouve aussi des Occidentaux comme Volker Tschapke, fondateur de la Société prussienne, une organisation allemande d'extrême droite. Il commence sa carrière au sein d'AFRIC comme membre ordinaire de la mission d'observation au Zimbabwe[1].

Parmi ces opérations, et derrière les affaires africaines, se cache un haut gradé russe à la retraite, le colonel Konstantin Pikalov. C'est à Madagascar que l'ancien officier apparaît publiquement pour la première fois sur le sol africain. Il est placé aux côtés du candidat à la présidentielle qui a les faveurs russes, le pasteur André Mailhol, « mais quelques semaines plus tard, quand il a été clair que le pasteur n'allait pas recevoir de soutiens importants, il a été transféré à un autre candidat[2] », explique Bellingcat. La compagnie lance alors une grande offensive médiatique en faveur d'Andry Rajoelina, finalement reconnu vainqueur en janvier 2019 après des recours de ses opposants.

En 2018, la galaxie fait venir Kemi Seba sur l'île : il est invité une première fois en août, par AFRIC, pour participer au Forum économique international. Il s'y exprime sur sa vision du panafricanisme : « Si au XXIe siècle, nous étions indépendants, Madagascar ou l'Afrique en général qui est une terre extrêmement riche devrait bénéficier des ressources de son sol. Et pourtant, nous avons une population extrêmement pauvre sur des terres extrêmement riches. C'est l'illustration parfaite que nous vivons encore dans le colonialisme[3]. » Le mois suivant, il participe à la conférence « Les îles de l'espoir[4] » – qui milite pour le rattachement des îles Éparses à la Grande Île – et s'affiche le lendemain

1 Felex Share (28 juillet 2018).
2 Tancrède Chambraud (19 août 2020).
3 Ignace Sossou (24 août 2018).
4 [Rédaction] (16 septembre 2018).

au premier rang d'une manifestation devant l'ambassade de France à Antananarivo.

Dans une enquête de la BBC[1], la journaliste Gaëlle Borgia révèle comment les proches du Kremlin ont cherché à influencer les résultats des élections. Un détachement d'experts était effectivement présent sur l'île. Parmi eux, Maxim Chougaleï, qui se présentait à qui voulait l'entendre comme un observateur neutre. Pourtant, l'enquête montre que le sociologue a rencontré avant les élections des membres des équipes de campagne de candidats à la présidence, leur offrant un financement[2].

Les opérations se déroulent surtout en ligne. Les utilisateurs de plusieurs dizaines de groupes VKontakte observent une chose inhabituelle, ce 7 novembre 2019. À peu près au même moment, des posts avec une carte rudimentaire de Madagascar, géolocalisée « province d'Antananarivo », et un lien vers l'article « Les élections présidentielles ont commencé à Madagascar » apparaissent dans des groupes VK dédiés à des clubs, bars, centres commerciaux, cinémas et dessins animés qui ont tous pour seul point commun d'avoir le terme Madagascar dans leur nom. Le compte à partir duquel ces messages sont envoyés est probablement un robot, qui a ensuite été bloqué par le réseau social[3].

Au même moment, les opérations s'enchaînent en Afrique sub-saharienne. Facebook supprime de nombreuses pages visant à influencer la politique de pays africains. Le réseau social indique être remonté jusqu'aux entreprises associées à Prigojine. Au Zimbabwe, l'opposition accuse des conseillers russes associés à Wagner d'exercer une influence en faveur du gouvernement[4], alors qu'AFRIC prétend œuvrer[5] pour la démocratie. Facebook supprime des dizaines de comptes

1 BBC Afrique, YouTube (17 avril 2019).
2 [Proekt] (11 avril 2019).
3 [Proekt] (14 février 2019).
4 Christian Putsch (20 juin 2021, p.9).
5 Zimbabwe Today, post Facebook (1er août 2018).

inauthentiques opérant dans huit pays africains engagés dans une campagne de désinformation et d'influence à long terme visant à promouvoir les intérêts russes. Les comptes ont tous des liens avec la constellation d'entreprises et ses réseaux[1]. Ces comptes désactivés visent le Cameroun, la Côte d'Ivoire, la Libye, Madagascar, le Mozambique, la RCA, le Congo, et le Soudan. Le panel de pays sélectionnés donne un aperçu du domaine opaque des campagnes de désinformation russes en Afrique.

CRÉER LE CHAOS

Le cerveau à la manœuvre dans les opérations d'influence est Maxim Chougaleï que l'on a déjà croisé en Libye. Lorsqu'il est libéré en décembre 2020, il reprend son rôle important dans les conseils politiques fournis par la compagnie. L'homme de 55 ans, coupe de cheveux militaire et tee-shirt sombre, travaille sous la supervision directe d'Evgueni Prigojine. Il avait brièvement fait parler de lui en 2002, lorsqu'il a mangé des documents pour empêcher qu'ils ne soient remis à un juge lors d'un litige électoral à Saint-Pétersbourg[2].

Avec l'oligarque, ils forment l'une des paires de « pigistes » les plus efficaces pour faire avancer les objectifs stratégiques de politique étrangère de Vladimir Poutine. Après sa libération de Tripoli en 2020, l'intriguant sociologue fait partie d'une délégation russe, en août 2021. Lors de sa visite à Kaboul, il effectuera plus de 100 entretiens en une semaine : « Depuis l'arrivée au pouvoir des talibans, peu de personnes ont pu se rendre dans le pays et évaluer la situation de l'intérieur. Moi-même et les experts de la [FZNC] avons eu ce que j'appellerais une opportunité rare. C'est pourquoi nous pouvons nous permettre de raconter la vie réelle des Afghans, leurs espoirs et leurs opinions sur l'avenir, non pas

1 Nathaniel Gleicher (30 octobre 2019).
2 Andrew Higgins, Declan Walsh (18 juin 2020).

à partir d'images et d'informations provenant des médias, mais à partir d'enquêtes sociologiques et de faits[1]. » Cette citation est tirée d'un documentaire de la Fondation pour la protection des valeurs nationales. La FZNC devient structure de production audiovisuelle et réalise des films et des reportages d'une vingtaine de minutes. On y retrouve systématiquement Chougaleï comme présentateur. Selon lui, les guerres et les troubles sociétaux au Moyen-Orient et en Afrique sont exploités, voire provoqués, par les États-Unis et ses « satellites » (notamment la France) qu'il accuse d'avoir une politique néocolonialiste.

Études de terrain et sondages à gogo caractérisent le travail de Chougaleï. En décembre 2020, à Bangui, surgissent de grands panneaux publicitaires où sont détaillés les résultats d'un sondage élogieux pour la Russie, sondage réalisé pour le compte de la fameuse Fondation pour la protection des valeurs nationales. Transformées en slogan, les statistiques favorables au régime mentionnent : « Touadéra [président de Centrafrique soutenu par les Russes] a changé l'histoire en RCA : 98,2 % » ou : « Les Russes ont aidé la RCA : 91,2 %. » Malgré ces publications, du côté de la mission russe, c'est un autre son de cloche : « Je ne connais pas ce sociologue », soutient l'ambassadeur Titorenko. Début 2021, Maxim Chougaleï œuvre encore, et le président sortant voit sa réélection confirmée avec 53,16 % des voix.

Le 25 février 2021, Chougaleï supervise une nouvelle étude sociologique, toujours au nom de la FZNC. Les résultats de ce sondage sont communiqués lors d'une conférence de presse[2] diffusée par la télévision nationale TVCA, le 10 mars 2021. Cette enquête sociologique[3] à la gloire du président centrafricain a pour résultat principal que « plus de 98 % des personnes interrogées expriment leur soutien à

1 [FZNC] 17 septembre 2021 ; voir aussi la vidéo de présentation publiée sur VK, https://archive.i/DBNx9.

2 [FZNC] (9 février 2021).

3 Mondafrique (26 février 2023).

Faustin-Archange Touadéra, le considérant comme un dirigeant stable. De l'avis du peuple, il a changé le cours politique, déplaçant l'accent des conflits militaires vers le dialogue ». Sans surprise, cette analyse est le résultat d'un pur travail de propagande qui ne manque pas d'égratigner l'opposant en exil François Bozizé, à la tête de la Coalition des patriotes pour le changement. Les conclusions de l'enquête sont à nouveau affichées sur de grands panneaux publicitaires dans les grandes artères de la capitale, et relayées sur les réseaux sociaux. Maxim Chougaleï persuade l'opinion que l'action russe est salvatrice pour la RCA. Il devient alors le chantre d'un peuple victime d'un complot des grandes puissances occidentales. Après une réunion au Conseil de sécurité de l'ONU, le 16 mars, le sociologue critique[1] la privation du droit de vote centrafricain à l'Assemblée générale en raison d'un arriéré de 30 000 dollars, et condamne l'augmentation du contingent de la Minusca. Pour le Russe, la mission des Nations unies est incapable de ramener la paix, et empêche la RCA d'utiliser des hélicoptères de combats. Il reste par ailleurs actif en Ukraine, où il passe la première année de la guerre à relayer les voix des blessés russes, mutilés pour la Nation.

Les consultants de Prigojine, faiseurs de chaos, sont partout. Parmi eux, Alexander Seravine : sur sa page Facebook, il indique que la compagnie est présente dans une trentaine de pays. On retrouve dans les documents administratifs publiés dans les *Wagner Leaks* les Comores, des voyages en Côte d'Ivoire, au Mozambique, en RDC, au Nigeria ou encore au Ghana. Au-delà de l'Afrique, les consultants ont une petite équipe à Mexico pour réaliser le projet « Magadan[2] » en 2020. Faisant partie du projet Lakhta, Magadan est un outil de désinformation utilisé aux États-Unis en 2020 pour semer la division sur des questions

1 Maxim Shugaley, post Facebook (16 février 2021).

2 Alexandra Jousset (2023).

telles que l'immigration, les armes à feu et les droits des femmes. Doté d'une quinzaine de cartes SIM, les employés derrière leurs faux comptes commencent à poster des images rigolotes et du contenu en espagnol, pour générer des revenus publicitaires. Puis rapidement, ils se mettent à poster des contenus sur des sujets plus controversés en anglais. Immigration, violences policières, problèmes économiques qui attirent les discussions et les commentaires des utilisateurs. L'objectif ? Diviser la société américaine. Le même processus est employé dans deux autres projets, visant cette fois l'Europe. La compagnie essaie d'y entrer par la porte des pays baltes. En janvier 2021, une conférence de deux jours est organisée à Berlin au sujet des problématiques économiques et environnementales affectant l'Estonie, la Lituanie, la Lettonie, la Pologne et l'Allemagne. C'est le lancement d'une série de discussions stratégiques, le *Baltic Sea Region Strategic Dialogue*[1], qui veut proposer une nouvelle vision du monde après la pandémie. Enfin, il faut aller du côté de la Turquie pour découvrir une autre organisation qui cible l'Europe et l'Otan. *United World International* (UWI)[2] est un média qui met en ligne des commentaires politiques sur l'Occident et notamment sur l'Europe. Le média, établi à Istanbul, est aussi lié à la fondation Gorev, un parti politique turc aux idéaux pro-russes. UWI sera visé par des sanctions états-uniennes[3] en mars 2022 et a pour rédactrice en chef jusqu'à sa mort Daria Douguina, la fille du célèbre politologue, par ailleurs chargée des relations internationales pour les actions d'influence de Wagner.

Quand les faiseurs de chaos détruisent toute confiance dans l'intégrité de l'information, on voit les divisions se créer dans la société et toute parole est remise en cause. Quand ils s'attaquent à saper la confiance de la défense des droits humains, c'est la paix sociale qui est visée.

....

1 Michael Weiss, Holger Roonemaa (2 février 2021).
2 Voir leur site Internet : https://unitedworldint.com/.
3 [GIOR] (15 février 2022).

RIEN NE SE PERD, TOUT SE TRANSFORME

La marque Wagner est solide, et le secteur désinformation de l'empire Prigojine efficace. Il serait naïf de penser que ce qui a été considéré comme l'organisation la plus innovante pour les opérations d'influence russe disparaisse avec Evgueni Prigojine. Le 3 juillet 2023, au lendemain de l'annonce de dissolution de Patriot Media, les rumeurs vont bon train concernant un repreneur potentiel. Margarita Simonyan, la patronne de Russia Today et rédactrice en chef de Sputnik, revient sur le professionnalisme de l'empire médiatique Wagner. « Ils sont parmi les meilleurs du pays en relations publiques. Nous aimerions embaucher les gens qui ont travaillé pour Evgueni Prigojine, car nous savons que vous êtes de super professionnels. » D'ailleurs, certains talents ont déjà essaimé, comme Alexander Malkevitch, qui a repris ses fonctions de journaliste auprès des télévisions d'État depuis Kherson. L'empire médiatique de Prigojine est dissout en 2024. Russia Today et Sputnik étendent leur influence et entrent dans une phase de clandestination de leurs chaînes. La façon de faire *à la Wagner* se répand.

De son côté, entre des réunions et des discussions en Afrique du Sud, Ioulia Afanaseva[1] dirige Globus Expert, une nouvelle organisation lancée au printemps 2022 pour rassembler des experts afin de construire la vision du « monde post-transformation ». Depuis un an, elle organise des conférences sur les thèmes de l'intelligence artificielle, des fondations de l'humanité, sur les tensions géopolitiques et la définition d'une nouvelle souveraineté. Les experts, des figures connues d'AFRIC comme José Matemulane, Clifton Ellis ou Purnima Anand, sont partout sur la chaîne Afrique Média, proche des intérêts de Prigojine. Comme pour le premier projet, le futur est africain dans le nouvel ordre mondial de

1 Un entretien informel avec une source en contact direct avec la personne nous révèle ces informations.

Globus. En discutant avec des membres anciens et actuels du premier cercle d'AFRIC, nous apprenons qu'Afanaseva se présente comme une professionnelle de la société civile, travaillant sur des projets de diplomatie civile internationale en Russie et à l'étranger depuis 2010. Elle insiste n'avoir rien fait d'illégal, juste organisé des conférences, ce qui techniquement correspond à la réalité. Mais rappelons qu'elle est néanmoins sous le coup de sanctions états-uniennes et ukrainiennes en raison de ses activités d'influence. Selon elle, le projet AFRIC, fer de lance de l'influence de Prigojine en Afrique, n'est pas près de disparaître. La raison : « AFRIC, c'est le bébé du président Vladimir Poutine. »

D'ailleurs, la fine équipe d'AFRIC refait son apparition au cours d'une opération marketing destinée à manipuler les élections organisées par le Kremlin dans les territoires occupés en Ukraine, en août 2023. La rousse Afanaseva chaperonne Purnima Anand, fausse observatrice électorale de nationalité indienne en Afrique, et avec Clarisse Wiydorven, présentatrice camerounaise, elles apparaissent sur Afrique Media TV, en direct depuis Kherson, vêtues de gilets pare-balles, tout sourire devant les caméras. Pendant ce temps, Nathalie Yamb se réjouit d'observer l'organisation d'élections libres devant les caméras de la Chambre civique de la Fédération de Russie.

Loin de ses nouvelles zones stratégiques, la Russie s'intéresse aussi à l'Afghanistan à la suite de la débâcle américaine de 2021. Dès le mois d'août, Chougaleï rencontre à Kaboul le porte-parole des talibans, Zabihullah Mujahid. « Il était important pour moi de comprendre s'il existe des conditions préalables à la formation d'un État à part entière », explique Maxim Chougaleï. Prigojine rapporte des conversations avec le chercheur, où il décrit ce qu'il appelle l'excitation croissante en Afghanistan accompagnant le retour des Talibans : « Ils ont chassé les maudits Américains, qui courent partout comme des rats en pensant que leur bateau a coulé[1]. »

1 Jared Malsin, Thomas Grove (5 octobre 2021).

Et en décembre 2023, on retrouve autour d'une table ronde sur l'aide humanitaire et le *soft power* en Afghanistan deux pointures du dispositif Prigojine : Maxim Chougaleï, en tant que président de la Fondation pour la défense des valeurs nationales, et Ioulia Afanaseva, comme présidente de Globus. Leur objectif : préparer la reconnaissance du gouvernement des Talibans par Moscou qui a lieu à l'autonome 2024, alors que l'Occident se retrouve empêtré entre ses propres exigences déontologiques et la *realpolitik* de la région.

PARTIE II
À LA CONQUÊTE DU MONDE

« La République centrafricaine, le Mali et d'autres pays de la région saharo-sahélienne ont été directement attaqués par des groupes terroristes après que tous les combattants pour la démocratie et la liberté représentés par la France et des membres de l'Otan [...] ont déclenché une agression ouverte contre la Libye. »
Sergueï Lavrov, le 26 juin 2023

L'offre que Wagner présente aux juntes et gouvernements africains qui souhaitent se libérer de l'influence occidentale est simple mais efficace : une promesse de protection et de sécurité en échange de richesses naturelles. Elle va être construite autour de services de sécurité, de conseils politiques, de campagnes médiatiques et de désinformation, et accompagner les ventes d'armes de la Russie. Voilà les trois piliers du système Prigojine : sécurité et influence contre ressources naturelles.

C'est en Syrie que Wagner teste son offre. La compagnie y prouvera sa détermination, en prenant des risques, en s'appuyant sur des renforts locaux, et en bénéficiant du soutien de l'armée russe. Les contrats signés avec ses sociétés de pétrole témoignent de sa crédibilité en tant que partenaire. Le Levant sera sa carte de visite, une référence incontestable. Durant une décennie, l'offre Wagner permet à Moscou d'accroître son influence dans le monde : la Russie, freinée par les sanctions économiques occidentales[1], lance une vaste opération pour conquérir de nouveaux marchés et s'assurer l'accès aux ressources naturelles. La multitude d'accords de coopération signés dans la période 2017-2022 en témoigne. En 2023, après la mort de Prigojine, les parts de ce gigantesque marché ne demandent qu'à être reprises en main. Très logiquement, des acteurs russes sortent du bois et tentent d'étendre les travaux, les missions et l'influence du Kremlin. Leur rôle ne cesse de s'accroître. L'absence d'un Prigojine n'a aucun impact sur ces activités.

Le 24 mai 2023, interviewé par le blogueur militaire pro-Poutine Konstantin Dolgov, Prigojine trône dans son bureau. En arrière-plan, une carte du monde ponctuée de 32 symboles colorés. Cette carte met en évidence des points d'intérêt, y compris certains jusqu'alors inconnus. L'interview éclaire de nouveaux aspects de l'activité commerciale de Wagner. Les marqueurs rouges sont présents sur sept pays africains : le Mozambique, la République centrafricaine, le Soudan, le Mali, le Burkina Faso, le Bénin et l'Érythrée. Le média indépendant russophone *Verstka* en conclut que ces marqueurs indiquent la présence de combattants. Logique. Les blancs sont présents sur 13 pays, parmi lesquels le Zimbabwe, Madagascar, les Comores, la République démocratique du Congo et la Guinée. Ces pays sont ciblés par des opérations d'influence, soutenues par le Kremlin. En plus de l'Afrique, des marqueurs blancs pointent le Myanmar, l'Équateur et les îles de Chatham en Nouvelle-Zélande. Jusqu'à présent, l'activité de Prigojine en Amérique du Sud et en Asie du Sud-Est n'était pas connue ni confirmée. Les 12 derniers marqueurs, de couleur verte, restent mystérieux. Ils sont présents en Afrique du Sud, Éthiopie, Gabon et Nigeria, ainsi que sur des pays situés sur d'autres continents, comme la Colombie et le Bangladesh. Jusqu'à présent, aucune activité

1 Ces sanctions sont imposées à Moscou depuis la crise de 2014 avec l'Ukraine. Voir notamment la partie 3, chapitre 2, p. 232.

des structures de Prigojine n'a été rapportée dans ces pays. Difficile de dire si cette interview permettra de révéler les plans de la galaxie[1]. La carte ne mentionne pas Haïti. Les *Pentagon Leaks*[2] évoquaient pourtant l'intention présumée de Wagner d'étendre sa présence sur l'île, dans la zone d'influence des États-Unis. Ce qui représente un défi majeur pour Washington, d'autant plus que les pays occidentaux se montrent aujourd'hui incapables de contribuer à une résolution de la crise économique haïtienne. Même si un haut fonctionnaire haïtien affirme qu'il n'y a eu aucune discussion entre Prigojine et le Premier ministre Ariel Henry, qui a demandé l'aide de la communauté internationale pour le déploiement d'une force armée spécialisée[3].

....

1 Вёрстка, Telegram (24 mai 2023).

2 Voir les documents : https://archive.is/WfZOw.

3 Jacqueline Charles (12 avril 2023).

I · UN CONCEPT À VENDRE

« Il y a 150 personnes dans des réfrigérateurs sur la base Wagner en Russie. Leur état ? Viande hachée. »
Un recruteur pour la Syrie[1]

Quand on parle des théâtres d'opérations et de l'évolution des sociétés militaires quasi privées russes, la Syrie occupe une place très particulière. Le Levant est le lieu de naissance de ces structures (2013), le théâtre de leur triomphe (2015-2017), leur cimetière apparent (2018-2024). C'est surtout l'expérience qui sera vendue aux États clients.

7 février 2018, 5 heures du matin : environ 250 combattants tentent de franchir l'Euphrate, au sud de la province de Deir ez-Zor, en Syrie, pour prendre pied sur la rive orientale, tenue par les Forces démocratiques syriennes (FDS), soutenues par la coalition internationale. Réunissant plusieurs milices loyalistes pro-Assad, ces « chasseurs de Daech[2] » sont encadrés par la Russie et la 4e division blindée syrienne. Ciblés par des tirs de semonce de la coalition menée par les États-Unis, ils font demi-tour, avant de revenir deux fois plus nombreux dans la soirée. Ils tentent alors à nouveau de franchir l'Euphrate pour rejoindre les champs gaziers de Conoco. Cette fois, il semble qu'ils soient allés trop loin. Une grêle de missiles tirés par l'armée américaine, intervenant en soutien de ses alliés kurdes, déchire l'air frais de la nuit, abattant des dizaines de combattants fidèles au régime.

La majorité des récits révèle que les unités wagnériennes présentes dans cette colonne ne s'attendaient pas à une

1 Elena Volochine (23 février 2018).

2 Parfois décrit comme une unité de l'armée syrienne qui se spécialise dans la traque aux djihadistes, ce groupe est une réunion de mercenaires syriens, qui sert en quelque sorte de vitrine à la volonté russe de reconstitution de forces efficaces pour le régime d'Assad. Cette unité est au cœur du deuxième livre de Marat Gabidullin.

réaction aérienne d'une telle ampleur et d'une telle détermination. Le groupe marchait dans un espace ouvert sans avoir pris aucune précaution ; et l'attaque menée par les États-Unis les a clairement surpris. Les responsables du ministère russe de la Défense en Syrie ont pourtant été contactés par les forces états-uniennes avant l'attaque : mais ils ont nié toute présence de Wagner sur place : « Ils ne sont pas là. » L'artillerie et les lance-missiles Javelin ont raison des forces combinées de Wagner et des Syriens. L'idée que les forces mercenaires ont été en quelque sorte trahies par la non-intervention de l'armée russe gagne une certaine popularité parmi des experts russes[1].

Quand le repenti Marat Gabidullin publie ses mémoires[2], son témoignage permet de voir ces événements d'un autre œil. La préface de l'ouvrage est signée des journalistes Ksenia Bolchakova et Alexandra Jousset, autrices d'un documentaire[3] distingué par le prix Albert-Londres. Elle annonce d'emblée : « Marat Gabidullin n'est ni un lanceur d'alerte ni un homme que la culpabilité empêche de dormir. » Il aurait plutôt le profil de celui qui contribue à la construction du mythe. Il le reconnaît lui-même dans son deuxième livre, *Ma Vérité,* quand il écrit que Prigojine est un des premiers lecteurs de son récit et que celui-ci apporte corrections et suggestions[4].

Gabidullin et ses hommes participent à ce qui est en réalité une tentative de reconquête de ces champs pétroliers dans l'Est syrien. C'est l'événement le plus marquant qu'il a vécu sous les couleurs de la compagnie. « Et puis tout à coup, l'enfer a commencé », se remémore Marat. Bombardements aériens, drones, tirs d'artillerie. Le pilonnage américain dure

....

1 Vladimir Shcherbakov (22 février 2018).

2 Voir le livre *Moi, Marat, ex-commandant de l'armée Wagner. Les dessous de l'armée secrète de Poutine enfin révélés,* Michel Lafon (2022).

3 *Wagner, l'armée de l'ombre de Poutine* (Capa production, 2022).

4 Voir Marat Gabidullin (2023, p. 19-20).

toute la nuit. Les cadavres et les victimes se multiplient après les frappes aériennes, dans ce qui sera l'affrontement le plus meurtrier entre la Russie et les États-Unis depuis la guerre froide. « Nous n'aurions jamais dû être là ; nos dirigeants ont fait une erreur. Les Américains savaient exactement où nous étions », explique Marat. Si des médias avancent un bilan de plusieurs centaines de mercenaires russes tombés au combat, par chance Marat n'est que légèrement blessé. Officiellement, Moscou ne concède que cinq tués russes.

LE JOUR D'APRÈS

À l'aube, les dégâts de la bataille sont impressionnants. Parmi les victimes se trouvent des combattants affiliés à Wagner, ceux-là mêmes qui étaient chargés de former, d'équiper et de déployer les chasseurs de Daech. Gabidullin accompagne cette troupe, essentiellement composée de chrétiens et entraînée par la compagnie depuis 2015. Leur chef est un Syrien mais en réalité, c'est Marat qui commande. « Avant moi, ils étaient surtout là pour la propagande », raconte le Russe. « Ils se contentent de faire semblant d'être impliqués dans de vrais combats. En réalité, ils ne faisaient que se filmer et prendre des photos au bon endroit puis ils les postaient sur les réseaux sociaux. Il s'agissait de montrer que ce sont bien des unités syriennes, et non les Russes, qui combattent l'État islamique[1]. »

Il y a aussi des morts dans les rangs d'autres milices pro-Assad. C'est un coup dévastateur pour le Ve Corps d'assaut, un amalgame de paramilitaires locaux pro-gouvernementaux que Wagner et des détachements russes forment depuis le début de la guerre civile syrienne. Les hommes de Wagner sont connus pour leur témérité et sont prêts à se sacrifier : lors de la bataille, 200 seraient morts.

1 Alain Barluet (22 juin 2021).

Les soldats eux-mêmes attendent le retour des témoins, ils ont peu d'informations, mais ils assurent que 200 est un chiffre exagéré, un maximum de 15 personnes serait réaliste. Cette estimation reste imprécise car Wagner ne chiffre pas ses morts. Pourtant l'agence Reuters essaie de démêler le vrai du faux dans une dépêche. Leurs estimations basées sur des témoignages de personnel médical évoquent entre 100 et 300 tués. Entre 50 et 200 seraient blessés[1]. Beaucoup sont transportés dans des hôpitaux de Rostov, Moscou et Saint-Pétersbourg contrôlés par la nébuleuse. Le plus probable est que les téléphones de tout le monde aient été confisqués, sans doute pour éviter un scandale avant la réélection de Poutine, quelques semaines plus tard[2].

Un message publié le 10 février sur VKontakte[3] résume : « Les blessés sont déjà en Russie, la plupart dans un état grave. Les blessures sont terribles. Beaucoup ont des visages horriblement mutilés et des blessures à la tête. Presque tous ont perdu leurs membres ou ont été terriblement blessés. » Tous étaient employés par la société privée Evro Polis[4], membre de la nébuleuse Wagner.

Avec son fort caractère et sa personnalité bien trempée, Sergueï Choïgou n'apprécie pas Prigojine. Le ministère de la Défense met des bâtons dans les roues des wagnériens à la première occasion[5]. Lors de la bataille, les subordonnés du ministre en Syrie n'ont pas répondu à l'appel de l'armée américaine de stopper toute avancée. Les hommes ont, en fait, été envoyés au massacre avec l'aval du commandement russe. Entre 300 et 600 mercenaires et miliciens pro-Assad auraient perdu la vie lors de l'attaque, alors que les États-Uniens venaient en aide à leurs alliés kurdes. Après la

1 Maria Tsvetkova (15 février 2018).

2 Sergey Khazov-Kassia (7 février 2018).

3 БРАТСТВО ВОЛКА ®, club_angela_wolf, VK (18 février 2018).

4 Christoph Reuter (2 février 2018).

5 Vsevolod Nepogodin (30 janvier 2018).

débâcle wagnérienne, les tensions entre Prigojine et Choïgou s'exacerbent.

Cette opération pour reprendre les champs gaziers de Conoco se solde par un énorme fiasco. Presque simultanément, des rumeurs se précisent à propos d'un mystérieux accord passé entre la galaxie et la General Petroleum Corporation, l'entreprise publique de pétrole – accord qui pourrait avoir motivé cette chevauchée insensée. La rumeur est confirmée quelque temps après : la société Evro Polis, bénéficiant de l'aide du ministre russe de l'Énergie, a signé un protocole d'accord fin 2016 avec la société d'État syrienne. Un projet non authentifié du contrat est publié par l'Associated Press en décembre 2017. L'entreprise russe reçoit 25 % des revenus de l'extraction de pétrole et de gaz dans les champs que ses forces de sécurité libèrent des occupants de l'EI[1].

L'hécatombe près de Deir ez-Zor s'explique militairement par une combinaison de facteurs, à commencer par la qualité moindre des soldats. Ce ne sont plus des vétérans surentraînés. L'excellente formation et l'équipement initial de Wagner, reconnus en 2014 en Ukraine, évoluent, visiblement. Il n'y a aucun vétéran des forces spéciales parmi les victimes russes en Syrie[2] : survivent-ils aux combats ? Ou sont-ils simplement absents de ces champs de bataille ? La capacité de combat du personnel déployé en Syrie baisse drastiquement. En effet, les exercices de tir réguliers sont abandonnés, et la qualité et la quantité des armes et des munitions stagnent.

PANSER SES PLAIES

Les hommes au service de la compagnie ne bénéficient pas d'un traitement de faveur, il est même souvent discutable pour

1 Voir le contrat [Evro Polis], (s.d.).

2 Ilya Rozhdestvensky, Anton Baev, Mikhaïl Rubin (23 février 2016).

un œil européen. « L'alimentation des soldats est composée de rations sèches, dont la date de péremption est dépassée depuis longtemps. Pour la nourriture, tout s'acquiert dans des magasins. Tout ce que l'on consomme est retenu sur le salaire[1] », explique un mercenaire dans la presse russe.

Les premières fuites autour de crimes de guerre commis par les wagnériens apparaissent en 2017 : le 30 juin, des images d'une brutalité inouïe filmées près d'un champ pétrolifère, dans le centre de la Syrie, sont mises en ligne sur YouTube. Cette vidéo sera à l'origine d'un dépôt de plainte à Moscou[2]. Choquantes, ces séquences montrent un groupe de soldats masqués pendre un corps par les pieds et y mettre le feu. Des rumeurs quant à l'implication de mercenaires russes surgissent très vite. Les *Wagner Leaks* viendront confirmer en février 2023 les noms des bourreaux, tous employés d'Evgueni Prigojine. Son service de sécurité sera d'ailleurs plus intéressé à comprendre pourquoi ces mercenaires n'ont pas respecté les consignes en se filmant avec leur téléphone plutôt qu'à punir la barbarie. C'est ici que naîtra l'imagerie du marteau, symbole de la sauvagerie de ses exactions.

Le 28 septembre 2017, l'agence Amaq, le service de presse officieux de l'EI, annonce que deux Russes ont été capturés lors d'une attaque contre un poste de contrôle dans les environs d'ash-Sholah, près de Deir ez-Zor. La confirmation vidéo est diffusée cinq jours plus tard. Sur l'enregistrement de 37 secondes, on voit deux hommes émaciés et battus, dont l'un se présente, dit le nom de son camarade, raconte comment ils ont fini entre les mains des terroristes[3]. « Je suis Roman Sergeïevitch Zabolotny, et j'ai été fait prisonnier[4]. » Le deuxième soldat, l'œil droit tuméfié, est assis en silence dans une tunique grise. Après deux mois de détention, « il y a 99 % de chances que Roman et le second prisonnier

1 Sergey Khazov-Kassia (7 février 2018).

2 Voir la partie 3, chapitre 4, p. 254.

3 Irek Murtazin (6 octobre 2017).

4 [Economist] (2 novembre 2017).

ne soient plus parmi les vivants[1] », estime un député de la région de l'un d'eux.

Pour éviter les pertes humaines et les dégâts en termes d'image, la charge principale du combat au sol est transférée par Moscou à Wagner, entre autres. Cette ruse a, en principe, réussi. Officiellement[2], seuls 116 soldats russes meurent sous les drapeaux en Syrie en cinq ans, la plupart d'entre eux tués dans des accidents. En mars 2018, par exemple, 39 soldats russes trouvent la mort dans le crash d'un avion de transport An-26. Par contraste avec les guerres de Tchétchénie et d'Ukraine de 2014, l'intérêt de l'opinion publique russe pour l'opération syrienne s'est révélé faible : un an après son déclenchement, moins d'un cinquième des Russes suivait régulièrement l'évolution du conflit[3]. Alors que les pertes des troupes conventionnelles ne dépassent pas officiellement 30 personnes en 2016, les pertes de Wagner sont estimées entre 500 et 600 hommes sur la même période.

En février 2017, Marat Gabidullin est stationné dans le Levant, pour un trimestre. Il y passera aussi la plus grande partie de l'année 2018. « En utilisant les hommes de Wagner, les chefs de l'armée russe peuvent minimiser les pertes officielles et s'approprier nos résultats militaires, sans s'embêter à planifier les opérations, ce qui est toujours difficile, ni exiger un bon niveau de préparation des troupes. C'est nous qui faisons le boulot », explique-t-il. « Tout le monde se contente de beaux rapports et de belles images. Et en plus, les gradés de l'armée russe obtiennent grâce à cela des décorations et des promotions. »

Avant de quitter la compagnie, Gabidullin travaillait à la base aérienne de Hmeimim qu'il connaît bien. Chargé de s'occuper des corps des contractuels tués dans cette zone, il se souvient : « J'ai immédiatement été confronté au fait

1 [Economist] (2 novembre 2017).
2 [The Moscow Times] (3 février 2020).
3 Sarah Fainberg (décembre 2017).

que nous ne pouvions pas enterrer nos soldats de manière digne. Nous [à la base] n'avions pas d'options, seulement un réfrigérateur pour conserver les corps. Il fallait les emmener à l'hôpital de Lattaquié, pour que les Syriens les lavent avec un tuyau, les mettent d'abord dans des cercueils en zinc, puis dans des caisses en contreplaqué. Bien sûr, il n'y avait personne pour maquiller ou ramener le corps à un état normal. Je n'aurais jamais pensé qu'il serait si difficile d'effectuer ce travail [...] Combien de personnes sont mortes comme ça ? Fournir des données exactes reviendrait à donner aux agences gouvernementales une raison de faire des réclamations contre moi[1]. » Marat Gabidullin dit et raconte ce qui l'arrange, et ne mentionne concrètement aucun crime qu'il aurait commis.

La situation sur le terrain ne s'est jamais calmée. Depuis ces combats, la présence russe a gardé sa raison d'être. En février 2020, des sociétés militaires privées sont en première ligne dans la plaine d'al-Ghab de la province de Hama. En avril 2020, pour soigner son image en pleine pandémie, Evro Polis livre 50 respirateurs artificiels, 10 000 kits de test de coronavirus et 2 000 vêtements de protection à la Syrie[2]. Fin décembre 2020, les attaques de l'EI s'intensifient dans l'est de la Syrie, après le retrait des mercenaires de la province de Deir ez-Zor vers Lattaquié[3]. Un an après, Wagner participe à une opération militaire à grande échelle contre les cellules de l'EI dans le désert syrien[4]. Mi-2021, la Syrie est passée au second plan pour la compagnie, avec seulement 439 mercenaires en poste[5]. Et après la mutinerie de juin 2023, les hommes de Wagner en Syrie sont démobilisés. C'est pourtant cette région qui aura aidé Prigojine à exporter le *business model* de la galaxie en Afrique. Elle

1 Lilia Yapparova (2 décembre 2020).

2 Amy Mackinnon (22 juillet 2020).

3 Daria Ryabova (11 janvier 2021).

4 [Syria HR] (22 décembre 2021).

5 D'après l'ordre de bataille fuité du groupe Wagner en date de mi-2021.

aura aussi permis à Prigojine de nouer quelques contacts utiles avec le régime nord-coréen sur place, notamment Yong Hyok Rim, employé de la KOMID, l'agence coréenne chargée des ventes d'armes, avec qui il conclut via son entreprise syrienne un accord pour acquérir des armes fin 2022.

Depuis le décès d'Evgueni Prigojine, Moscou réduit progressivement l'influence du groupe Wagner dans le monde. Quelques jours seulement après la disparition de l'oligarque, le général et vice-ministre russe de la Défense, Iounous-bek Evkourov, se rend en Syrie pour une visite diplomatique. Au cours de cette mission officielle, il aurait expressément demandé au régime de Bachar el-Assad de procéder à l'expulsion de la compagnie militaire privée hors du territoire[1].

Avant le lancement de cette purge, environ 2 000 soldats de Wagner étaient déployés au Levant, notamment dans le vaste désert syrien, autour des champs pétroliers, et au nord du pays, à proximité des zones sous le contrôle de l'armée turque. Trois mois plus tard, il ne reste que quelques dizaines de mercenaires de Wagner en Syrie, rapporte le site d'informations américain *Al-Monitor*. Wagner a été écarté de Syrie au profit de Redut puis de l'Africa Corps, des groupes armés sous le contrôle de la GRU[2]. Les renseignements militaires tiennent effectivement à exercer leur mainmise sur les pétrodollars de Wagner en Syrie.

Au cœur de cette opération syrienne se trouve RPOST-M LLC, une société de transport dirigée par Maxim Grekhov, un officier de la GRU passé par Aeroflot. Cette société a ouvert une branche à Damas dédiée à la sécurité des champs pétrolifères, reprenant ainsi le rôle d'Evro Polis, l'ancienne société de Prigojine. En parallèle, les sociétés de Prigojine en charge de l'exploration et production pétrolière sont reprises quant à elles par le FSB ou le SVR. À leurs têtes,

1 [SOHR] (27 août 2023).
2 Amélie Zaccour (13 novembre 2023).

Vladimir Zlenko, Anna Sergueyeva et Denis Larin ont un point en commun : ils travaillent tous jusqu'en 2021 pour le ministère de l'Intérieur russe. Cette lutte pour le contrôle des ressources pétrolifères syriennes met en lumière la rivalité croissante entre les services de sécurité russes[1].

1 [AEOW] (25 avril 2024).

II · LE MIRAGE RUSSE À TRIPOLI

« La stratégie russe en Libye est fondée sur la récupération des liens économiques entre les deux pays [...], qui se fera par des contacts avec toutes les parties au conflit. »
Lev Dengov, entrepreneur russe et biélorusse[1]

En décembre 2020, l'ONU estime que 20 000 mercenaires et soldats étrangers combattent, surveillent et forment des troupes en Libye : des wagnériens, des soldats réguliers des armées tchadiennes, soudanaises, turques, ainsi que des mercenaires turcs et syriens. Mais l'histoire a commencé un peu plus tôt. La ressource qui suscite les convoitises est le pétrole. Wagner apparaît pour la première fois sur le sol libyen en octobre 2018, dans le sillage d'autres mercenaires venus l'année précédente, pour un contrat de déminage avec le gouvernement de l'est du pays. En avril 2020, un rapport transmis au Conseil de sécurité de l'ONU évalue leur nombre à 1 200 contractuels russes au service du maréchal Khalifa Haftar. Ils dirigent les tirs d'artillerie, remettent en état les avions de combat et envoient des tireurs d'élite au front. Leur formation et leur tactique militaire moderne donnent parfois à Haftar un avantage militaire décisif.

Ancien compagnon d'armes de Mouammar Kadhafi, Haftar a été marginalisé après une lourde défaite contre les troupes du président tchadien Hissène Habré, en 1987. La CIA voit alors en ce colonel humilié un atout qui pourrait mener la fronde anti-Kadhafi. En 2011, il dirige les premières luttes contre le pouvoir en place avec l'appui américain. Il bénéficie de leur soutien et de leur logistique. Début 2018, peu de temps après la reprise de Benghazi, Haftar trouve un accord avec la CIA et autorise l'installation d'une petite présence armée permanente sur une base aérienne non loin

1 RIA-FAN (10 octobre 2018).

de sa capitale. La présidence de Donald Trump se désintéresse de la question et l'influence états-unienne diminue, laissant le champ libre aux Russes. Sur la scène diplomatique, Haftar est ouvertement soutenu par Le Caire et Abou Dhabi, qui violent des sanctions internationales pour continuer à l'armer, et plus discrètement par la Russie et par la France. Pour Moscou, c'est une forme de revanche sur l'opération de l'Otan en 2011 en Libye. Et c'est aussi l'occasion de renforcer les liens avec les Émirats arabes unis, qui étaient en 2015 le seul pays du Golfe à soutenir l'intervention russe en Syrie. Les deux pays entretiennent une relation solide. Du côté européen, François Hollande estime que la coopération avec le maréchal s'inscrit dans la logique de la « guerre contre le terrorisme » au Sahel. Le déploiement de forces paramilitaires russes fait partie de l'expansion militaire de Haftar, tout comme la possibilité de conquérir l'ensemble du pays et de renverser le gouvernement d'union à Tripoli.

LES PREMIERS DÉPLOIEMENTS

En novembre 2018, le « cuisinier » et sa batterie arrivent en Libye après une réunion à Moscou[1]. Autour de la table, une délégation de hauts responsables militaires libyens dirigée par Khalifa Haftar, ainsi que Sergueï Choïgou et son état-major. Dans les coulisses, Prigojine est à l'œuvre.

La véritable implication des Russes commence après l'offensive générale de reconquête de la Libye par l'ANL. D'abord timide durant la première phase, qui couvrait le Sud, ses activités se sont accentuées après la prise de Sebha en janvier 2019, et l'offensive sur Tripoli au printemps. Les Russes soutiennent l'offensive du maréchal Haftar et de son armée sur Tripoli. L'attaque s'arrête à quelques kilomètres seulement de la capitale. Les chiffres sur les effectifs déployés par la compagnie ne restent que des estimations. Pour les services secrets occidentaux, environ 1 400 contractuels russes

1 Новая газета, YouTube (9 novembre 2018).

se trouvent en Libye. 200 à 300 d'entre eux combattent dans la région de Tripoli, le reste est stationné dans des bases et des champs pétrolifères. Dans l'autre camp, les renforts ne se font pas attendre. À l'arrivée des premiers conseillers militaires turcs à Tripoli pour aider le gouvernement d'entente nationale (GNA), les combats s'intensifient et la compagnie perd ses premiers hommes. L'utilisation de drones d'attaque par les supplétifs turcs inverse le cours de la bataille en faveur de Tripoli. Au Sud, les wagnériens laissent de nombreux indices de leur présence avant de battre en retraite[1]. Les premiers morts russes sont décomptés. Un peu plus de 20 mercenaires meurent en septembre 2019[2].

Khalifa Haftar ordonne en décembre 2019 l'attaque pour la bataille finale de Tripoli. « L'heure zéro a sonné pour l'assaut large et total attendu par tous les Libyens libres et honnêtes. » La Turquie répond à cette agression en envoyant des troupes massives, de grandes quantités d'équipements et des milliers de mercenaires syriens à Tripoli et Misrata[3].

Alors que dans les dunes libyennes, les combats font rage, en mars 2020, des enquêteurs états-uniens découvrent qu'un groupe lié à la galaxie finance une télévision libyenne. En investissant secrètement dans un média existant de longue date, Prigojine affine sa capacité à brouiller les pistes en matière d'authenticité de la presse. En substance, la Russie paie pour que ses mercenaires digitaux – y compris l'Internet Research Agency et les médias en ligne – pénètrent les écosystèmes d'information de ses adversaires, souvent dans le but de semer le chaos et la confusion[4].

....

1 Akram Kharief (janvier 2022).

2 [Groupe d'experts] (8 février 2021) et Mkahlouf Esmaeil, @MkahlofE, X (9 septembre 2019).

3 Akram Kharief (janvier 2022).

4 James J. F. Forest (2022, p. 10).

Entre le 2 et le 9 avril 2020, sur le terrain, une série d'accrochages[1] inflige encore des pertes sévères à la compagnie. Les wagnériens et leurs alliés sont régulièrement ciblés par des drones turcs[2]. L'ONU confirme, le 24 avril, la présence de mercenaires russes totalisant 800 à 1 200 combattants, mais souligne ne pas « être en mesure de vérifier de manière indépendante l'importance de leur déploiement ». L'Africom (le commandement états-unien pour l'Afrique) fournit des images aériennes montrant que la Russie approvisionne les forces de Wagner en équipements tels que des véhicules blindés, des systèmes de défense aérienne, des avions de combat et d'autres matériels. En mai, l'Africom publie encore des photographies de ce qu'il déclare être au moins 14 avions de combat russes en Libye soutenant l'ANL[3].

Wagner recrute aussi des combattants syriens[4]. Au printemps 2020, Moscou charge le colonel Alexandre Zorin, ancien chef de la commission de réconciliation en Syrie, qui était venu négocier la paix à Genève en 2016, de recruter du sang frais pour une autre guerre[5]. En mai, les combats en Libye font une quinzaine de morts dans les rangs de Wagner[6]. Le camp d'Haftar perd du terrain. La retraite devient une option indispensable. C'est vers al-Djoufrah que des avions de transport évacuent le 23 mai les Russes, accompagnés de quelques mercenaires syriens, ainsi que de leur armement lourd. Le retrait des wagnériens, sur trois jours, est coordonné entre Moscou et Ankara[7]. Le 25 mai 2020, ce sont finalement quelques centaines de combattants

....

1 The Libya Observer, @Lyobserver, X (2 avril 2020), [Dialog.ua] (28 avril 2020).

2 Kavkaz Center, @newkc14, X (9 avril 2020).

3 US Africa Command Public Affairs (18 juin 2020), et Lead Inspector General (septembre 2020).

4 Akram Kharief (janvier 2022).

5 Anchal Vohra (7 mai 2020).

6 Eagle Eye, @eagle_ly, X (16 mai 2020).

7 [AFP] (28 mai 2020).

qui quittent le front du sud de Tripoli à bord d'un Antonov-32, toujours vers al-Djoufrah.

Le lendemain, Moscou se décide à fournir du matériel en renfort. Elle envoie des avions, des bombardiers et des hélicoptères à destination du théâtre d'opérations. Des chasseurs Mig-29 et des bombardiers Sukhoï Su-24 transitent par Hmeimim, en Syrie. L'Africom accuse la société militaire privée d'utiliser ces appareils dans des missions offensives. Ces avions ne sont pas les seuls armements lourds reçus et exploités par la compagnie en Libye : elle a aussi reçu un Pantsir S1, différent de ceux utilisés par l'ANL, et du matériel des Émirats arabes unis. Pour protéger ses avions, Wagner se sert des radars P-18 Spoonrest, en plus de ceux de l'ANL[1].

Les mercenaires de Khalifa Haftar profitent d'une baisse d'intensité des combats pour renforcer leurs positions. Ils construisent un verrou stratégique pour contrôler l'espace aérien et le croissant pétrolier. Les paramilitaires disposent d'un équipement important. Wagner a déployé jusqu'à 2 500 combattants, organisés en quatre compagnies : forces spéciales pour la reconnaissance, compagnie de chars et groupe d'artillerie combiné, le reste étant composé d'unités de renseignement, d'unités logistiques et d'un quartier général. Par rapport à la Syrie, en Libye, la compagnie (avec son peu d'expérience en matière de chars) augmente ses capacités en matière d'aviation de guerre et de défense aérienne. Après juin 2020 et la retraite d'al-Djoufrah, une unité de génie militaire est intégrée pour construire une ligne de défense coupant la Libye en deux. Sur le plan militaire, c'est l'équivalent d'un groupement tactique consolidé.

Au niveau équipement, les choses n'ont pas vraiment évolué depuis les campagnes en Syrie – seule l'élite des troupes a accès aux meilleures armes. Les uniformes des wagnériens que nous observons révèlent des informations. Une photo sur Telegram identifie des mercenaires portant

1 Akram Kharief (janvier 2022).

des baskets bon marché[1]. Ce qui contraste fortement avec les hommes de Rusich, qui sont de réels influenceurs en matériel militaire et le promeuvent sur Instagram ou VK. Le multicam, motif de camouflage que l'on associe souvent aux opérateurs des forces spéciales, permet de distinguer facilement les combattants du groupe qui portent des vêtements fournis par la compagnie. Par exemple, les uniformes multicam produits et distribués aux nouvelles recrues et aux conscrits des prisons n'ont pas d'éléments de protection comme des genouillères intégrées. Certains contractants chevronnés sont vus portant ce qui semble être des vêtements de protection fabriqués par des marques reconnues. Ces contractants plus expérimentés portent aussi des tenues de camouflage plus anciennes, souvent associées à l'unité militaire dans laquelle ils ont servi précédemment, comme le fameux tee-shirt rayé bleu et blanc, venant des forces spéciales russes. Grâce à la recherche en sources ouvertes, le camouflage devient un indicateur de combat clé pour déterminer les personnes présentant un intérêt particulier – et les mêmes techniques s'appliquent aux armes à feu.

L'intervention turque du 5 juin 2020 marque le retrait de l'ANL vers le Sud, et la défaite à Tripoli. Son point culminant est la perte pour l'ANL de la base aérienne d'al-Watya et la chute de Tarhuna, le dernier bastion pro-Haftar à l'Ouest. Cette défaite est l'aube d'un changement de stratégie pour Wagner. Leur nouvelle mission est d'empêcher l'armée turque et les forces du GNA d'avancer vers l'Est, et de défendre Syrte ainsi que le croissant pétrolier libyen. Cette mission évolue au cours des années 2020 et 2021 vers la construction d'une ligne de défense séparant la Tripolitaine de la Cyrénaïque et du Fezzan. Fin juin, la compagnie nationale libyenne de pétrole (NOC) dénonce la présence de « mercenaires russes et étrangers du groupe Wagner » sur le champ al-Charara (à

1 Grey Zone, Telegram (19 février 2021).

900 kilomètres au sud de Tripoli), l'un des plus importants, dans une zone contrôlée par le maréchal Haftar[1].

L'Africom publie des photos d'objets explosifs que Wagner aurait placés à l'intérieur et autour de Tripoli[2]. Avant de se retirer de la capitale, les mercenaires ont posé des mines terrestres et des pièges[3], y compris des grenades à main avec des *triplines*, dans les maisons de la banlieue d'Aïn Zara. Les autorités estiment que ces mines ont tué plus de 50 civils[4]. Également en 2020, les mercenaires seront identifiés comme ayant posé des pièges dans des peluches par exemple. Une photo prise par des démineurs montre un ourson en peluche avec une bombe scotchée sur le dos[5]. Le piège le plus sournois s'est retrouvé dans des canettes de soda vides. La jeunesse libyenne s'amuse à les écraser. Pour les démineurs, les mercenaires russes ont conçu ces pièges pour qu'ils explosent sous l'effet de la pression. « Ils nous ont étudiés, jusqu'à la façon dont nos enfants jouaient », explique Rabie Aljawashi, directeur de la Free Fields Foundation, à *The Independant*[6]. « Ils savent comment nous pensons. » En octobre 2021, les Nations unies[7] impliquent directement Wagner dans ces décès. Les mines terrestres sont des armes interdites par les conventions internationales, et le fait de cibler directement des civils constitue un crime de guerre.

« Les raids menés par des mercenaires de Wagner sur les installations de la National Oil Corporation ainsi que les messages contradictoires rédigés dans des capitales étrangères et livrés par les soi-disant forces armées arabes libyennes (FAAL) ont nui à tous les Libyens qui souhaitent un avenir sûr et prospère », écrit l'ambassade américaine,

1 Akram Kharief (janvier 2022).
2 Lead Inspector General (septembre 2020).
3 US Africa Command Public Affairs (15 juillet 2020).
4 [ONU] (13 juillet 2020).
5 Calibre Obscura, @CalibreObscura, X (4 juin 2020).
6 Sudarsan Raghavan (6 juin 2021).
7 [OHCHR] (14 décembre 2021).

tout en précisant que ces manœuvres n'entravent pas les efforts de ses diplomates « engagés à travailler avec les institutions libyennes responsables, telles que le gouvernement de l'Accord national et la Chambre des représentants, pour garantir la souveraineté de la Libye, parvenir à un cessez-le-feu permanent[1] ».

Après le cessez-le-feu de 2020 qui a mis fin aux hostilités entre les factions en Libye, on estime que quelques dizaines de wagnériens pourraient avoir été transférés en Ukraine et que 1 583 miliciens étaient encore en poste dans le pays mi-2021[2]. Leur rôle principal consiste à former les soldats basés dans l'est de la Libye, sous le commandement d'Haftar. Les mercenaires ont principalement concentré leurs activités autour des installations pétrolières de la province orientale de Cyrénaïque, proche de la frontière égyptienne. Un garde du corps russe est filmé protégeant Haftar lors d'un bain de foule marquant l'Aïd al-Fitr, à Benghazi, au printemps 2022[3].

En octobre 2022, Prigojine fera d'ailleurs lui-même le voyage en Libye afin de rencontrer Haftar et de négocier les termes et le paiement de leur contrat[4]. Pour passer incognito et tromper les dispositifs de surveillance locaux, Prigojine sera déguisé en chef de milice, un accoutrement rappelant le célèbre *Dictator* de Sacha Baron Cohen. La photo sera retrouvée lors d'une fouille de son bureau par le FSB fin juin 2023 et publiée sur les réseaux sociaux. Conséquence de cette rencontre entre un Prigojine colérique et le vieux général libyen, le chef de la Banque centrale des territoires contrôlés par Haftar sera remercié pour pouvoir débloquer des fonds et payer la compagnie.

La Libye reste une zone clé pour le groupe, comme le révèle le parcours d'un Iliouchine 76, immatriculé TL-KPA et

1 Mathieu Galtier (14 janvier 2020, p. 4).

2 D'après l'ordre de bataille fuité du groupe Wagner en date de mi-2021.

3 [Nova Agency] (13 mai 2022).

4 Selon deux sources.

identifié au-dessus de Chypre en avril 2023[1]. Depuis janvier, c'est le seul avion disponible pour assurer cette logistique, car un autre, immatriculé TL-KBR, est parti en fumée par accident. L'événement est notable car cet avion servait de pont logistique pour toutes les activités de Wagner en Afrique. Sur des images satellites Planet que nous nous étions procurés au moment de l'incident, l'avant/après de l'avion visible sur la base ne laisse aucun doute : le noir des cendres remplace la blancheur de la carlingue. À cette époque, un diplomate américain en poste dans la région nous avait envoyé plusieurs messages pour affirmer que les États-Unis n'avaient rien à voir dans cet incendie et qu'il s'agissait sûrement d'un mercenaire un peu saoul fumant une cigarette trop près des explosifs stockés sur la base.

Mi-avril, des sites de suivi des mouvements d'avions voient le nouvel Iliouchine faire la navette avec la Syrie. Selon les informations obtenues par CNN[2], l'avion a livré près de la frontière libyenne, le 17 avril 2023, des armes à un général soudanais qui vient de relancer le conflit dans son pays. Derrière cette livraison d'armes se cache Wagner. L'Iliouchine 76 TL-KPA est identifié[3] comme appartenant à la nébuleuse et utilisé pour des rotations entre la République centrafricaine, la Libye et la Syrie.

La mort du chef de Wagner signe le renouveau de la coopération russe avec l'ANL. À la veille du crash de son avion, une délégation militaire russe officielle menée par le vice-ministre de la Défense, Iounous-bek Evkourov, rend visite à Khalifa Haftar en Libye pour négocier ce que sera l'après-Wagner et intégrer la GRU aux opérations libyennes. Il y reste une semaine, notamment pour restructurer Wagner et rassurer le maréchal Haftar quant au soutien du Kremlin. Pied de nez à Washington, Haftar rencontre Evkourov plusieurs fois et se rend même à Moscou pour célébrer la

1 Gerjon, @Gerjon_, X (15 avril 2023).
2 Nima Elbagir, *et al.* (21 avril 2023).
3 [Feit of Fake] (4 décembre 2022).

ré-officialisation d'un partenariat qui avait été jusque-là boudé par le Kremlin.

Cette présence russe croissante s'inscrit dans une stratégie plus large de Moscou qui tient à étendre son influence en Afrique du Nord et à sécuriser l'accès à la Méditerranée. La Libye, avec ses réserves pétrolières et sa position stratégique, représente un atout majeur. Le travail se fait en étroite collaboration avec le maréchal Haftar. Des réunions de haut niveau ont eu lieu entre les responsables russes et libyens, et des livraisons d'armes sont effectuées au profit de l'ANL. D'après des sources libyennes et russes, 1 800 militaires russes ont été déployés dans le pays (même si une partie des troupes a ensuite été transférée du Niger). D'un autre côté, la Russie renforce également sa présence diplomatique en Libye, avec l'ouverture de nouveaux consulats et l'envoi d'ambassadeurs expérimentés. Des diplomates arabophones et francophones ont été déployés dans la région, témoignant de l'intérêt stratégique que porte la Russie à cette zone. La Russie va-t-elle chercher à attiser les tensions et à déstabiliser la région, en utilisant notamment la question migratoire comme arme ? Août 2024, la situation en Libye s'envenime. Les Occidentaux appellent à la retenue[1]. Des unités de Khalifa Haftar sont aperçues au sud-ouest du pays. Les mercenaires russes pourraient saisir l'opportunité et suivre leurs pas. Ce qui reste moins clair est l'implication des renseignements égyptiens. Le gouvernement libyen souhaite les chasser de leur territoire[2].

La Libye devient un nouveau front géopolitique majeur, où se confrontent les intérêts de la Russie, des puissances occidentales et des acteurs régionaux. L'évolution de la situation aura des conséquences importantes pour la stabilité de la région et pour les équilibres de pouvoir en Méditerranée[3]. Le chapitre libyen est loin d'être clos.

1 U.S. Embassy - Libya, @USEmbassyLibya, X (10 août 2024).

2 @AlArabiya_Brk, X (11 août 2024).

3 [AEOW] (10 mai 2024).

III · DES LINGOTS DE KHARTOUM

« Wagner n'est pas au Soudan. Wagner ne s'est jamais impliqué dans les affaires politiques intérieures au Soudan après le départ d'Omar el-Béchir ».
Evgueni Prigojine, mai 2023

Les aventures de Wagner au Soudan commencent en 2017. Quelque 500 hommes y sont déployés pour réprimer des soulèvements contre le gouvernement du président Omar el-Béchir. En guise de paiement, Prigojine reçoit des droits exclusifs[1] sur l'exploitation de l'or du pays. M-Invest et Meroe Gold, deux satellites de la galaxie Wagner, mènent des opérations minières, convenues lors de pourparlers auxquels ont assisté Poutine, les ministres des Affaires étrangères et de la Défense et le président el-Béchir[2].

Le ministre des Minéraux, Hashim Ali Salim, signe un accord avec Meroe le 26 octobre 2017, pour la prospection d'or ainsi que d'autres minéraux connexes. Il paraphe pour le côté soudanais, tandis que côté russe, c'est Mikhaïl Potepkine[3], le représentant de la société[4], qui s'en charge.

La présence de mercenaires se confirme au Soudan à partir de janvier 2018. Les services secrets ukrainiens découvrent que Wagner recrute des combattants envoyés au Soudan depuis la Crimée[5]. Et affirme que les vols eux-mêmes sont effectués par le 223e détachement[6] de l'Armée de l'air russe.

1 [Treasury] (15 juillet 2020).

2 [The Bell] (5 juin 2018)

3 Ancien employé de l'Internet Research Agency, la fabrique à trolls de Wagner, Potepkine a un rôle dirigeant au sein de Wagner au Soudan et entretient des liens étroits avec Evgueni Prigojine.

4 Sudan News Agency (26 octobre 2017) et Simon Marks, Mohammed Alamin (30 avril 2022).

5 Asymmetric Warfare Group (avril 2020), [Unian] (28 janvier 2019), et [Unian] (21 février 2019).

6 Voir leur site Internet : https://223lo.ru/.

Les passeports délivrés au personnel de Wagner se rendant au Soudan sont émis par la Direction du renseignement militaire russe, ou, à tout le moins, par le ministère de la Défense. Les estimations du nombre de membres du personnel russe au Soudan varient entre 150 et 500 agents, aux côtés des forces soudanaises au Sud-Darfour. Des informations confirment que 500 mercenaires opèrent en juillet 2018 dans un camp situé à une quinzaine de kilomètres au sud de la ville d'Um Dafuq au Darfour, près de la frontière avec la Centrafrique. Des contractuels russes auraient également passé cinq mois dans la région pour former à la fois les rebelles musulmans centrafricains et les troupes soudanaises[1]. Le gros de ces forces quitte la région à la fin du mois pour la Centrafrique voisine où s'ouvre un nouveau marché.

Le 19 décembre 2018 marque le début des protestations nationales, en petit nombre, jusqu'à ce que finalement les Soudanais descendent quotidiennement dans la rue pour dénoncer le triplement du prix du pain, dans un premier temps. Rapidement, la rue réclame la démission du président Omar el-Béchir. Le régime réagit aux protestations avec sa dureté habituelle : les opposants sont arrêtés à tour de bras, les forces de sécurité tirent à balles réelles sur les cortèges de manifestants. Des dizaines de personnes perdent la vie, sans compter les blessés graves[2].

L'aide russe n'arrivera toutefois pas à empêcher la chute d'el-Béchir, en avril 2019. Wagner prend alors le parti de l'ancien chef de milice, Mohamed Hamdan Dogolo, surnommé Hemetti, vice-président du Conseil militaire de transition, que beaucoup considèrent comme le nouvel homme fort du Soudan. Les Russes aident à former les jeunes Soudanais que Hemetti envoie faire la guerre au Yémen, où ils combattent aux côtés de l'Arabie saoudite. Wagner, par l'intermédiaire

1 [Dabanga] (31 juillet 2018), et [Dabanga] (1er août 2018).
2 Friedrich Schmidt, Thilo Thielke (14 janvier 2019).

de Meroe Gold, fournit du matériel sanitaire pour lutter contre la pandémie, une façon de faire un peu d'humanitaire[1].

C'est que le Soudan revêt une importance stratégique pour les Russes. Avant son renversement, le président el-Béchir avait offert[2] à Moscou une base navale sur la mer Rouge. Vladimir Poutine signe un contrat de 25 ans avec la nouvelle junte militaire au pouvoir à Khartoum. Le 16 novembre 2020 est validée la construction et l'exploitation d'une base navale russe à Port-Soudan, sur la mer Rouge. Officiellement, le projet se présente comme une simple base de ravitaillement et de maintenance pour les navires de guerre russes dans un contexte de lutte contre les mouvances terroristes. Pour le Kremlin, il concrétise ses efforts pour se rapprocher du continent et étendre ses activités militaires en direction de l'océan Indien. Un mois après, nouvel accord. La Russie et le Soudan valident un projet d'accord autorisant le maintien de navires de guerre russes, y compris ceux à propulsion nucléaire, sur la mer Rouge. Selon le texte[3], la base fonctionnera comme un centre logistique et un point d'appui stratégique dans la Corne de l'Afrique. Officiellement, elle sera utilisée pour coordonner la lutte contre la piraterie dans la région, mais sa présence même pourrait avoir des implications géopolitiques plus larges. Des rumeurs d'une annulation du projet sont reprises par la presse[4] mais rapidement démenties par l'ambassade russe à Khartoum[5].

Pourtant le 22 mars 2022, les autorités soudanaises démentent la rumeur de wagnériens dans le pays, alors que leur présence est attestée. Elles répondent au communiqué publié conjointement par les États-Unis, la Norvège, et le Royaume-Uni, accusant également Khartoum d'avoir cédé

1 [Al Murasil] (19 avril 2020).

2 Samuel Ramani (7 décembre 2020).

3 [Russie] (6 novembre 2020).

4 @AlArabiya_Brk, X (28 avril 2021).

5 Посольство России в Судане / Russian Embassy in Sudan, post Facebook (29 avril 2021).

aux Russes des intérêts dans les mines d'or[1]. Logiquement, le 6 mai, la junte soudanaise soutient publiquement l'invasion de l'Ukraine. Les autorités chargées de la sécurité autorisent l'organisation d'une marche russe au cœur de Khartoum pour célébrer le 9 Mai, jour de la victoire contre le nazisme[2].

Le Soudan est un excellent exemple du système W. La galaxie soutient à la fois Omar el-Béchir et l'opposition, ce qui l'aide à rester dans le pays. La levée des sanctions états-uniennes au premier semestre 2022 fait affluer des capitaux russes, qui se taillent une part non négligeable des réserves d'or. Le pays ayant une longue frontière avec la Centrafrique, il est facile pour le groupe de déplacer ses biens et ses affaires d'un pays à l'autre. Une fois implantée, la nébuleuse passe à l'étape du contrôle des médias.

À Khartoum, en avril 2023, trois jours de combats intenses entre l'armée et la puissante force paramilitaire des Forces de soutien rapide (FSR) entraînent la mort d'environ 200 personnes et font 1 800 blessés. La cause de ces affrontements est une lutte de pouvoir entre deux généraux rivaux : le chef de l'armée, Abdel Fattah al-Bourhane, qui détient le contrôle de facto du pays, et son second, le général Hemetti, à la tête des Forces de soutien rapide. En 2021, ces deux hommes avaient pourtant orchestré ensemble un coup d'État afin d'évincer les civils avec qui ils partageaient le pouvoir, sabotant la transition démocratique du Soudan. Mais un différend majeur les oppose : la future intégration des FSR dans l'armée régulière et le contrôle sur les soldats et les armes. La relation passée du général Hemetti avec les Russes suscite l'inquiétude de Washington. Le secrétaire d'État états-unien, Antony Blinken, est préoccupé par l'implication potentielle de Wagner, et demande aux « forces externes de laisser le Soudan tranquille[3] ». Un curieux ballet d'avions fait des navettes entre la Syrie et la Libye jusqu'à la frontière

1 [RFI] (24 février 2022).

2 Mohamed Mustafa, @Moh_Gamea, X (6 mai 2022).

3 Pauline Hofmann (28 avril 2023).

soudanaise, mais aussi entre la Centrafrique et le Darfour. Il pourrait s'agir d'armes[1]. Pourtant Prigojine clame que « pas un seul combattant de Wagner n'a été présent au Soudan[2] » depuis plus de deux ans. Ils n'étaient en effet plus que six à l'été 2021. Et depuis, aucun mercenaire n'est apparu sur les réseaux. Armes et équipements sont les seules traces nouvelles dans ce conflit qui s'est étendu au pays entier.

Le 15 janvier 2023, au nord du pays, la police de la ville d'Atbara arrête un Russe qui occupait le poste de directeur de la sécurité et de la sûreté chez Meroe Gold. Il tentait de faire passer clandestinement sept kilos d'or. En février, le parquet minier formule des accusations de sabotage de l'économie nationale contre 43 personnes, dont 35 Russes, qui travaillent chez Meroe Gold[3]. Une façon de dire que le groupe Wagner a un grand intérêt à savoir qui gagnera la lutte pour le pouvoir, histoire de préserver ses intérêts commerciaux.

En septembre 2023, la guerre en Ukraine semble s'étendre en Afrique, lors d'une série d'attaques de drones visant notamment des véhicules transportant des wagnériens, et qui aurait été commanditée par Kiev. Dans les faubourgs d'Omdurman, face à Khartoum, Kiev aurait voulu montrer à Moscou que ni ses concitoyens ni ses intérêts ne sont à l'abri, même à des milliers de kilomètres. Le 23 septembre, le président ukrainien Zelensky confirme ce rapprochement en rencontrant le général Abdel Fattah Al-Bourhane, président du Conseil militaire de transition, au pouvoir au Soudan.

....

1 Nima Elbagir, Gianluca Mezzofiore (21 avril 2023).
2 Burc Eruygur (20 avril 2023).
3 [Rakoba News] (19 février 2023).

IV · LE LABORATOIRE CENTRAFRICAIN

Depuis le coup d'État de la Saint-Sylvestre, mené en 1965 par Bokassa, la Centrafrique a été le théâtre d'une interminable guerre de tous contre tous, à laquelle participent de nombreux acteurs nationaux mais aussi étrangers.

Le départ des soldats de l'opération Sangaris (déclenchée en décembre 2013 à Bangui) est officialisé lors du déplacement du ministre français de la Défense, Jean-Yves Le Drian, fin octobre 2016. Plusieurs fois reporté à cause de l'évolution de la situation sur le terrain et des déplacements successifs des élections présidentielle et législatives, ce retrait illustre le désengagement français dans ses anciennes colonies. Entre 300 et 350 hommes, équipés de drones d'observation, restent positionnés dans la capitale centrafricaine. Cet effectif comprend les troupes affectées à la Minusca et à la mission EUTM-RCA.

Le bilan de Sangaris est en demi-teinte : 500 millions d'euros investis, plus de 1 000 jours d'intervention, près de 2 500 soldats mobilisés, trois morts, des scandales sexuels… pour qu'à la fin, la France cède sa place à une opération onusienne. Quelque 10 000 Casques bleus prennent le relais. Dans un contexte de détente diplomatique avec Moscou, Paris croit bon de tendre la main à Bangui. L'échec de la politique africaine de la France s'est en partie joué en Centrafrique. En offrant des armes à un pays en proie au chaos, Paris a non seulement affaibli sa position sur le continent, mais a aussi contribué à renforcer l'influence de la Russie, qui a su tirer profit de cette situation pour étendre son emprise sur l'Afrique francophone[1].

Pour se sortir de l'instabilité politique qui règne dans son pays, le président Touadéra demande au Kremlin l'envoi urgent « de moyens létaux et de véhicules blindés de transport de troupes », et réclame l'intervention russe pour la levée totale de l'embargo sur les armes, imposé par les Nations

1 Benjamin Roger (22 août 2024).

unies en 2013. La Russie fait pression en décembre 2017 et obtient une exemption. Le mois suivant, le gouvernement russe envoie avec l'accord du Conseil de sécurité 5 formateurs militaires et 170 civils à Bangui. La Russie fournit au président armes et conseils militaires, officiellement et officieusement. Les Russes vont former deux bataillons des Forces armées centrafricaines (FACA), soit 1 300 hommes. Ils installent leur état-major au sein du palais de l'ancien empereur Jean-Bedel Bokassa[1]. La Centrafrique défend l'utilisation de l'aide russe pour reprendre le territoire, selon elle, illégalement occupé par les rebelles.

Très vite après leur arrivée, les Russes commencent leurs livraisons d'armement et d'équipements pour leurs structures. Le 25 janvier 2018, M-Finance fait parvenir un camion militaire polyvalent Ural-4230 à Lobaye Invest. La déclaration d'exportation accompagnant cet envoi porte le nom d'Evgueni Khodotov, représentant régional de la société[2].

Au total, plus de 300 wagnériens seraient sur le terrain. La plupart d'entre eux sont officiellement des civils employés par Sewa Security. Un premier groupe de ces hommes est arrivé par un vol direct Damas-Bangui. Sur place, ils se sont joints à d'autres contractuels russes entrés par le Soudan, où ils avaient débarqué durant l'hiver 2017. Toujours en mal de recrutement, Wagner compte dans ses rangs des mercenaires syriens ou libyens, qui ne parlent qu'arabe. La communication avec eux ne sera pas simple, les erreurs nombreuses.

En décembre 2020, la Russie, avec l'aide des Casques bleus et le soutien du Rwanda, réussit à repousser les rebelles devant Bangui. Des alliances étranges sont à l'œuvre pour protéger les institutions de RCA et contrer cette autre étrange coalition d'anciens ennemis et de participants à chaque coup d'État (réussi ou non) dans le pays depuis 2003. Cette fois,

1 Antoine Glaser, Thomas Hofnung (2018, p. 13).
2 Jack Margolin (13 juin 2019).

près de 10 000 Casques bleus et des centaines de soldats rwandais seront déployés. Ils sont appuyés par un nombre inconnu de paramilitaires russes qui interviennent dans le cadre d'un accord bilatéral. Dans une moindre mesure, la France, malgré son retrait militaire, fournit deux Mirage en soutien, qui survolent à deux reprises les forces rebelles. Le président Touadéra est réélu le 27 décembre 2020 pour un second mandat, alors que la moitié de la population n'a pas pu se rendre aux urnes à cause de l'offensive des rebelles.

LE MAÎTRE DU JEU EN CENTRAFRIQUE

Dès son arrivée en RCA, Wagner entame également une coopération avec le chef rebelle Ali Darass, et négocie l'accès à la mine d'or de Ndassima, la plus importante du pays. Le chef rebelle sera présent en août 2018 à la conférence de paix au Soudan, qui se déroule dans des salons feutrés à Khartoum et doit rester secrète. Des négociations, en cours depuis plusieurs mois, ont permis la préparation et la tenue de ces échanges. Les principaux chefs des groupes armés qui défient Faustin-Archange Touadéra vont s'opposer et parlementer face à une rangée d'hommes blancs. S'exprimant au nom du gouvernement banguissois, Prigojine, assis dans l'assemblée, parle d'un partenariat gagnant-gagnant et du partage des ressources entre les provinces. « Une part pour Bangui, une part pour le groupe armé de la région, une part pour Wagner[1]. »

Quelques mois plus tard, le 5 février 2019, Prigojine réunit une dernière fois les protagonistes dans son hôtel à Khartoum. Il est déterminé à obtenir un accord de paix et à réussir là où l'ONU a échoué. Outre les chefs des groupes armés, les ministres centrafricains Firmin Ngrébada et Marie-Noëlle Koyara sont de la partie. Après d'ultimes négociations, l'accord de Khartoum est signé le même jour, sous l'égide de l'Union africaine (UA). Le texte est ensuite paraphé au

1 Mathieu Olivier (4 avril 2022).

Palais de la Renaissance, à Bangui, par le président Touadéra[1]. Un mois plus tard, un décret présidentiel nomme les chefs des groupes armés, alors qu'ils sont responsables d'atrocités massives, comme conseillers militaires spéciaux auprès du bureau du Premier ministre. Ces postes sont accordés à titre de concession dans le cadre de l'accord de paix[2].

Dans leur rapport du 18 décembre 2018, les experts de l'ONU écrivent : « Jusqu'en avril 2018, la présence d'instructeurs russes parmi les membres de la Garde présidentielle était liée à leur participation à l'exercice de formation. Par la suite, les instructeurs ont été remplacés par six employés russes de la société privée centrafricaine Sewa Security. » Or, personne ne semble connaître cette société. Les désormais 500 soldats de Wagner stationnés sur place exploitent l'or des mines du pays, assurent la sécurité de Faustin-Archange Touadéra et participent à la formation de l'armée locale[3].

Ces déploiements « ont aidé à faire face à la situation sécuritaire difficile », admet le secrétaire général de l'ONU, António Guterres, dans une rare marque de reconnaissance à l'égard de Wagner. Ces formateurs sont repérés ailleurs. Particularité : ils se sont identifiés comme venant de Libye, de Syrie et d'autres pays. Une soixantaine d'instructeurs exclusivement arabophones sont déployés de décembre 2020 à début mars 2021 dans le cadre d'un contrat de trois mois[4].

Pendant trois jours, autour du 23 janvier 2021, deux Antonov immatriculés au Soudan et exploités par l'armée de l'air soudanaise livrent des armes, des munitions et des équipements militaires à Bangui. « Les livraisons se sont poursuivies à un rythme jamais vu depuis l'imposition de l'embargo sur les armes en 2013 », conclut un rapport

1 Mathieu Olivier (26 juillet 2021).
2 [HRW] (24 avril 2019).
3 [France 24] (15 décembre 2021).
4 Mirco Keilberth, Simone Schlindwein (28 février 2022).

onusien. Une semaine plus tard, Russes et Centrafricains cessent toute coordination militaire avec les Casques bleus.

Le 17 avril 2021, Emmanuel Macron appelle son homologue centrafricain pour lui annoncer la suppression de son aide budgétaire. Dans la foulée, il rappelle les coopérants à Paris, mettant ainsi fin à toute coopération de l'Hexagone avec Bangui. Touadéra dira plusieurs fois qu'il est prisonnier des Russes comme s'il cherchait à se justifier. Le lendemain, Moscou reconnaît avoir déployé 532 instructeurs dans le pays, alors que ce chiffre serait plus proche de 2 000 hommes, dont un peu moins de 1 000 pourraient être stationnés à Berengo, le complexe présidentiel bâti par l'empereur Bokassa. En 2023, ils seraient toujours autour de 1 000-1 500 mercenaires.

En septembre 2021, au Conseil de sécurité, la Russie fait usage de son droit de veto pour empêcher que des experts de l'ONU ne viennent surveiller les violations des sanctions en RCA, au Sud-Soudan, en RDC et en Somalie. Pour justifier sa décision, Moscou dénonce une mission à la composition géographiquement déséquilibrée et des contrôleurs partiaux.

En octobre 2021, la partie diplomatique se poursuit quand Bangui suspend, sous la pression de la Banque mondiale, du FMI et de l'Europe, l'assistance technique fournie par des contractuels russes à plusieurs bureaux de douane centrafricains. La fin de cette coopération est prétendument liée au manque de rentabilité. Dernier point, pour les Occidentaux, cette mission douanière ne faisait pas partie de l'accord de coopération officiel entre la Russie et le gouvernement centrafricain[1]. Le lendemain de l'annonce par le ministère national des Finances et du Budget, les mercenaires wagnériens exigent de la Centrafrique une compensation de 40 milliards de francs CFA (60 millions d'euros), à verser avant le 13 octobre. Touadéra dirige sa colère contre son Premier ministre, Henri-Marie Dondra, et ordonne que le protocole de coopération entre le gouvernement et la

1 Gisèle Moloma (28 octobre 2021).

compagnie soit rétabli sous une autre forme juridique[1]. Moscou n'est plus dans la boucle, c'est directement entre le gouvernement centrafricain et Wagner que se jouent les négociations et étonnamment, cette situation ne suscite aucune réaction de la part des cercles du Kremlin.

Un homme, connu dans les médias banguissois sous le nom d'Alexandre Ivanov, est honoré par les parlementaires centrafricains lors d'une cérémonie officielle à l'Assemblée nationale le 15 octobre. C'est l'un des concessionnaires de Wagner en Centrafrique et le président de la Communauté des officiers pour la sécurité internationale (COSI), société qui pilote les instructeurs russes en RCA. Dans l'hémicycle, le président de l'Assemblée nationale et mentor politique de Touadéra, Simplice Mathieu Sarandji, félicite le « contingent russe » en présence d'Ivanov et de Dmitri Syty, l'un des responsables de la compagnie à Bangui. Passé par la SKEMA (grande école privée de commerce) en France avec un diplôme de marketing en poche, ce dernier travaillait à l'Internet Research Agency, au service de traduction en tant que spécialiste de la manipulation des opinions publiques, d'après des éléments du Dossier Center[2]. Il est arrivé en RCA à l'automne 2017 pour mener une étude portée par M-Invest, en réponse à l'invitation du président Touadéra. Sur place, Syty est vu aux côtés de Valery Zakharov et Evgueni Kopot, un expert en communication et politique. Cela lui permet d'être présent lors de toutes les rencontres stratégiques entre Wagner et la présidence. Syty devient peu à peu indispensable. Il accompagnera même le président Touadéra dans ses déplacements en Russie, comme lors du Forum économique international de Saint-Pétersbourg en 2018.

Un nouvel accord de coopération est signé le 26 octobre 2021, entre le gouvernement et la nouvelle société écran de Wagner, accord par lequel la capacité fiscale et douanière de

1 Gisèle Moloma, *ibid.*
2 Voir leur site Internet : https://dossier.center/.

la RCA est détournée[1]. Le système est toujours le même : des dirigeants centrafricains servent de prête-noms (en réalité, des Russes sont aux commandes) et la nouvelle société est peu à peu intégrée à la galaxie Prigojine. Les hommes de Wagner sont bien implantés à Bangui et la mainmise financière se fait désormais au grand jour, ce qui commence à susciter quelques inquiétudes. Le 8 mai 2022, un journaliste nigérian tweete : « Un haut responsable militaire en République centrafricaine me dit que les mercenaires russes Wagner sont devenus incontrôlables[2] dans le pays. Il dit que personne ne peut leur tenir tête[3]. »

Le 15 décembre 2022, la chaîne Telegram de la COSI[4] rapporte que Dmitri Syty a reçu un colis piégé et qu'il est à l'hôpital[5]. Via le service de presse de Concord, Evgueni Prigojine accuse la France d'être derrière cette attaque[6]. Des images d'une enquête de police préliminaire montrant la scène de l'explosion[7] sont diffusées sur les réseaux sociaux et dans les médias russes[8]. Personnage stratégique de Centrafrique, Syty a été évacué en Russie le 19 décembre pour y être soigné, d'après les Affaires étrangères russes[9]. À Bangui en janvier, lors de manifestations, les Centrafricains soutiennent « Dmitri »[10]. Il est de retour sur place avec une main amochée, et rien n'a réellement changé : Wagner est toujours là, le pays continue de subir la mainmise russe. Un proche du ministère des Finances avec qui nous sommes en contact

1 Gisèle Moloma, *ibid.*

2 Ils sont accusés de viols, violences et vols par les habitants. Voir Jean-Fernand Koena (12 mai 2023).

3 Philip Obaji Jr., @philipobaji, X (8 mai 2022).

4 СОМБ («Туристы» в Африке), Telegram (16 décembre 2022).

5 Пресс-служба Пригожина, Telegram (25 décembre 2022).

6 Пресс-служба Пригожина, Telegram (16 décembre 2022).

7 [RIA] (16 décembre 2022).

8 [TASS] (16 décembre 2022).

9 [RIA] (19 décembre 2022).

10 236_Info, @236Info1, X (17 janvier 2023).

s'inquiète d'ailleurs du peu de maîtrise de Touadéra sur la compagnie. Il estime que le pays verse à Wagner environ 5,13 milliards de FCFA par mois (78,2 millions d'euros). Par an, l'État centrafricain alloue en moyenne 20% de son budget annuel à la compagnie. Notre contact ajoute : « Et si vous commencez à compter le nombre d'années que Wagner a passé chez nous, vous vous rendrez compte que c'est hilarant. Tout l'argent du développement de la République centrafricaine [...] est transféré à Wagner. Pour quel résultat ? » Depuis son arrivée, le groupe Wagner aurait reçu environ 391 millions d'euros.

D'une certaine manière, les Centrafricains sont prisonniers d'une nouvelle forme de colonisation : « Notre pays a été le premier en Afrique à résister aux Français. Mais maintenant, nous avons besoin d'une base militaire russe avec 5 000 à 10 000 soldats », déclare au printemps 2023 l'ambassadeur de Bangui à Moscou, Léon Dodonu-Punagaza, dans *Izvestia*[1]. Simple provocation ou véritable projet de coopération ?

Alors que Prigojine distribuait des colis d'aide humanitaire et se faisait prendre en photo à la Maison russe de Bangui en août 2023, sa mort ne change pas grand-chose dans la poursuite des affaires de Wagner en Centrafrique. Les mercenaires sont toujours présents, les activités de propagande se poursuivent, le commerce continue. Dmitri Syty, protégé du pouvoir centrafricain, est aperçu au Cameroun où il y conduit les affaires commerciales du groupe. Des officiels états-uniens sont reçus pendant ce temps par la présidence mais leurs valises de dollars n'ont pas convaincu Faustin-Archange Touadéra de céder aux appels de Washington. L'homme d'État s'ouvre à d'autres possibilités, ménage le

1 [Izvestia] (29 mai 2023).

coq français et l'ours russe[1] et fait grimper les enchères tout en continuant à rencontrer le pouvoir russe[2].

L'organisation de sécurité Bancroft Global Development débarque sur le sol centrafricain et officialise son installation le 22 décembre 2023. La présidence de la République justifie cette présence en terres centrafricaines par la formation des FACA. Pas de place pour la compétition, les Russes veulent les mettre dehors : campagne de discrédit, déni d'entrée dans le pays[3]. Tant bien que mal, Bancroft essaie de montrer qu'une alternative existe à la compagnie[4]. « Aucune preuve ne permet d'affirmer que Bangui souhaite travailler avec », déclare cependant à Sputnik Félix Moloua, Premier ministre centrafricain[5], en avril 2024. Officiellement interrogée sur la présence d'une société paramilitaire états-unienne, Patricia Mahoney, l'ambassadrice de Washington à Bangui, a précisé que son gouvernement « n'est nullement impliqué dans la présence de cette société, et que son pays travaille au côté des autorités centrafricaines pour le retour à la normale[6] ».

À l'été 2024, les affaires continuent pour les restes de la galaxie historique wagnérienne. « On travaille comme on l'a fait, on continue à être payé, rien n'a changé » glisse une source aux journalistes Ilya Barabanov et Anastasia Lotareva[7]. Les seuls changements majeurs sont la disparition des radars de figures comme Perfilev et Zakharov, Dmitri Syty semblant être le seul maître à bord face à l'arrivée discrète de l'Africa Corps. Il entend bien montrer que son ancienneté et ses réseaux dans le pays payent, tant sur la partie politique et sécuritaire que sur le commerce minier et culturel.

....

1 [Jeune Afrique] (18 avril 2024).
2 [Radio Nedeluka] (15 février 2024).
3 Voir par exemple : [Afrique Média] (11 février 2024).
4 [Africa Intelligence] (26 février 2024).
5 [Sputnik] (30 avril 2024).
6 [Radio Nedeluka] (19 février 2024).
7 Ilya Barabanov et Anastasia Lotareva (28 juin 2024).

V · MAPUTO, HISTOIRE D'UN FIASCO

« C'est un type de guerre totalement différent de ce qu'ils ont vécu en Syrie ou en Libye. »
Neal Ellis, mercenaire sud-africain

Automne 2019. Avec une douzaine de combattants tués et une trentaine de blessés en deux mois d'opération, la présence de Wagner dans la province du Cabo Delgado, au nord du Mozambique, tourne au fiasco. Plus que les pertes humaines, c'est le manque de compréhension de la culture et la méconnaissance du combat dans la jungle qui sont les principales causes de cet échec. Peuplée de 420 000 personnes majoritairement de confession musulmane, la population de cette province fait face à la présence de l'État islamique depuis octobre 2017. Depuis, les populations fuient l'insécurité dans cette province qui connaît de grands projets d'exploitation gazière, pilotés par les compagnies Eni, Exxon ou Total Énergies. Après des combats entre les membres d'al-Shabab[1] qui se revendiquent de l'EI et les forces de sécurité, les autorités ont besoin d'appui pour soutenir les opérations militaires. Le gouvernement négocie des accords avec le vieil allié russe. Moscou repère des intérêts miniers dans la région et encourage la compagnie à y installer des troupes. Or, le gouvernement du Mozambique s'attendait à un déploiement de l'armée russe – pas à celui d'un contractant militaire privé.

Le président Filipe Nyusi rencontre Vladimir Poutine à Moscou en août 2019. C'est la première visite d'un chef d'État mozambicain en vingt ans. Les deux parties concluent un accord pour que les Russes soutiennent les Mozambicains, économiquement et militairement. L'accord inter-agences est engagé avec le commandement militaire pour renforcer

1 Extrémistes radicaux se faisant appeler al-Shabab (à ne pas confondre avec Al-Shabaab en Somalie).

la coopération entre les deux pays[1]. Aux yeux de la Russie, il s'agit surtout de fournir armes et équipements techniques et pour Wagner d'avoir la possibilité de contrôler de précieuses ressources minières. Nyusi s'est probablement senti obligé de travailler avec les Russes de Prigojine après la décision de Moscou d'effacer plus de 90 % de la dette du pays.

Les présidents Poutine et Nyusi signent des accords sur les ressources minérales, l'énergie, la défense et la sécurité. Dès début septembre, 160 contractuels wagnériens arrivent au Mozambique, dans un avion géant, un Antonov An-124. Deux semaines plus tard, un deuxième Antonov atterrit à Nacala. Le ministère russe de la Défense a signé un contrat avec une société de Prigojine pour l'utilisation d'avions de transport d'une unité de l'armée de l'air, le 223e détachement[2]. Wagner, impatient et craignant de voir ce contrat lui échapper, complètera son contingent au Mozambique sans aucune préparation. La nébuleuse est d'abord engagée par le gouvernement mozambicain à un tarif préférentiel pour assurer la sécurité des élections à venir. En échange, certaines entreprises russes auront des droits exclusifs sur une partie des gisements de gaz[3]. La société militaire privée promet de résoudre le conflit rapidement[4].

Au total, 203 mercenaires atterrissent au Mozambique, accompagnés d'un avion-cargo russe transportant trois hélicoptères d'attaque MI-17. Wagner envoie ses mercenaires pour un prix compris entre 1 730 et 4 530 euros mensuels chacun, selon les rumeurs (l'accord ne sera jamais rendu public)[5]. Ces forces sont déployées pour combattre l'insurrection dans le nord du Cabo Delgado. Ajoutant aux suspicions,

1 « Les documents ont été signés lors d'entretiens entre le ministre russe de la Défense, général d'armée, Sergueï Choïgou et le ministre mozambicain de la Défense, le général de division Atanásio Salvador Mtumuke », voir [Défense] (4 avril 2018).

2 Tim Lister, Sebastian Shukla (29 novembre 2019).

3 Jeffrey Love (6 février 2023).

4 Ruslan Trad (17 février 2021).

5 Steve Balestrieri (19 avril 2020), et (25 novembre 2019).

un groupe de réflexion russe lié à Wagner publie un sondage d'opinion[1] donnant à Nyusi une avance considérable dans la course aux élections d'octobre 2019. L'histoire se complique.

Avant que les wagnériens ne décollent pour le sud de l'Afrique, le gouvernement de Maputo avait discuté avec des concurrents, Black Hawk et Osprey Asset Management (OAM)[2], deux entreprises militaires privées opérant en Afrique subsaharienne, dont l'essor date de la fin de l'apartheid en Afrique du Sud : leurs recrues ont entre 55 et 65 ans, et les connaissances et l'expérience nécessaires pour continuer à travailler en Afrique. Ainsi, lorsque John Gartner, ancien soldat rhodésien, directeur d'OAM, est contacté par un responsable mozambicain pour l'aider à combattre l'insurrection islamiste dans le nord du pays, il pense être sur le point de remporter un contrat lucratif. « Nous leur avons présenté une proposition de premier ordre [...] Nous avons une grande expérience des opérations au Mozambique et nous connaissons très bien cet environnement difficile. Croyez-moi, nous aurions fait un excellent travail », a-t-il déclaré au *Moscow Times*. OAM propose de faire venir une cinquantaine d'experts hautement qualifiés au Mozambique, pour un coût compris entre 14 400 et 24 000 euros par personne et par mois. Dolf Dorfling, ex-colonel de l'armée sud-africaine et fondateur de Black Hawk, a aussi soumis une proposition solide pour un pays qu'il connaît « comme la paume de sa main[3] ».

C'est la frustration pour les sociétés de mercenaires sud-africaines – malgré leur grande expérience dans la région et leur disponibilité, le contrat leur échappe. Les vétérans sud-africains admettent ne pas pouvoir rivaliser avec les faibles coûts et les relations politiques de haut niveau de la

....

1 Jason Warner (2021, p. 271).

2 Voir le site Internet de l'entreprise : https://www.oam-international.com/.

3 Pjotr Sauer (19 novembre 2019).

compagnie. « Mais maintenant, [Wagner a] des problèmes là-bas[1] », conclut Gartner.

Dans le pays, les terroristes affiliés à l'EI gagnent du terrain. Au cours de l'été 2019, de nombreuses attaques revendiquées par le groupe régional de l'État islamique en Afrique centrale (IS-CAP) sont relayées par l'appareil médiatique de l'EI. Le 5 juillet, celui-ci revendique une attaque d'al-Shabab contre une caserne de l'armée mozambicaine à Nangade, et publie une photo d'armes capturées le lendemain[2]. Dans une série de vidéos intitulée « Et la meilleure issue est pour les justes », qui détaille presque tous les affiliés réaffirmant leur engagement après la chute de Baghouz, des images de l'est du Congo et du Mozambique montrent des combattants rassemblés en cercle et joignant leurs mains[3]. Calculant à juste titre que l'affiliation des shababs à l'EI pourrait nuire aux perspectives de nouveaux investissements dans le projet gazier de Cabo Delgado, le gouvernement mozambicain décrit les insurgés comme des bandits, et renouvelle sa confiance à ses forces de défense et de sécurité (FDS)[4]. Celles-ci, appuyées par les hommes de Wagner, affrontent les islamistes en octobre jusqu'à la frontière avec la Tanzanie[5]. Au début des opérations, un commandant surnommé Granit[6] est tué et deux autres sont blessés dans une embuscade. Un peu plus tard, le 7 octobre, l'armée abat plus de 30 insurgés à Marere. L'attaque coûte la vie à deux ressortissants russes. Une autre, plus violente, verra neuf rebelles emmenés dans la jungle, torturés puis brûlés. Wagner traque les terroristes avec des drones et des hélicoptères et les exécute[7]. En représailles, au moins

1 [Moçambique] (20 novembre 2019).

2 Robert Postings, @RobertPostings, X (7 juillet 2019).

3 Robert Postings, @RobertPostings, X (26 juillet 2019).

4 Jason Warner (2021, p. 271).

5 Tim Lister, Sebastian Shukla (29 novembre 2019).

6 D'où le nom hommage du film produit par Aurum, voir également Nick Sturdee (27 septembre 2021).

7 Paula Mawar, Omardine Omar (11 octobre 2019).

cinq mercenaires russes sont tués[1], leurs corps décapités et démembrés par des insurgés à un barrage routier.

C'est le début de la débandade de la compagnie au Mozambique. En novembre, les attaques et les contre-performances face aux islamistes résultent de l'incapacité de Wagner à coopérer avec l'armée locale. L'obstacle de la langue empêche les mercenaires de communiquer facilement avec les troupes nationales, qu'ils considèrent de toute façon comme insuffisamment préparées et « trop indisciplinées », tandis que les forces mozambicaines reprochent au groupe de « malmener » leurs rangs[2].

Quelques mois après leur arrivée, les forces de Wagner évacuent le Cabo Delgado – preuve de leur échec à contenir l'insurrection de l'IS-CAP. La compagnie a essuyé de lourdes pertes dans la région[3]. Le retrait de ce terrain coûteux en hommes s'explique aussi par un marché peu rentable en devises. Malgré le soutien des Russes et plus tard de la société privée sud-africaine Dyck Advisory Group, l'armée mozambicaine finit par perdre le contrôle d'une partie de son territoire face à l'avancée djihadiste.

Cette incapacité à faire face à la crise illustre la tendance qui s'est dessinée parmi les gouvernements d'Afrique subsaharienne depuis les années 1990 : ces gouvernements, qui manquent de capacités militaires, ont de plus en plus recours à des contractants militaires privés pour combattre les insurrections et les guerres civiles. Angola, Congo, Centrafrique, Ouganda et Nigeria sont des exemples de pays qui ont fait appel à des sociétés de mercenaires pour maintenir la paix. Dans le passé, les sociétés Executive Outcomes et Sandline ont fourni un soutien militaire à de nombreux gouvernements, souvent avec un succès considérable. Aujourd'hui, de nombreux pays africains continuent de faire appel aux services

1 [Moçambique] (29 octobre 2019).
2 Jeffrey Love (6 février 2023).
3 [defenceWeb] (1er novembre 2019).

des entrepreneurs militaires privés. Les coûts limités et le déni plausible qu'offrent les sociétés militaires privées sont extrêmement attrayants. L'échec au Mozambique montre les limites de cette stratégie et indique qu'une approche globale et coordonnée au niveau régional de la contre-insurrection peut encore être la solution la plus efficace.

Pour les locaux, la catastrophe est toujours là. « En mars 2021, à Palma, une attaque contre les installations de Total Énergies a fait 1 200 morts. La présence, notamment de Total, a mis les gens en danger » se désole Daniel Ribeiro, directeur technique et de la recherche chez Justiça Ambiental ![1]. Tout pourrait changer. L'Agence fédérale russe pour l'utilisation du sous-sol et l'Institut national des mines du Mozambique signent en juillet 2024 un programme de coopération à moyen terme pour l'étude géologique du sous-sol, conçu pour 2024-2027. Dossier qui sera intéressant à suivre, Maputo dénonce officieusement les atermoiements des compagnies européennes (Total et sous-traitants belges) qui ne veulent pas revenir au Mozambique face à l'activité de l'EI[2]. L'arrivée de l'Africa Corps n'est pas (encore) prévue.

1 CCFD, Terre solidaire (30 mai 2024)
2 TASS (10 juillet 2024).

VI · LORGNER SUR LE PRÉ CARRÉ MALIEN

« Assimi Goïta comprend la guerre asymétrique. C'est pourquoi il a proposé une solution asymétrique. À la guerre asymétrique, nous proposons une solution asymétrique. C'est ce qui s'appelle Wagner. Le Mali aujourd'hui est un grand corps malade. Mais le médicament Barkhane est un faux médicament. »
Adama Ben Diarra, homme politique malien

Après l'Ukraine, la Syrie, la Libye, et la Centrafrique, les premières traces de la présence des mercenaires au Mali se confirment, où Moscou fait également sentir son influence sur le plan diplomatique. En juin 2019, le ministre malien de la Défense, le général Ibrahim Dahirou Dembélé, signe un accord de coopération militaire avec Sergueï Choïgou. En effet, le Mali traverse[1] une période de turbulences depuis le coup d'État d'août 2020, fomenté par des membres des forces armées, puis le renversement du gouvernement de transition en mai 2021, par le colonel Assimi Goïta. Ce dernier forme une junte ayant pour objectif de libérer le pays de ses alliances avec les États occidentaux, « corrompus et rappelant un passé colonialiste ».

Or, avant que des mercenaires ne soient présents sur le terrain, le *soft power* russe influençait déjà l'opinion publique malienne. Dès 2016, une organisation appelée Le Groupement des Patriotes[2] lance une pétition pour réclamer l'intervention russe dans la lutte contre le terrorisme. En janvier 2021, l'ONG panafricaine Yerewolo-Debout sur Les Remparts appelle au départ des troupes françaises et à la fin de l'opération Barkhane, tant sur les réseaux que dans des manifestations.

....

1 Voir notre rapport : [AEOW] (20 novembre 2022), les paragraphes qui suivent en reprennent des éléments.

2 Organisation civile et politique malienne favorable à la Russie, voir Ibrahim Traoré (26 octobre 2016).

Après l'accession au pouvoir du colonel Goïta, les efforts se poursuivent pour influencer les esprits en faveur d'une alliance avec la Russie et pour soutenir l'arrivée du groupe. La Fondation pour la protection des valeurs nationales mène et publie des enquêtes au Mali depuis le coup d'État militaire de 2021, mettant en évidence des opinions favorables à l'intervention russe et une perception très négative de l'opération Barkhane. Depuis le début des négociations entre Wagner et la junte à Bamako, RIA-FAN déploie un discours de légitimation de l'action des instructeurs russes. En parallèle, les militants panafricanistes locaux sont très actifs, soit par le biais de manifestations antifrançaises, soit par des campagnes pro-junte sur les réseaux sociaux. En plein rodage de sa méthode de guerre asymétrique à Bamako, Wagner développe ses techniques peu onéreuses et réussit grâce aux manifestations largement financées par ses soins à chasser les troupes engagées dans les opérations Barkhane et Takuba. Le 18 février 2022, la France est poussée hors du Mali, et sommée de retirer ses troupes. Parallèlement, la junte se tourne vers les wagnériens.

LE PRIX À PAYER

La rumeur d'un rapprochement entre Bamako et le groupe est officialisée par une dépêche Reuters du 20 septembre 2021 : « Le Mali proche d'un accord avec les mercenaires russes du groupe Wagner. » Deux chiffres sont avancés par l'agence : 1 000 paramilitaires seront envoyés, et 6 milliards de francs CFA (9,1 millions d'euros) seront facturés mensuellement, chiffre confirmé par l'Africom. L'accord avec Bamako porterait sur la formation de l'armée malienne et la protection des hautes personnalités de l'État. Quelques jours plus tard tombe la confirmation du Kremlin, mais les Affaires étrangères soulignent qu'« il s'agit d'une activité exercée sur une base légitime [...], nous n'avons rien à voir avec cela[1] ».

1 [AFP] (25 septembre 2021).

Peu avant, Paris avait annoncé vouloir réduire la voilure militaire au Mali. Fin 2021, des rapports[1] font état d'un déploiement de Wagner au Mali alors que le pays continue de lutter contre une menace terroriste croissante. Un barrage de désinformation ciblée est mis en place pour cacher l'arrivée de la compagnie et ses activités[2]. Avec des confirmations de sources sécuritaires[3] le 23 décembre, Wagner s'installe plus visiblement sur la base de Bamako désormais pleinement opérationnelle et équipée pour accueillir des unités de mercenaires. Leurs tentes se multiplient sur les images satellites : elles formeront la première base militaire de Wagner près de l'aéroport de Bamako.

Loin du ministère des Affaires étrangères, un homme-orchestre sur place : Ivan Alexandrovitch Maslov. Cet ancien opérateur des forces spéciales russes (*spetsnaz*) a tout juste une quarantaine d'années. Rien d'étonnant à ce qu'une personnalité aussi haut placée ait un passé au sein des renseignements militaires – c'est aussi le cas de Dmitri Outkine[4]. Maslov est passé des renseignements militaires russes (GRU) à la vie de mercenaire au début de la guerre en Ukraine, en 2014, où il a pris part à l'assaut contre l'aéroport de Lougansk[5].

Maslov se déplace très discrètement pour rester difficile à identifier. À Bamako, il dirige une unité en devenir, à la demande d'Evgueni Prigojine. Il commandera rapidement une petite troupe de Russes. Il est accueilli en terres maliennes par une figure de haut rang, un officier considéré comme le promoteur le plus zélé de Wagner au sein de l'armée : le colonel Alou Boï Diarra, chef d'état-major de l'armée de l'air, promu général. En concertation avec le Malien, l'ancien espion poursuit ses repérages, organise et planifie

1 Moses Rono (2 octobre 2021).
2 [Department of State] (24 mai 2022).
3 Lassaad Ben Ahmed (24 décembre 2021).
4 [Stop Wagner] (27 juillet 2022).
5 Voir des éléments de sa biographie sur https://archive.vn/oeOFT.

l'arrivée des premiers contingents de mercenaires. Il en réfère directement au grand patron de Wagner.

Quelques hélicoptères russes de transport sont acheminés de RCA au Mali courant janvier. Depuis novembre, les allers-retours sont réguliers entre le camp de Kassaï – une des principales bases de l'armée centrafricaine, aujourd'hui presque uniquement exploitée par Wagner – et le Mali. Alexandre Maltsev, commandant wagnérien qui opère depuis Bria, en Centrafrique, est notamment dépêché au Mali fin octobre 2021 pour travailler sur le déploiement des troupes avec Ivan Maslov.

La relation entre les mercenaires et les forces locales va vite se dégrader. Certains soldats maliens s'insurgent contre le comportement de Maslov et de ses hommes. Déployés dans le centre du pays, les mercenaires considèrent les locaux non comme des partenaires mais comme des subordonnés. Des témoins rapportent même l'utilisation de la violence physique pour soumettre les Forces armées maliennes (FAMa), des comportements racistes sont dénoncés, mais la junte s'efforce de dissimuler le côté inquiétant de ses nouveaux partenaires dont elle a désespérément besoin pour consolider son pouvoir. La figure de Maslov démonte le mythe d'une prétendue alliance équitable si chère aux yeux du gouvernement de Bamako.

Les wagnériens, qui ont entamé leur déploiement fin 2021 avec l'aide de Moscou, sont dénoncés dans un communiqué commun, signé par une quinzaine de puissances occidentales impliquées dans la lutte anti-djihadiste et la formation des soldats locaux. Le gouvernement malien ne confirme ni n'infirme rien : « Nous pensons que la priorité des priorités, c'est d'abord la sécurité, donc aucun montant, aucun milliard, ne saurait prévaloir l'âme des Maliens », explique Adama Ben Diarra, membre du Conseil national de transition[1].

Les mercenaires participent pourtant à des opérations de lutte contre le terrorisme aux côtés des FAMa, avec des

1 [RFI] (24 décembre 2021).

résultats mitigés. Ils sont là pour combattre l'insurrection extrémiste de Jama'at Nusrat al-Islam wal-Muslimin (JNIM), que le Mali peine à réprimer depuis plusieurs années. Lors des opérations militaires, les informations que nous avons reçues de nos sources sur le terrain montrent que les wagnériens interviennent souvent en deuxième voire en troisième ligne, jamais ou presque en première ligne. En janvier, plusieurs opérations impliquant des mercenaires sont référencées par les services français, sur des sites comme ACLED[1].

Selon Emmanuel Macron, au Mali comme ailleurs, Wagner suit toujours le même principe : sécurité contre matières premières (ou argent liquide)[2]. Sur place, ils seraient environ 800 mercenaires prêts à se servir et à sévir. Parmi eux, près de 200 contractuels sont stationnés sur la base de Bamako, 150 à Sikasso et 150 autres à Tombouctou où – ironie de l'histoire – ils ont pris leurs quartiers dans l'ancienne enceinte française. Fin janvier, les Russes ont commencé à patrouiller aux alentours de Tombouctou, mais sans engager des combats avec les groupes djihadistes. La SMP commence également la formation des FAMa à Diabali, dans la région de Ségou.

En juin 2022, des témoins racontent avoir vu des mercenaires blancs dans le camp des forces maliennes à Gao, revêtus d'uniformes maliens[3]. Quelques semaines plus tard, Wagner est aperçu à Bamako. Les images satellite prouvent un pic d'activité dans la capitale. La base militaire est désormais équipée d'un poste de sécurité à l'entrée, et de nouvelles constructions sont en cours sur les zones Sud et Ouest. Après Gao et Bamako, c'est au tour de Gossi d'entrer dans le giron. Il y a de plus en plus de tensions entre les Russes et les Maliens dans la région de Gossi. Le camp est affecté par la pénurie d'eau, et les Russes monopolisent la ressource.

1 Voir leur site Internet : https://acleddata.com/.
2 Marie De Fournas (17 février 2022).
3 Ag Rhissa, @AgRhissa2, X (4 juillet 2022).

Toutefois, les mercenaires avec l'appui des FAMa font face à la réalité des combats. L'État islamique annonce avoir descendu un drone de surveillance Orlan-10 à proximité de Ménaka avec des « armes de moyen calibre »[1] [2]. Ces revers suscitent des vocations au sein des islamistes qui recrutent de plus en plus de kamikazes. Ceux qui en payent le prix sont les FAMa et les hommes de la Minusma[3].

Pendant l'été 2022, des djihadistes mènent une attaque contre les positions gouvernementales à Nara, dans la région de Koulikoro, parvenant à capturer des mitrailleuses, des fusils d'assaut et des munitions[4]. Le même JNIM revendique un attentat à l'explosif contre « un blindé FAMa et Wagner » entre Dala et Boni[5], puis un autre contre des mercenaires qui circulaient à moto dans la région de Bandiagara[6] (tuant quatre soldats). Wagner frappe en représailles aussi bien les islamistes que les Touaregs : quatorze Touaregs Bellah sont exécutés par les Russes le 12 septembre à proximité de Niani, après la mort d'un mercenaire à moto. Parfois plus simplement, la vengeance prend la forme de razzias dans des commerces et des maisons[7].

La présence des Russes au Gourma, zone désertique du nord malien, sert de catalyseur pour le JNIM qui recrute plus facilement après le retrait progressif de Barkhane, perçu par les populations comme une menace et une force d'occupation. La Katiba Macina[8] diffusera d'ailleurs des audios sur les canaux WhatsApp appelant à tuer ou capturer les mercenaires moyennant une prime.

À l'été 2022, les confirmations se font plus précises : « Le Mali et la Russie ont un partenariat, c'est une coopération

1 Wassim Nasr, @SimNasr, X (18 juillet 2022).
2 War Noir, @war_noir, X, (18 juillet 2022).
3 Wassim Nasr, *ibid.* (28 juillet 2022).
4 War Noir, *ibid.* (28 juillet 2022).
5 Wassim Nasr, *ibid.* (10 août 2022).
6 Vineet, @cozyduke_apt29, X (15 août 2022).
7 Ismael Mohamed, @IsmaelAmnar, X (16 septembre 2022).
8 Unité combattante affiliée au JNIM.

d'État à État, générant des résultats sur le terrain », dit un officiel malien, en ajoutant : « Nous ne savons rien de Wagner[1] », alors que justement des mercenaires russes sont aperçus dans le camp de Gao habillés en uniformes de la FAMa[2]. Ils occupent également le camp de Meneka rapidement après le départ des Français impliqués dans Barkhane[3]. Le débarquement se poursuit.

Les institutions civiles, politiques et médiatiques confirment leurs inquiétudes quant au déploiement des mercenaires au Mali, qui constitue une menace pour la stabilité de ce pays. De nombreux habitants de Bamako sortent le soir pour manifester contre les Russes[4]. Fin janvier 2023, l'ONU appelle à une enquête indépendante sur des violations des droits humains et « d'éventuels crimes de guerre et crimes contre l'humanité commis depuis 2021 au Mali par les forces gouvernementales et la société paramilitaire russe Wagner[5] » – au cours du seul mois de janvier 2023, la galaxie tue 33 civils[6].

Finalement, la nébuleuse peine à convaincre et à s'imposer au Mali aussi facilement qu'en Centrafrique. Les ressources naturelles se révèlent plus difficiles à obtenir. La junte est incapable de payer une redevance mensuelle, ce qui pousse les mercenaires, payés au mois, à piller les villages[7]. Ils refusent de participer aux opérations planifiées et mettent la junte sous pression. Fin 2022, un document malien que nous nous sommes procurés révèle par inadvertance que le budget mensuel pour rétribuer Wagner est de 9 millions d'euros, payés sur le budget des renseignements

....

1 Sahel Média-SM, @sahel_media_SM, X (13 juin 2022).

2 Ag Rhissa, @AgRhissa2, X (4 juillet 2022) et Rhissa Ag Mohamed, @Targui90, X (16 août 2022).

3 Souleymane Ag Anara, @ag_anara, X (15 juin 2022).

4 Abdalah, @abdalaag2022, X (19 septembre 2022).

5 [ONU] (31 janvier 2023).

6 Jules Duhamel, @julesdhl, X (10 février 2023).

7 Benjamin Roger (17 juin 2022).

(passés de 3 à 108 millions pour l'année 2022)[1]. En se basant sur les calculs de la *Deutsche Welle*, ce montant « sert à payer la solde de 1 000 à 1 400 mercenaires. Soit un salaire mensuel de 7 000 à 9 000 euros par homme [...] soit deux fois le budget annuel du ministère de la Justice et près de la moitié de celui de la Santé[2] ». La junte n'arrive pas à payer la facture et l'État commence à s'endetter. Le financement pourrait venir des droits miniers dans le pays. Récemment suspendus par le ministère des Mines, ces accords font l'objet d'un audit du secteur. Cette situation viserait à récupérer les « licences dormantes », ces permis peu exploités devenus des objets de spéculation[3].

Début juin 2023, dans la moiteur de la saison des pluies d'Afrique de l'Ouest, alors que nous participons à une conférence, une connaissance malienne, avec qui nous échangeons régulièrement sur nos canaux sécurisés, nous explique les astuces de Bamako pour payer les mercenaires russes. Notre contact indique que les caisses de l'État sont vides et que Wagner est payé directement en or prélevé par le gouvernement auprès des exploitants.

Alors qu'une fuite en ligne[4] révèle que certains mercenaires basés à Tessit seront envoyés en Ukraine, le succès de la compagnie au Mali dépend des besoins en hommes sur les autres lieux de guerre. Après la décapitation de la hiérarchie de Wagner, Bamako est dans une situation délicate pour assurer la suite des opérations anti-terroristes. La situation au Mali se dégrade. Les mouvements de l'Azawad au nord du pays dénoncent la violation par la junte de Goïta de l'accord Paix et Réconciliation de 2015, et se préparent à la guerre. Les jihadistes lancent des attaques sans précédent

....

1 Un mec qui fait des trucs en Afrique, @UnMecEnAfrique, X (6 février 2023).

2 Jean-Michel Bos (18 février 2023).

3 Mahamadou Kane (2 décembre 2022).

4 SISSOKO Ousmane, @ousamnesissoko3, X (10 octobre 2022).

sur les populations. Les forces armées maliennes perdent le matériel fourni par les alliés russes.

Le calme n'est pas près de revenir. Au cours des huit mois précédant la mort de Prigojine, Wagner avait été impliqué dans 50 événements violents. Dans les huit mois qui suivent, d'août 2023 à mars 2024, le reste du noyau historique de Wagner sera impliqué dans 95 événements violents, ce qui indique une approche plus agressive pour défendre les intérêts russes[1]. Le Wagner peau de chagrin étend son action vers le Nord, dans des zones auparavant contrôlées par des groupes séparatistes et le JNIM.

Le 14 novembre 2023, l'armée malienne, avec le soutien crucial de wagnériens, réussit à reprendre la ville de Kidal des mains des rebelles de la coalition CSP-PSD, après trois mois d'offensive. Le drapeau portant l'insigne de Wagner est hissé au fort de Kidal, près de l'entrée de la ville[2]. Le 9 février 2024, Wagner et les FAMa s'emparent de la mine d'or d'Intahaka. Contrairement à l'industrie minière du Sud malien, réglementée par le gouvernement malien et dominée par des sociétés multinationales engagées dans l'exploitation minière à l'échelle industrielle, le Nord est composé de nombreuses mines illégales à petite échelle[3]. Son potentiel de production reste difficile à cerner en raison de l'exploitation artisanale non réglementée. Le contrôle effectif de la production aurifère d'Intahaka pourrait considérablement booster les revenus de Wagner – l'or extrait par le groupe en Afrique aurait rapporté au Kremlin jusqu'à 2,5 milliards de dollars depuis le début de la guerre en Ukraine[4].

Avec la consolidation et l'industrialisation croissantes des mines d'or artisanales dans le nord du Mali, Wagner pourrait potentiellement générer des centaines de millions de dollars de revenus mensuels. Un autre élément stratégique

1 Données ACLED.
2 Rhissa Ag, @AgAnchawadje, X (22 novembre 2023).
3 Djoudjousako, @Djoudjou_Sako, X, (12 février 2024).
4 [The Blood Gold] (Décembre 2023).

à souligner est la présence d'aéroports dans le nord du Mali, tels que Gao, Tessalit et Kidal, tous désormais sous le contrôle du groupe. Ces aéroports pourraient jouer un rôle crucial dans le transport de l'or et dans la logistique des opérations minières. Anticipant une augmentation de l'extraction d'or, la Russie a déjà lancé des efforts pour renforcer les investissements dans les ressources de la région. Un exemple concret est la signature de nouveaux accords avec le Mali pour la construction d'une raffinerie capable de traiter 200 tonnes d'or par an.

À des milliers de kilomètres de la Russie, allongé au milieu de cadavres de ses camarades, un combattant russe torse nu se rebelle contre un énième passage à tabac pour vérifier s'il est mort ou non. L'homme se relève, part en courant et lance des pierres sur des combattants du CSP ou du JNIM. Ces derniers, surpris, finissent par l'abattre. Drôle de guerre pour ce Russe qui ne reverra pas sa famille. Ce sont les ultimes moments d'une opération militaire menée au nord du Mali par les FAMa et leurs alliés de Wagner, fin juillet 2024. La colonne a été prise au piège dans une embuscade soigneusement préparée, près de la ville minière de Tin Zaouatine. Coincée dans un terrain accidenté, la colonne est soumise à des tirs croisés. Un hélicoptère, ciblé par les forces adverses, s'est crashé près de Kidal. Finalement, côté wagnérien, on dénombre près de 80 morts et quelques prisonniers. Cette bataille est une des plus sanglantes pour Wagner en Afrique. Nous parvenons à récupérer des documents issus du champ de bataille. Plus d'une centaine de combattants du groupe sont déployés au nord du Mali depuis la prise emblématique de Kidal en 2023 : 13e bataillon d'assaut, unités de renseignement, artillerie, drones, etc. Les documents[1] nous permettent de comprendre le maillage très serré des postes militaires temporaires établis à Kidal, Aguelhoc, Tessalit ou Anefis. Wagner est bien encore présent au Mali.

1 [AEOW] (2 août 2024)

VII · VERS LA FIN DE LA FRANCE EN AFRIQUE

« Wagner offrira ses services partout dans le monde. »
Vladimir Poutine

Après la Syrie, la Libye, la Centrafrique, le Mozambique et le Mali, à qui le tour ? Le Burkina Faso réunit les deux cartes maîtresses qui attirent les hommes du Kremlin : des militaires putschistes au pouvoir et des ressources en or colossales. Ajoutez à cela une crise sécuritaire, des changements militaires et un mécontentement à l'égard de la France. Le « pays des hommes intègres »[1] remplit de nombreuses conditions, si bien que « Wagner cherche clairement à s'implanter ici », selon un ancien ministre de Roch Marc Christian Kaboré[2], le président renversé en janvier 2022. Les pays occidentaux scrutent ces évolutions de près. À commencer par Paris qui, après avoir été chassé de Bangui et de Bamako au profit des « musiciens », redoute de subir le même sort à Ouagadougou. En avril 2022, les services français repèrent des mercenaires et certains de leurs supplétifs chargés de protéger les sites miniers convoités par le groupe[3]. Pour Chougaleï, « c'est une continuation idéologique du mouvement de libération contre le colonialisme, qui a commencé sur le continent noir avec la participation de l'URSS [...] Les héros russes chassent maintenant les terroristes avec un "manche à balai", forçant l'EI et al-Qaïda à fuir. Seul l'Occident est mécontent, c'est lui qui impose des sanctions contre Wagner, en vertu desquelles tous les citoyens russes travaillant à l'étranger sont concernés[4] ».

1 « Burkina » se traduit par « homme intègre » en mooré alors que « faso » est la « maison du père », donc la patrie, en dioula : ces deux éléments ont forgé le nom du pays et son identité.

2 Benjamin Roger (30 juin 2022).

3 Djakaridia Siribié, @Dsiribie, X (21 avril 2022).

4 Maxim Shugaley, post Facebook (24 janvier 2022).

Pour s'étendre, la galaxie russophile peut s'appuyer sur place sur Anna Ratchina Coulibaly, consule honoraire russe depuis 18 ans, qui anime une communauté de sympathisants via les réseaux diplomatiques au Burkina Faso et en Côte d'Ivoire. Sa connaissance des sociétés et des réseaux politico-économiques s'avère stratégique, comme en novembre 2021, quand elle accueille une équipe de quatre visiteurs présentés comme des chercheurs russes en compagnie d'universitaires burkinabés triés sur le volet. Ces pseudo-chercheurs passent en revue la situation géopolitique au Sahel et les failles de l'intervention militaire française Barkhane, et réfléchissent à la manière d'amplifier le sentiment antifrançais.

LE CRÉPUSCULE BURKINABÉ

Lorsqu'en janvier 2022, un premier putsch renverse le président Kaboré, Moscou entend profiter du moment pour renforcer son influence[1]. Le commandant du coup d'État militaire s'appelle Paul-Henri Sandaogo Damiba. C'est un lieutenant-colonel, qui venait d'être promu à la supervision de la sécurité à Ouagadougou. Pro-russe, il avait essayé par deux fois de convaincre Kaboré, au pouvoir depuis 2015, d'engager la compagnie. « Le président a rapidement rejeté l'idée de faire appel à Wagner pour maîtriser les combats, et a même rappelé à Damiba que les gouvernements européens venaient de condamner le déploiement de mercenaires russes au Mali par ses chefs militaires », explique l'un des responsables de l'ancien régime burkinabé cité par le *Daily Beast*[2], poursuivant : « Kaboré ne voulait pas avoir de problèmes avec l'Occident pour s'être aligné sur la Russie. »

La suite est la même qu'au Mali. Le *soft power* prend racine. Des fonds seraient versés depuis le Mali, notamment par Yerewolo-Debout, ou depuis la République centrafricaine. La Coalition des patriotes africains (Copa-BF), Faso

....

1 [Africa Intelligence] (13 juin 2022).
2 Philip Obaji Jr. (25 janvier 2022).

Kounawolo Debout ou le mouvement Burkina Halala sont des organisations politiques actives en Afrique de l'Ouest qui ont aussi reçu des virements de Prigojine et de ses alliés. Dans la foulée du coup d'État qui porte le lieutenant-colonel Damiba au pouvoir le 24 janvier, ces organisations manipulées par des influenceurs russes envoient leurs membres manifester. Dans le cortège, des drapeaux russes, des slogans appelant la France à « dégager », ou d'autres réclamant aux nouvelles autorités de se rapprocher de Moscou. Maxim Chougaleï commente la situation sur Facebook : « Ce à quoi nous assistons maintenant, c'est à la nouvelle libération de l'Afrique[1]. »

Le lendemain du coup d'État[2], une foule célèbre la prise de pouvoir par les militaires sur la place principale poussiéreuse de la capitale, et crie à destination du monde extérieur : « Non à la France, et oui à la Russie ! » Parmi les manifestations qui rassemblent parfois quelques centaines voire quelques milliers de personnes contre la présence française au Sahel (principalement à Ouagadougou et Bobo-Dioulasso), l'une des plus visibles est pilotée par un député à l'Assemblée législative de transition, Roland Bayala, proche du mouvement malien Yerewolo (supervisé par Adama Ben Diarra, surnommé Ben le Cerveau), et de la Copa[3] qui milite de plus en plus en faveur de l'intervention de Wagner. Evgueni Prigojine salue le putsch burkinabé : « Tous ces soi-disant coups d'État sont dus au fait que l'Occident essaie de gouverner les États et de supprimer leurs priorités nationales, d'imposer des valeurs étrangères aux Africains, parfois en

1 Maxim Shugaley, post Facebook (24 janvier 2022).

2 Declan Walsh (25 janvier 2022).

3 « Coalition des patriotes africains », association politique présente dans plusieurs pays et qui poursuit deux buts : « 1) imposer un nouveau regard aux gouvernements africains dans leur collaborations militaire, économique et monétaire ; 2) amener les États à rompre avec toute forme d'agressions impérialistes. » Voir https://ghostarchive.org/archive/rQR7b

se moquant clairement d'eux [...] Cela se produit parce que l'Occident essaie de maintenir la population de ces pays dans un état semi-animal[1]. »

Mais l'insatisfaction plane : depuis son arrivée au pouvoir, Damiba ne tient pas sa promesse d'écraser les djihadistes au nord du pays. Fin septembre, nouveau coup d'État : le président de la transition, le capitaine Ibrahim Traoré, renverse son ancien compagnon de route. Le jeune officier, né en 1988, espère faire mieux. Le président de la transition compte d'abord sur ses compatriotes pour vaincre les islamistes et tourne cette fois le dos aux Russes[2]. Arriver au pouvoir par les armes est une chose, y rester est un autre défi ! Comment se maintenir au pouvoir sans faire appel aux mercenaires ? Dans ce contexte, armes et argent sont nécessaires, deux éléments qui manquent au régime. Depuis 2013, le Burkina Faso, malgré les importantes richesses minières de son sous-sol, n'en profite pas : le pays ne dispose que « d'une part maximale de 10 % dans ces sociétés qui bénéficient de nombreuses exonérations fiscales[3]. » Faire appel à des supplétifs étrangers signifie le troc des trésors nationaux contre la sécurité. Le gouvernement cogite pendant que Prigojine salue la prise de pouvoir du capitaine Traoré.

Lors de sa visite à Moscou en décembre 2022, le Premier ministre Apollinaire Kyélem de Tembèla tient à discuter des perspectives de partenariat. Les autorités proposent à la Russie d'ouvrir une ambassade à Ouagadougou[4]. Kyélem veut « diversifier [les] relations de partenariat jusqu'à trouver la bonne formule pour les intérêts du Burkina Faso. Mais il ne sera pas question de nous laisser dominer par un partenaire, quel qu'il soit[5] ». Pourtant, tout laisse à penser que la politique de Ouagadougou se calquera sur celle de Bamako.

....

1 [Abidjan TV] (janvier 2022).
2 [APA] (27 octobre 2022).
3 [MBDHP] (19 avril 2013).
4 Alexey Tarkhanov (24 janvier 2023).
5 [AFP] (23 décembre 2022).

En effet, selon le président du Ghana, Nana Akufo-Addo, le Burkina Faso a « conclu un arrangement pour, comme le Mali, employer des forces de Wagner ». Avant d'ajouter, inquiet, fin décembre 2022 : « Les mercenaires russes sont à notre frontière nord. » Le Ghanéen spécule sur une transaction[1] : « Je crois qu'une mine dans le sud du Burkina leur a été attribuée en guise de paiement pour leurs services. » Une fuite de données provenant du renseignement états-unien indique que la Côte d'Ivoire a intercepté des signaux de la présence de Wagner à la frontière entre le Mali et le Burkina Faso. Une source en voyage sur place nous indique que les mercenaires auraient séjourné au même moment à l'hôtel Fleurette, dans la capitale. Un petit groupe serait déjà au travail autour de la junte. Mais ils restent invisibles.

À Ouagadougou, les militaires n'ont pas apprécié. Ils convoquent l'ambassadeur du Ghana et lui font part de leur désapprobation : assurant que ces déclarations sont « graves et inexactes », ils démentent tout accord. « Nous n'avons accordé aucun permis à une société russe dans le sud du Burkina[2] », martèle Simon Pierre Boussim, le ministre burkinabé des Mines. Pourtant, depuis son accession à la tête du pays, le capitaine Traoré ne fait pas mieux que son prédécesseur. Il a un réel besoin d'aide militaire, aide de préférence peu regardante sur les questions de droits de l'homme. Et la junte connaît ses principales ressources nationales : l'or et le coton.

En juillet 2023, dans les dorures des palais de Saint-Pétersbourg, la GRU reprend la main sur le travail inachevé du groupe Wagner. Le général Andreï Averianov, commandant de la division clandestine du service de sécurité russe, écoute attentivement la présentation du capitaine Traoré à l'occasion de réunions bilatérales entre le Burkina Faso et

1 [Reuters] (21 décembre 2022).
2 *Ibid.*

la Russie en marge du forum Russie-Afrique. Il le reverra à la fin de l'été 2023 à Ouagadougou.

Depuis octobre 2022, le pays accorde de nouvelles concessions à Nordgold pour exploiter des gisements aurifères, par exemple sur le site de Yimiougou, dont la production totale est estimée à 2,53 tonnes d'or[1]. Norgold, société minière russe dédiée à l'extraction de l'or, est l'un des principaux opérateurs économiques dans la région. Si la société est enregistrée à Londres, son siège opérationnel se trouve à Moscou (son actionnaire principal est l'oligarque Alexeï Mordachov, puis sa femme[2]). Certes, Nordgold n'est pas Wagner, mais cela signale le rapprochement avec la Russie. Les patrons de Wagner et de Nordgold entretiennent tous deux des liens privilégiés avec Vladimir Poutine.

Peu après, la junte exige le 22 janvier 2023 le départ des troupes françaises du pays. Paris a exactement un mois pour obtempérer, dans un contexte où « le nombre d'attaques s'est multiplié », admet Traoré qui précise : « Nous allons donner le maximum de nous-mêmes pour lutter contre nos ennemis car leur nouvelle stratégie est de s'attaquer aux populations civiles »[3]. Le bruit des bottes russes se fait entendre à l'automne 2023 dans le pays[4]. En janvier 2024, les troupes de l'Africa Corps débarquent au Burkina Faso, inaugurant leur première entrée massive dans un pays africain depuis leur création quelques mois plus tôt. Le 24 janvier, l'African Initiative annonce sur Telegram[5] qu'une centaine de spécialistes militaires russes sont arrivés dans la capitale, Ouagadougou, avec du matériel militaire et des armes. L'African Initiative, dirigée par le Russe Artyom Kureyev, est un média dont l'objectif est de « jeter des ponts » entre la

1 [Courrier International] (10 décembre 2022).

2 Andrew Jack, Nastassia Astrasheuskaya, Alice Hancock, Amy Kazmin et Cynthia O'Murchu (avril 2023).

3 [SIG] (18 janvier 2023).

4 Morgane Le Cam, Thomas Eydoux, Laureline Savoye et Elisa Bellanger, (6 février 2024).

5 Африканская инициатива, Telegram, (24 janvier 2024).

Russie et l'Afrique. 300 membres du personnel russe seraient désormais stationnés au Burkina Faso, et 200 membres supplémentaires sont attendus.

Quelques mois plus tard, des images confirment les rumeurs persistantes sur la présence de paramilitaires russes aux côtés du chef de la junte, Ibrahim Traoré. Des vidéos datées du 25 juillet 2024 montrent deux hommes armés, vêtus de treillis et le visage dissimulé, assurant sa sécurité rapprochée[1]. Leurs insignes sont révélateurs : un drapeau russe, l'écusson de la Brigade Bear, et un *Jolly Roger*, symbole pirate fréquemment utilisé par les mercenaires. Ces images, laissées hors cadre dans le montage officiel diffusé par le gouvernement, mettent en lumière l'influence croissante de Moscou dans la région. « Il s'agit d'un exemple de structure semi-formalisée sous contrôle du ministère de la Défense, qui l'utilise comme une sorte de sous-traitant présentant des avantages en matière de recrutement et de flexibilité », explique au *Monde* Jack Margolin, spécialiste américain des groupes armés non étatiques russes[2]. Les franchises de Wagner prennent le relais, s'étendent, mais à la différence de la direction d'Evgueni Prigojine, préfèrent afficher des liens avec les renseignements et l'appareil militaire russe.

LE TCHAD ET LE NIGER, FUTURES PIÈCES DE L'ÉCHIQUIER

Au Sahel, les confettis de l'empire français vacillent les uns après les autres. Après sa fondation en 2016, le Front pour l'alternance et la concorde au Tchad (FACT), un groupe politico-militaire, devient le principal mouvement opposé au président Idriss Déby. Pour sa croissance, il s'allie en Libye avec l'Armée nationale libyenne et avec l'État islamique, et prend pied dans le Fezzan, une province désertique, en

1 Benjamin Roger (25 juillet 2024).
2 Cité par Thomas Eydoux, Benjamin Roger (6 juillet 2024)

accédant à des bases d'entraînement. Les positions dans ce secteur sont en grande partie contrôlées par Wagner, qui forme le groupe au maniement d'armes russes[1]. Le FACT lance une offensive en avril 2021, depuis le sud de la Libye. Cette opération serait à l'origine de la mort du président Idriss Déby. Les rebelles soutiennent militairement la coalition du maréchal Haftar. C'est là qu'ils auraient acquis leur arsenal. Le 14 septembre 2021, une délégation de géologues russophones et d'experts du domaine minier est vue dans le Tibesti et aurait négocié avec les Toubous afin d'obtenir le droit d'exploiter l'uranium en échange d'armement[2]. Sans avancées concrètes, mais avec une feuille de route familière dans nos enquêtes.

Le nord-est centrafricain, limitrophe avec le Soudan et le Tchad, est une région disputée pour le contrôle de la transhumance et des trafics en tout genre. Ce triangle frontalier est également le théâtre de luttes d'influence pour le contrôle des mines d'or. En avril 2022, la rencontre entre al-Burhane (l'actuel leader du régime soudanais) et Mahamat Idriss Déby (le président de transition tchadien) est d'autant plus importante que, dans l'équation tchado-soudanaise, le rôle joué par le leader soudanais Hemetti aux côtés de Wagner inquiète N'Djamena. En effet, la compagnie entretient des relations glaciales avec le pouvoir de transition, qui à son tour se méfie des convoitises russes sur le Tchad. Wagner utilise largement les réseaux criminels d'Hemetti pour écouler son or, notamment via la ville frontalière d'Um Dafuq[3].

Début décembre 2022, Hemetti fait fermer la frontière soudanaise avec la Centrafrique, officiellement pour éviter des débordements entre les forces loyalistes et des unités rebelles. En réalité, un accord informel est conclu avec Bangui pour permettre l'intervention de sa milice, les Forces de soutien rapide (FSR), dans les trois préfectures du nord de

1 Sarah Vernhes (21 avril 2021).
2 Koffi Dieng (14 décembre 2021).
3 [Africa Intelligence] (14 avril 2022).

la RCA : Vakaga, Haute-Kotto et Bamingui-Bangoran. Les FSR sont une pièce centrale du régime : un conglomérat de milices ethniques et d'entreprises commerciales, une force mercenaire transnationale qui a pris le contrôle de l'État. Difficilement comparable à Wagner, elle bénéficie pourtant de son soutien. Ces hommes ont fait du chemin depuis leurs débuts en tant que miliciens arabes en haillons. Ils s'enrichissent en exploitant et en vendant de l'or[1]. Les modalités de l'accord sont définies lors d'une rencontre[2] avec le ministre centrafricain de l'Élevage et de la Santé animale, Hassan Bouba, ancien leader rebelle passé dans le camp gouvernemental en 2020.

Un an et demi plus tard, le 6 mai 2024, alors que les électeurs tchadiens se rendent aux urnes pour élire leur président, une figure controversée fait une réapparition à N'Djamena : Maxim Chougaleï. Il déclare à RFI : « C'est la seconde fois que je viens au Tchad. Les autorités [du pays] ont eu la gentillesse de me donner l'occasion de satisfaire mon intérêt scientifique, pour une "étude d'opinion" dont les résultats sont à paraître[3]. » Mahamat Idriss Déby est déclaré vainqueur de la présidentielle du 6 mai. Français et Russes enverront des délégations lors de l'investiture du 23 mai. Mais l'ancrage russe est plus incertain. La Maison russe ouverte au Tchad ferme vite pour manquement administratifs. Quant à Chougaleï, il passera finalement quelques mois en prison en 2024.

Après avoir obtenu des résultats au Mali et au Burkina Faso, les « ingénieurs du chaos » wagnériens se sont aussi tournés vers le Niger et la Côte d'Ivoire, suscitant une réelle préoccupation des autorités. Leur objectif est de déstabiliser les régimes de Mohamed Bazoum et d'Alassane Ouattara, qui sont les alliés clés de la France dans la

1 [Corbeau] (26 juillet 2019).
2 Edouard Yamale (26 janvier 2023).
3 Carol Valade (9 mai 2024).

région. Au printemps 2023, des agents de Prigojine lancent une vaste campagne de désinformation pour déstabiliser le président nigérien. Elle commence par un message sur Facebook annonçant faussement un coup d'État lors de sa visite en France.

Mohamed Bazoum[1], qui est l'allié le plus fidèle de l'Occident dans la région, exprime, peu après cette visite, son soutien envers les actions menées par Paris dans le Sahel, dénonçant les tentatives de propagande surfant sur un populisme anti-néocolonial. « Il est vrai que la politique française en Afrique n'est pas une grande réussite à l'heure actuelle », déclare-t-il malgré tout au *Financial Times*. Sans prévenir, le coup arrive le 26 juillet 2023, alors que le général Tchiani, chef de la garde présidentielle, risque de perdre son poste. Il se retourne contre Bazoum, tout va très vite. La nouvelle junte militaire déroule le manuel des putschistes du Sahel : allocutions, manifestations où l'on joue à fond le sentiment anti-français, censure de RFI et de France 24, dénonciations des accords militaires avec la France. Une visite au Mali a lieu le 2 août. Autour de la table, des représentants de la junte malienne, mais aussi de Wagner. Prigojine félicite le peuple du Niger de sa prise d'indépendance alors que les réseaux pro-Wagner font planer la menace d'une guerre sahélienne déclenchée par l'Occident.

C'est finalement un an plus tard, en avril 2024, que Wagner 2.0 débarque à Niamey. Les États-Unis ont annoncé la fermeture de leur base aérienne d'Agadez, d'où opéraient des drones et 1 100 soldats états-uniens. Cette décision s'inscrit dans « le cadre d'un redéploiement global des forces états-uniennes en Afrique ». Les Russes s'installent dans les quartiers de la base anciennement occupée par l'US Army, dont les accords de défense ont été dénoncés par la junte nigérienne[2]. Le départ des États-Uniens laisse un vide sécuritaire que les autres forces étrangères présentes au

1 David Pilling, Aanu Adeoye (21 mai 2023).

2 Anna Sylvestre-Treiner (12 avril 2024).

Niger, telles que les forces allemandes et italiennes, auront du mal à combler.

Fin novembre, le rapport Bockel sur la stratégie de la France en Afrique est remis au président Macron : il réduit drastiquement la présence militaire française sur le continent. Au même moment et lors d'une visite diplomatique française, le Sénégal déclare qu'il n'y aura bientôt plus de soldats français sur son territoire alors que N'Djamena rompt ses accords de défense avec Paris. En coulisses, un contact du monde de la défense nous confie qu'il n'y aura plus de base française en Afrique. Le Sahel devient le terrain d'expérimentation d'un nouvel ordre mondial, une scène où se mêlent émancipation des pays du continent africain et les grands moments d'une guerre froide dans laquelle Moscou cherche à créer une confédération d'États anti-occidentaux en Afrique.

PARTIE III

FRANKENSTEIN OU LE PROMÉTHÉE RUSSE

« Nous savons qu'ils mentent. Ils savent qu'ils mentent. Ils savent que nous savons qu'ils mentent. Nous savons qu'ils savent que nous savons qu'ils mentent. Et, pourtant, ils persistent à mentir. »
Alexandre Soljenitsyne

Dans l'histoire de *Frankenstein*, rappelons que Frankenstein désigne le savant, l'inventeur imprudent du monstre, et non la créature elle-même, qui n'est pas nommée. Vladimir Poutine prend aujourd'hui la place de Victor, le savant. Il a construit sa créature sur la base de cadavres, qui dans cette version moderne s'appellent Moran, Slavonic, Antiterror... Dans le livre, Victor abandonne sa créature qui suscite dégoût et peur autour d'elle et essaie de se frayer un chemin dans différents endroits, luttant pour sa survie. Mais dans le *reality show* qu'offre le Kremlin, Vladimir Poutine semble avoir été dépassé par sa mauvaise gestion de la guerre, face à une créature puissante prête à combler les premières failles de son pouvoir. Avant de devenir cette Hydre, Wagner était la poule aux œufs d'or, et une référence pour les autres sociétés militaires privées russes. À force de massacres et de crimes de guerre, la société est devenue l'ennemie à abattre du côté des Occidentaux, puis finalement un problème pour le Kremlin.

I · L'HYDRE S'EN MET PLEIN LES POCHES

« Je pense, dit Ivan à Volodia, que nous avons le pays le plus riche du monde.
— Pourquoi ?
— Parce que pendant presque 60 ans, tout le monde a volé l'État et il reste toujours des choses à voler. »
Lydia Rosner, *The Soviet Way of Crime*

Loin de la guerre sale, la vie est douce pour la famille Prigojine. Sur Instagram[1], ses enfants se mettent en scène dans la maison familiale à Saint-Pétersbourg, à bord de leur jet privé M-VITO ou encore dans leur maison de vacances sur les côtes de la mer Noire. La demeure de Prigojine, dans les environs de Saint-Pétersbourg, est évaluée à plus de 15 millions de dollars. Elle comporte un héliport, un terrain de basket et de grandes verrières habillant des bâtiments blancs plutôt classiques[2]. Près de Guelendjik, à deux heures de la base de Molkino, les Prigojine peuvent se baigner dans une grande piscine avec vue sur la mer Noire. L'été, ils séjournent sur le *Saint Vitamin*, un yacht de 37 mètres dont l'intérieur est entièrement décoré par Versace. D'une valeur de 6,7 millions de dollars, le fondateur de Wagner l'a acquis en 2014 via une société aux Seychelles, ainsi que deux autres jets privés, immatriculés VP-CSP et M-SAAN[3]. Bateau, avions, villas à la Beverly Hills, œuvres d'art mais aussi chevaux de courses... il est loin, le temps de la vente de hot-dogs dans un camion. Alors combien pèse l'homme des cuisines de Poutine devenu seigneur de guerre ? Question à un milliard de dollars (et bien plus de roubles). En regardant la plateforme russe des appels d'offres publics, il est possible de suivre les contrats obtenus par certaines des sociétés

1 Will Stewart (20 février 2018) et Miles Johnson (26 avril 2023).

2 Will Stewart, *ibid.*

3 [Treasury] (30 septembre 2019).

de sa holding Concord. De 2014 à 2021, nous comptabilisons un chiffre d'affaires d'environ 5,6 milliards d'euros. Il ne s'agit que de la partie émergée de l'iceberg, puisque le « cuisinier » est passé maître dans la dissimulation de ses sociétés afin de multiplier les opportunités de contrats avec l'administration. L'homme d'affaires est avant tout un baron des marchés publics. Cependant, alors qu'à ses débuts la majorité des fonds pour le fonctionnement des opérations du groupe Wagner provient de l'État russe[1], une nouvelle manne financière apparaît, loin des appels d'offres étatiques.

LES TRÉSORS D'AFRIQUE ET DU MOYEN-ORIENT COMME PAIEMENTS

« Les Russes ne cesseront de venir. Même s'ils demandent nos diamants, on va leur donner. Ils demandent de l'uranium, on va leur donner. Du bois, on va leur donner. Même s'ils demandent de coucher avec nos femmes, on va leur donner. »
Fidèle Gouandjika[2]

Assurance-risque pour Prigojine, fonds opérationnels pour le groupe à l'étranger ou ligne de vie du Kremlin pour financer sa guerre en Ukraine, les trésors du système Wagner constituent une spécificité unique au sein des sociétés militaires. Géopolitique de l'opportunité et parfois indicateur précoce d'une pénétration de la Russie dans un nouveau pays, les hommes de Prigojine commencent à faire main basse sur les ressources naturelles des pays où ils se déploient. Dès les opérations en Syrie, ils établissent de véritables trafics de revente.

La liste des permis et des sites passés sous le contrôle de Wagner est longue, même si parfois ces coopérations ne sont

1 [iStories] (16 juin 2023).

2 Il est l'un des plus proches conseillers du président centrafricain. Il a pris l'habitude de partager ses réflexions en direct sur Facebook. Fidèle Gouandjika, post Facebook (15 février 2021).

encore qu'au stade de la rumeur. Citons la société publique d'exploitation de chromite de Madagascar, Kraoma, qui entre en août 2018 dans une coentreprise avec Ferrum Mining, une société russe liée à l'empire commercial de Prigojine. Cette coopération prend fin en 2020, laissant son partenaire et les employés malgaches bloqués et sans activité dans des méandres administratifs inouïs. Certains cas sont emblématiques, comme celui de la Meroe Gold Mining Company[1], créée en juin 2017 entre le patron de M-Invest, Mikhaïl Potepkine (qui possède 99% des parts), et un partenaire local (qui n'en contrôle que le dernier pourcent). Rebaptisée Al Solag, cette entreprise devient la façade économique de la compagnie au Soudan. Sous l'impulsion du président soudanais, la société reçoit de conséquentes ristournes fiscales, à l'inverse des autres compagnies minières. Potepkine signe des accords de concession pour l'exploitation de l'or entre M-Invest et le ministère des Mines[2]. Quatre ans plus tard, en octobre 2021, les confirmations tombent : à l'heure où le Soudan se déchire, Prigojine et ses mercenaires protègent les mines d'or[3]. Située à 320 kilomètres au nord de Khartoum, la zone comprend une usine fortement gardée entourée de tours brillantes, que les habitants appellent la « Société russe »[4]. Des communications sont interceptées[5] entre lui et le général Hemetti, leader des Forces de soutien rapide, au printemps 2023. Grâce aux images satellites, aux réseaux sociaux et aux solutions de *tracking* aérien, nous observons le balai des avions Iliouchine de Wagner de Syrie en Libye jusqu'au Soudan où sont livrées des armes[6].

Pour la Syrie, la nébuleuse se focalise sur les ressources pétrolifères. C'est d'ailleurs ce qui motive initialement

1 Mohamed Mustafa, @Moh_Gamea, X (12 juin 2022).
2 [Kremlin] (24 novembre 2017).
3 @Fighter_Diary_, X (14 octobre 2021).
4 @YousifAlneima, X (7 juin 2022).
5 Benjamin Roger, Mathieu Olivier (19 avril 2023).
6 Voir la partie 2, chapitre 3, p. 170.

Moscou à envoyer des SMP pour seconder les forces du régime de Bachar el-Assad. La première succursale orientale de Wagner se trouve à Damas. Evro Polis reçoit 25 % des champs pétroliers situés dans les zones où Daech opère. Cette société est pilotée par Valery Tchekalov, responsable du service de sécurité et du soutien logistique des mercenaires. Le contrat entre l'État syrien et Prigojine est simple : la tête des djihadistes contre du pétrole. Les « chasseurs de Daech », sorte de label Wagner local[1], iront donc débusquer le groupe terroriste pour gagner l'or noir. Le 27 décembre 2019, le Parlement syrien accordera à deux entreprises russes, Mercury LLC et Veleda LLC, des contrats d'exploration pétrolière. En avril 2021, Bachar el-Assad s'entretient avec Michel Aoun, le président du Liban, au sujet des frontières maritimes des deux pays. La raison ? El-Assad octroie à Prigojine le bloc 1, un des plus gros gisements *offshore* de pétrole du pays, via une nouvelle société, Kapital LLC[2].

Tout comme Evro Polis (pour le pétrole et le gaz), Stroïtransgaz (pour le phosphate)[3] engagera des sociétés de mercenaires locales en juin 2017, comme Sanad Guard and Security[4], Al Maham Security[5] et Al Sayad[6]. Utilisées pour la protection des installations ou des opérations de combat, ces sociétés sont aussi formées et entraînées par le groupe Wagner sur les bases militaires russes. Evro Polis a par ailleurs dépêché en Syrie du personnel non combattant spécialisé dans l'extraction du phosphate, du gaz et du pétrole. Dans un document de gestion des personnels civils contractuels de la galaxie Prigojine, une quinzaine d'individus spécialisés dans la géologie et l'extraction pétrolière sont payés par la compagnie. De fait, les sociétés liées à Prigojine parviendraient à extraire 18 millions d'euros par

1 Voir la partie 2, chapitre 1, p. 150.
2 Aron Lund, @aronlund, X (11 avril 2021).
3 Denis Korotkov (26 juin 2017).
4 [Baladi] (12 mai 2020).
5 Mohammed Hardan (4 février 2021).
6 [Sy 24] (28 janvier 2021).

mois[1] grâce à ces territoires libérés en 2018. Impossible de savoir où le pétrole est vendu mais il pourrait emprunter les mêmes routes qu'à l'époque où Daech s'en chargeait – d'autant plus que les mercenaires russes auraient également repris les trafics d'antiquités depuis Palmyre, comme le transfuge Alexander Zlodeïev nous le révélera dans un entretien.

Le même scénario se répète au Mali quand les Russes arrivent. En novembre 2021, le géologue Sergueï Laktionov y pose ses valises, après un voyage via la Centrafrique. Cet homme de 55 ans n'est pas inconnu des renseignements occidentaux. Il est l'un des collaborateurs d'Andreï Mandel, qui préside aux destinées minières de la galaxie au Soudan et en RCA. Ce dernier a d'ailleurs effectué un séjour à Bamako à la fin 2021, pour surveiller, comme à Bangui, les intérêts de Wagner dans le domaine minier[2]. Laktionov travaille pour M-Invest, où il explore les possibilités d'exploitation d'or et d'autres minerais, dans le centre et le sud du pays. Alors qu'il effectue une autre rotation d'exploration au Mali (en même temps qu'Ivan Maslov, qui prend le commandement du groupe au Mali), des sociétés de droit malien apparaissent en passant par des prête-noms, comme Alpha Development.

Wagner a également des vues sur les mines artisanales situées au nord du Mali. Les mouvements indépendantistes font front commun pour ne pas se voir dépossédés de leur nouveau trésor. En effet, parallèlement à l'arrivée de Wagner à Gao et Ménaka à l'été 2022, des unités mixtes patrouillent sur le site de N'Tahaka, à l'ouest de Gao. La dernière incursion en septembre 2022 dans le pré carré des groupes armés membres de la Coordination des mouvements de l'Azawad (CMA) entraînera des échanges de coups de feu.

Un homme apparaît en filigrane comme le coordinateur des trafics de l'or du groupe Wagner au Mali. Surnommé Kep, Andreï Ivanov est un vétéran du groupe, passé par la

1 [Novaya Gazeta] (22 janvier 2020).
2 Garé Amadou, @garamadou, X (29 novembre 2021).

Syrie et la Centrafrique. À l'instar de Ratibor qui a participé à la sécurisation des mines du groupe au Soudan, Wagner préfère confier l'organisation délicate du trafic d'or à ses mercenaires expérimentés, en collaboration avec des officiels des armées maliennes. Comme une grande partie du trafic de Wagner, l'or mais aussi les diamants se retrouvent vendus aux Émirats Arabes Unis, pays très peu exploré dans les enquêtes alors qu'il joue un rôle clé dans l'enrichissement et la logistique du groupe Wagner.

Cependant, la traque des activités commerciales de la galaxie continue. Wagner est placé sur des listes de sanctions[1] en décembre 2021, en raison des « graves violations et atteintes dans le domaine des droits de l'homme ». Mais plusieurs des entreprises appartenant au groupe ne sont pas nommément citées par tous les pays occidentaux. Il faudra attendre le premier anniversaire de la guerre en Ukraine, en février 2023, pour que Lobaye Invest, par exemple, soit ajoutée à la liste européenne, alors qu'elle figure depuis longtemps dans la liste des sanctions prises par le Trésor américain : en juillet 2020, ce dernier avait pris des mesures dans le cadre de ses sanctions contre Evgueni Prigojine, ciblant des entités situées au Soudan, à Hong Kong et en Thaïlande qui avaient jusque-là échappé aux sanctions[2]. Ces deux places financières d'Asie sont parmi les rares qui acceptent de travailler avec des fonds russes. Un mois plus tard, Evgueni Prigojine est visé par des sanctions européennes dans le cadre des dossiers libyens. Le FBI le place en février 2021 sur sa liste des personnes les plus recherchées, en lien avec son rôle présumé dans l'ingérence lors des élections états-uniennes de 2016 et 2018, et offre une récompense de 250 000 dollars pour toute information menant à son arrestation[3].

1 Voir les détails de tous les pays ayant placé le groupe Wagner sous sanctions : https://archive.vn/MdScO.

2 [Treasury] (15 juillet 2020).

3 [FBI] (s.d.).

FAIRE LES FONDS DE TIROIR EN CENTRAFRIQUE

La Centrafrique est un excellent exemple de l'éventail des méthodes d'influence de Prigojine, avec une entreprise de sécurité fournissant une formation et un soutien aux forces armées centrafricaines, des activités dans le secteur minier, et de multiples investissements dans des médias locaux, comme la radio Lengo Songo ou l'organisation des événements « Miss RCA ». C'est ce schéma qui va se perfectionner. Rappelons que, depuis décembre 2020, le conflit centrafricain a fait plus d'un millier de morts parmi les civils et 200 000 déplacés. Wagner et le gouvernement d'un côté, et les mouvements rebelles, de l'autre, commettent de graves violations des droits humains (viols, massacres, tortures), documentées par plusieurs rapports des Nations unies. Ces violences touchent tout particulièrement la communauté peule.

Deux sociétés notamment servent les intérêts de la compagnie. D'un côté, il y a Lobaye Invest, qui décroche des concessions minières. La société appartient à Evgueni Khodotov, un ancien policier qui dirige aussi M-Finance. Fondée en 2015, et ayant ses bureaux à Saint-Pétersbourg, cette entreprise a pour but l'extraction de pierres précieuses, de quartz et de mica[1]. Elle est spécialisée dans le secteur minier et ressemble au profil de Evro Polis, qui opère pour Wagner en Syrie.

Pour mieux séduire les investisseurs miniers, les dirigeants banguissois ont dans le passé organisé le secteur par ordonnances, avant de doter le pays d'un code minier en 2009. Ce code spécifie que toute personne physique ou morale désirant exercer une activité minière doit avant tout projet signer une convention avec l'État centrafricain. Dans

1 Minéraux très utilisés pour ses propriétés de résistance au feu, d'inertie chimique, ou ses capacités d'isolation acoustique.

ce contexte, en février 2006, Aurafrique, qui fait partie du groupe canadien Axmin, avait signé une convention minière avec la RCA, couvrant l'exploration, le développement et les activités minières à Bambari, soit 2 000 kilomètres carrés de roches vertes.

L'élection de Touadéra en 2016 met fin aux activités d'Aurafrique. Bangui décide de révoquer le permis en 2019 afin de l'attribuer à Midas Ressources, réputée proche de la galaxie[1]. Pour justifier ce retrait, le ministre évoque le manque d'activités de la filiale canadienne sur le site depuis 2012. Pourtant, depuis 2018, une équipe représentant l'entreprise canadienne est permanente en Centrafrique[2]. Axmin se voit aussi allégé de la mine de Ndassima[3].

À Bangui, personne ne semble connaître Khodotov. Il est pourtant inscrit sur les documents officiels comme directeur-gérant de Lobaye Invest, notamment dans un arrêté signé par le ministre des Mines, le 25 juillet 2018. L'entreprise aux capitaux russes a obtenu une autorisation de reconnaissance minière dans la région de Pama pour une période d'un an renouvelable, dans le but d'identifier d'éventuels gisements d'or et de diamants[4]. Lobaye a aussi reçu l'autorisation d'exploiter des diamants et de l'or dans cinq localités, dont quatre sont situées dans les « zones rouges » définies dans le processus de Kimberley[5] : Bangassou, Ouaddah, Bria et Sam-Ouandja. L'accord, valable trois ans, peut être prolongé. Le permis est signé par le ministre des Mines et de la Géologie, Léopold Mboli Fatran, qui avait déjà autorisé Lobaye Invest à rechercher des minéraux dans

1 [Gazette] (28 février 2022).

2 Jean-Christophe Dédéavodé (20 juin 2020).

3 [Agence Ecofin] (12 août 2020).

4 Mathieu Olivier (14 février 2021).

5 Accord international entre États, professionnels du diamant et organisations de la société civile, mis en place en 2003 pour lutter contre le commerce de minerais de sang. Cet outil réglementaire permet de certifier que les diamants bruts exportés d'un pays participant sont supposés « sans conflit ».

les régions de Java[1]. Khodotov obtient aussi, le même été, un permis de trois ans renouvelable pour des recherches d'or à Yawa.

La seconde entreprise pilier de Wagner en RCA, également basée à Bangui, s'appelle Sewa Security Services, et fournit des missions de conseil militaire. Opérant sous ce label, les mercenaires soutiennent les militaires nationaux. Cette société est aussi chargée d'assurer la sécurité de Lobaye Invest. Lors d'une discussion animée sur le sujet, un de nos contacts centrafricains lâchera que le gouvernement de Touadéra paie environ 7,6 millions d'euros par mois pour les services de la compagnie, sans compter les frais de maintenance liés au groupe. Depuis 2018, le groupe Wagner aurait encaissé près d'un demi-milliard d'euros. Une somme vertigineuse pour la Centrafrique, pays où tout manque.

Rendre visible tout ce matériau récolté en sources ouvertes, le vérifier, c'est aussi et surtout éviter de faire le jeu de la propagande pro-russe. Travailler sur les opérations financières de Wagner est parfois gratifiant. En décembre 2022, avec le consortium de journalistes European Investigative Collaborations, nous sommes tombés sur une entreprise inconnue de la nébuleuse wagnérienne : Diamville[2]. Cette mystérieuse structure servait à la revente de diamants centrafricains. L'affaire de ces diamants commence sur Facebook. Le compte Lanadiamanter, créé le 8 janvier 2020, vend des diamants en ligne. « Tous les diamants sont disponibles pour vous [...] tous vos rêves se trouvent à Diamville », lit-on sur le premier post. L'origine de ces pierres n'est pas spécifiée. D'après le registre du commerce, la société Diamville est créée en mars 2019 et est domiciliée à côté de l'université de Bangui. L'e-mail laissé dans les données du registre du commerce ramène à Facebook,

1 [Rucompromat] (23 avril 2019).
2 Voir la présentation de l'enquête sur le site de l'EIC : https://archive.vn/9SXb0.

et à une gemmologue, Svetlana Troitskaia, qui se présente comme la représentante de la société et se met régulièrement en scène avec les diamants qu'elle souhaite vendre.

Entre 2018 et 2020, elle travaille sur un projet commercial russo-africain, pour Service K Ltd, une société de Saint-Pétersbourg. En septembre 2018, Svetlana apparaît sur une photo[1], prise dans la sous-préfecture de Mbaïki, en compagnie de Dmitri Syty et d'Evgueni Kopot. La ville de Mbaïki est située dans la préfecture de la Lobaye, région où sont implantées plusieurs entreprises de la galaxie. C'est ce même Kopot qui occupe avec Valery Zakharov un bureau surnommé le « Bangui Hilton », en référence aux produits de luxe qui y sont livrés. Une carte de la république est accrochée au mur, des armes s'empilent dans un coin. De temps en temps, Zakharov y passe pour faire un petit somme, d'après les photos. Le conseiller politique y est également pris en photo, kalachnikov à la main. Il porte un tee-shirt avec un logo de la télévision russe RT[2]. À leurs côtés, Vitali Perfilev, un ancien de la Légion étrangère qui prend du galon. En décembre 2020, alors que les groupes armés du pays passent à l'offensive, Perfilev est le principal ordonnateur militaire de la défense de Bangui, puis de la contre-attaque russo-centrafricaine visant à désenclaver la capitale.

L'instabilité politique et les nombreux coups d'État fragilisent l'industrie minière du cœur de l'Afrique. Le processus de Kimberley a interdit l'exportation de diamants centrafricains entre 2013 et 2015 pour freiner les violences des groupes armés. Depuis 2015, seules les pierres provenant de quelques mines peuvent être exportées par le biais de sociétés d'exportation autorisées et suivant les règles internationales. En 2011, Annie Dunnebacke de l'ONG Global Witness recommandait que « l'industrie diamantifère mette en place des contrôles pour garantir la traçabilité des diamants tout au long de la chaîne d'approvisionnement, même lorsque

1 Dimitri Zufferey, Justine Brabant (2 décembre 2022).
2 Luke Harding (2021, p. 155).

ces diamants ne sont plus accompagnés du certificat[1] », ce qui n'est toujours pas le cas.

En 2022, Diamville est listée par l'USAID[2] comme l'un des quatre principaux exportateurs de diamants de Centrafrique. Le secrétariat permanent de Kimberley à Bangui a compté 43 562 carats exportés de janvier à juin 2021, soit 42 % des 103 647 carats exportés sur l'année. Selon le ministère des Mines, 80 % des diamants sont de qualité gemme[3]. La qualité de ses pierres place le pays au cinquième rang mondial. Pour la Banque mondiale, une partie des revenus miniers de la dernière décennie finance des groupes rebelles, et au moins 30 % des diamants récoltés quittent illégalement la Centrafrique.

En 2019, la contrebande de diamants est largement répandue, voire « dominante » pour l'USAID. Même s'ils ne révèlent potentiellement qu'une partie des activités de la société, les chiffres d'exportation onusiens et états-uniens prouvent que, outre Dubaï qui reste le principal marché, une partie de ces diamants est commercialisée sur le territoire européen.

En réaction à cette enquête, les administrateurs des comptes de Diamville cherchent à se faire discrets. Le compte Lanadiamanter est fermé sur Facebook le 25 novembre 2022. Aux questions des médias sur ce sujet, Prigojine répond en trollant[4] : « J'ai trouvé des détails sur la société Diamville. Elle est détenue par Emmanuel Macron par l'intermédiaire d'un homme de paille. Le racket est mené par des unités spéciales de l'Otan appelées SDFA (Steal diamonds from Africa). Leur chiffre d'affaires quotidien provenant de la vente de diamants atteint 7,4 milliards de dollars. Selon

1 Dimitri Zufferey (8 juillet 2011, p. 8).

2 [USAID] (juillet 2022).

3 Près de 90 % des diamants sont destinés à l'industrie, seule une petite proportion à la joaillerie. Les diamants de qualité gemme font partie des pierres les plus précieuses et les plus chères.

4 Cité par Dimitri Zufferey, Justine Brabant (2 décembre 2022).

les rapports, ils les emmènent à Paris tous les mercredis à 18 heures, mais nous n'avons pas encore précisé comment. » Trois mois après notre enquête, l'Union européenne plaçait Diamville sur sa liste des entreprises sanctionnées (gel des avoirs, interdiction de commerce), avant que les États-Unis ne fassent de même, fin juin 2023.

LE PILLAGE DES FORÊTS

Loin devant les diamants, le bois est le principal produit d'exportation de la Centrafrique. Il est exploité par seulement onze entreprises, selon un rapport de la FAO[1]. Wagner met la main en février 2021 sur une immense parcelle de forêt, et l'on observe le même scénario que pour les diamants.

Fin 2019, Bangui révoque le permis d'exploitation d'une parcelle de 137 000 hectares de forêt, attribuée aux Industries forestières de Batalimo (IFB). Dix-huit mois plus tard et après un appel d'offres, une nouvelle société récupère ce permis dans la Lobaye. Les autorités centrafricaines bradent une partie de leurs ressources naturelles en autorisant désormais une société aux capitaux russes appelée Bois Rouge[2] à exploiter la forêt de manière intensive, sans quasiment payer d'impôts.

Début 2021, cette forêt peuplée de gorilles et de léopards passe donc sous le contrôle d'une entreprise qui se présente comme 100 % centrafricaine, mais qui est en réalité un paravent des intérêts russes. Immatriculée au registre du commerce depuis mars 2019 et dirigée par une ressortissante du pays, on la retrouve en octobre 2019 (soit quelques mois après sa création[3]) à un forum d'industriels du bois à Shanghaï, classée parmi les participants russes. C'est un responsable des ventes russe qui la représente. Ces liens se

1 Paolo Omar Cerutti, Joseph Désiré Mbangolo, Gaston Prosper Nakoe (2018).

2 Voir la présentation de l'enquête sur le site de l'EIC : https://archive.is/0BHO5.

3 Garé Amadou, @garamadou, X (1er juin 2022).

confirment par des photos[1] prises dans la concession qui montrent plusieurs Blancs aux côtés d'employés locaux, ainsi que des camions, des boîtes de médicaments de marque russe, et une porte sur laquelle « centre médical » est écrit en cyrillique.

C'est la chronologie qui permet dans un premier temps de relier Bois Rouge à Wagner : l'attribution de la concession coïncide avec l'arrivée des mercenaires russes dans la région. Le 24 janvier 2021, un soldat de l'unité spéciale des FACA indique[2] qu'ils sont près de Boda, dans la Lobaye, et prêts à lancer l'assaut. Et le 9 février (soit deux semaines après la reprise de la ville de Boda par l'armée et Wagner[3]), le gouvernement banguissois attribue l'ancienne parcelle d'IFB à la société Bois Rouge.

Les liens entre la compagnie forestière et la galaxie sont également d'ordre financier. Sans accès à la mer, Bangui est, pour ses exportations, obligée de passer par des ports des pays voisins, principalement Douala où transitent importations et exportations centrafricaines. Près de 260 transactions sont enregistrées pour Bois Rouge, qui s'approvisionne surtout en matériel russe envoyé depuis le port russe de Novorossiïsk. Les données issues des bordereaux de chargement disponibles en ligne et destinés à Bois Rouge démontrent que la société achète du matériel à Broker Expert LLC. Rien qu'en novembre et décembre 2021, on dénombre 28 transactions : en deux mois, l'exploitant forestier a importé un tracteur, des matériaux de construction, des plaques d'amiante ou encore un aspirateur industriel.

Mieux connaître Broker Expert, c'est comprendre le fonctionnement de la nébuleuse, car cette société russe assure la partie logistique de la galaxie. En 2019, cette entreprise est apparue comme étant un des fournisseurs de Ferrum

1 Dimitri Zufferey, Justine Brabant (27 juillet 2022).
2 Victorien Danigoumandji, post Facebook (24 janvier 2021).
3 Florence Morice (25 janvier 2021).

Mining, une société malgache proche de Wagner. Entre 2019 et 2020, Broker Expert a aussi envoyé du matériel de protection au Soudan[1]. Elle expédie également des équipements à une autre entreprise en Centrafrique[2] : Logistique Économique Étrangère, ce qui laisse penser qu'elle fait partie de la galaxie opérationnelle de Wagner en RCA.

Si l'on revient à notre société forestière, les conditions d'exploitation octroyées à Bois Rouge relèvent davantage du cadeau que de la relation commerciale classique : droit d'exploiter la forêt de manière intensive, avantages jamais proposés à d'autres entreprises. Malgré ce traitement de faveur, Bois Rouge ne respecte pas tous ses engagements. La société commence son exploitation en juillet 2021, sans réaliser de plan d'aménagement et d'exploitation (PEA) ni d'étude d'impact environnemental, pourtant obligatoires. L'absence de PEA est explicitement mentionnée dans la convention définitive d'exploitation du 3 décembre 2021, ce qui n'a pas empêché le gouvernement de la signer. « L'instauration de plans d'aménagement qui garantissent la préservation de la ressource forestière demeure notre priorité, et nous allons intensifier les contrôles », assurait pourtant en 2016 la ministre des Forêts dans *Le Monde*[3]. L'absence d'étude d'impact environnemental est confirmée par le ministère de l'Environnement centrafricain. De plus, Bois Rouge aurait dû payer, en échange de la concession, trois années de loyer. Elle n'a pas payé et l'État ne lui a pas retiré son permis.

Une première enquête menée par l'*European Investigative Collaborations* à l'été 2022 décrit cette situation surprenante. Sept mois plus tard, Wood International Group apparaît sur le web. Cette société n'a pas de site Internet et est présente sur des plateformes de trading. Wagner apprend de ses précédents déboires et camoufle mieux ses activités : l'entreprise prend la suite de Bois Rouge, trop exposée. Artem

1 [Sayari] (8 juin 2020).
2 Voir les données d'import-export : https://archive.vn/DotKE.
3 Laurence Caramel (24 septembre 2015).

Tolmachev, le directeur commercial, est employé par deux sociétés affiliées à Prigojine : Service K et Ferrum Mining. Pour le bois, une équipe remaniée reprend la structure, les contrats et accords et les réseaux. Financièrement, c'est une opération rentable. Les revenus que Wagner pourrait en tirer approchent les 60 millions d'euros sur les trente prochaines années. Dans le but d'éviter les contrôles, la société utilise un système logistique opaque pour le transport du bois, vers le Cameroun. Depuis les premières coupes, aucune mesure de gestion environnementale et de protection des communautés locales n'a été mise en place – les activités industrielles continues, la pollution, le bruit sont des nuisances qui ont entraîné le départ des pygmées Aka de la région.

Les activités commerciales de la galaxie concernent des entreprises européennes et internationales, avec la fourniture d'équipements à Midas Ressources, ainsi que la vente de bois à des clients européens et internationaux par le biais de Wood International Group. Lors de la publication de notre deuxième enquête sur le bois, en mai 2023, nous avons pu nous rendre compte que les services de *compliance* des entreprises concernées en Europe ne connaissent pas tous les schémas de fonctionnement de Wagner. Aujourd'hui, l'enjeu de notre travail est aussi que les entreprises et le secteur de la logistique soient informés des opérations commerciales de Wagner et des tactiques utilisées pour dissimuler le bénéficiaire final de ces transactions[1]. Après avoir été identifié, Wood International Group change une nouvelle fois de nom en 2024 et devient Ripperwood International, tandis que Mining Industries Sarlu fait son apparition dans les diamants et l'or – avant d'être toutes deux ajoutées dans la liste d'entreprises mises sous sanctions par Washington[2].

....

1 [AEOW] (16 mai 2023), et Debora Patta, Sarah Carter (16 mai 2023).

2 [Treasury] (30 mai 2024).

L'INDUSTRIE CENTRAFRICAINE SOUS CONTRÔLE RUSSE

En novembre 2021, des publicités pour deux nouvelles vodkas locales (Bamara et Wa Na Wa) émergent sur les médias sociaux et sur de grands panneaux dans les rues de Bangui. Ces deux nouvelles marques bénéficient d'un plan marketing solide : panneaux d'affichage, publicités murales, fêtes[1], influenceurs et études[2]. Pour remonter la piste, un même numéro de téléphone, trouvé sur Internet, les relie au même producteur : l'entreprise First Industrial Company (FIC), domiciliée à Bangui. Mais la Russie n'est pas loin. La stratégie marketing est parfois en cyrillique, comme sur les supports marketing distribués dans les lieux où la vodka est présentée comme une « vodka fabriquée avec des technologies russes ». Nous analysons les 135 bordereaux de chargement disponibles sur le site ImportGenius, matériel qui a lui aussi suivi la filière de Novorossiïsk. Le média centrafricain *Corbeau News* soupçonne très vite que la First est une façade pour les activités de Wagner[3], mais c'est l'hebdomadaire *Jeune Afrique* qui le confirme : « Enregistrée au nom de Dmitri Syty et employant deux ingénieurs russes et une vingtaine d'employés centrafricains, elle s'est lancée dans la production de bière et autres alcools[4]. » L'importation de cet alcool de basse qualité passe par la filiale camerounaise de la FIC. Ce liquide aux propriétés discutables est originaire du Nigeria voisin. Stocké dans les fûts de la First Industrial Company et transformé, l'alcool est vendu comme de la « vodka »[5].

Le secteur des boissons est prometteur pour les Russes, la galaxie vient de rendre publique sa première marque de bière baptisée « Africa ti l'or »[6]. Presque simultanément,

1 Ets Nsa, post Facebook (30 novembre 2021).
2 [Nouvelles] (27 décembre 2021).
3 [Corbeau] (29 décembre 2021).
4 Edouard Yamale (13 janvier 2023).
5 Prisca Vickos (9 février 2023).
6 [Corbeau] (6 février 2023).

une campagne publicitaire est lancée contre la brasserie française Castel, Wagner profitant de l'implication de ses concurrents dans le financement des rebelles pour se faire une place[1]. La vente de vodka puis de bière « made by Wagner » ne décolle pas malgré les gros moyens mis en œuvre (campagnes promotionnelles, pressions et intimidations auprès des commerçants banguissois pour les obliger à acheter l'alcool russe, etc.). Un incendie criminel ravage même en mars 2023 les locaux de la brasserie Castel[2]. Mais l'entrée sur ce marché reste décidément difficile, si l'on en croit ce qu'écrit *Corbeau News*. Avec sa réputation plutôt pro-européenne et plus indépendante, le média centrafricain écrit : « L'alcool des Wagner est, c'est déjà entendu, nocif pour les consommateurs : troubles digestifs et érectiles pour les hommes sont les phénomènes actuellement les plus répandus[3]. » D'autres secteurs sont dans le viseur de la FIC, comme le café ou le sucre. Wagner se diversifie avec plus ou moins de succès : l'essentiel, pour le groupe, est de concurrencer les activités françaises encore en place.

Et évidemment, la pieuvre s'intéresse aussi au pétrole, secteur ô combien prometteur. En plus des traditionnels Total, Tradex et Sarp Oil, viennent s'ajouter au marché centrafricain deux nouvelles sociétés, Capex et Petrolex. Côté pro-russe, la position est claire, elle « confirme bel et bien la volonté des investisseurs russes de participer au relèvement de l'économie[4] ». Dirigées par un probable prête-nom, les financements et les décisions restent russes : « Ces sociétés écrans viennent en quelque sorte camoufler la contrebande du carburant[5] ». Le schéma est simple : importer des litres

1 [Le Potentiel] (25 janvier 2023), voir aussi le rapport de The Sentry, « Culture de la violence » d'août 2021, https://archive.vn/LjVi8.

2 Gisèle Moloma (6 février 2023).

3 Prisca Vickos (9 février 2023).

4 Étoile filante, post Facebook (17 février 2022).

5 [Informateur] (15 février 2022).

de carburant depuis le Nigeria, via Douala. Le carburant sera stocké dans un dépôt non conforme à la réglementation en vigueur[1], là où la FIC a des entrepôts disponibles. Capex fait aussi transiter des marchandises russes par Douala, au Cameroun, jusqu'à la ville centrafricaine de Bambari. La société est signalée dans un document[2] du 20 septembre 2021 du Groupement des transporteurs terrestres du Cameroun. Sur les 76 bordereaux de chargement que nous avons identifiés, certains sont destinés à des activités de Capex : exploration géologique, forage. La seconde entreprise, Petrolex, est mentionnée dans une note d'information[3] du ministère de l'Énergie et des Ressources hydrauliques. Le 9 juillet 2021, Bangui examine les demandes d'agrément de trois compagnies pétrolières. L'entreprise correspond au schéma de Capex et pourrait bien jouer le même rôle. C'est un cas complexe à gérer en sources ouvertes dans la mesure où une société de ce nom sans lien avec la Russie existe dans les pays voisins de la RCA.

Les profits liés à l'élevage attirent eux aussi l'appétit de Wagner. Les combats entre forces gouvernementales et rebelles se déroulent essentiellement dans des zones de transhumance, avec pour enjeu le contrôle du bétail. Les Russes comprennent que le contrôle de ces flux est aussi lucratif que les activités minières. Les mercenaires mènent des actions de guérilla dans les campagnes et rançonnent les éleveurs nomades. Une manne sachant que l'élevage représente en Centrafrique environ 13 % du PIB. Les têtes pensantes de Wagner espèrent désormais contrôler les flux de ces couloirs de transhumance, en utilisant les hommes du puissant ministre de l'Élevage et de la Santé animale, Hassan Bouba[4]. C'est ce même ministre qui, en juin 2022, accompagne la vente à un Russe de la Société d'État de

1 [Corbeau] (15 février 2022).
2 Alfred Bolibanga, post Facebook (26 février 2022).
3 Infos RCA, post Facebook (9 juillet 2021).
4 Africa Intelligence] (30 mai 2022).

gestion des abattoirs. La transaction a été encadrée par un responsable de Wagner et l'ambassadeur russe[1].

Fin 2022, l'expansion reprend dans les autres secteurs. Un convoi de dix semi-remorques chargé d'équipements miniers, en provenance de Bangui, arrive mi-novembre à Ndassima, une localité minière située dans la Ouaka, au centre de la RCA. Impossible pour ces véhicules de passer inaperçus : les mercenaires sécurisant le parcours tirent des coups de semonce[2].

Telle une pieuvre, les tentacules du groupe s'immiscent dans tous les secteurs et dans tous les pays. Pour reprendre les mots du journaliste de RIA-FAN, Kirill Romanovski[3] : « Bienvenue dans la nouvelle version de la Compagnie des Indes orientales[4]. » Au XVIIIe siècle, cette compagnie avait conquis avec sa milice et ses comptoirs de larges bandes de l'Asie du Sud-Est : la version moderne de la compagnie se limitera à la conquête de l'Afrique.

Après le 23 juin 2023, le FSB ne se fait pas prier. Le Service fédéral de sécurité laisse fuiter des photos de ses perquisitions dans les résidences d'Evgueni Prigojine. Les agents russes y découvrent armes, passeports, médailles[5], lingots. Ces images confirment, notamment à travers ses décorations honorifiques, les liens étroits entre le chef de Wagner et différents pays africains. Ainsi, la Croix de la vaillance militaire de la République centrafricaine lui a été remise en mars 2021, tout comme des cadeaux maliens. Plus intéressants encore sont les quelque 600 sceaux et documents de sociétés retrouvés. « 600 entités juridiques, 600 sociétés différentes qui n'ont aucun lien formel, mais constituent en

1 [Corbeau] (3 juillet, 2022).

2 Bertrand Yékoua (10 novembre 2022).

3 En janvier 2023, Prigojine annonce dans une vidéo sur les réseaux sociaux que Kirill Romanovski est mort sur le front ukrainien.

4 Luke Harding (2021, p. 173).

5 Yulia Nikitina (6 juillet 2023).

fait l'empire de Prigojine »[1] : la galaxie wagnérienne était encore plus colossale qu'on ne l'imaginait.

La nébuleuse survit à la disparition de son chef, en 2023. Comment ? Les explications sont nombreuses. Tout d'abord, fermer des entreprises et refondre leur capital prend du temps en raison des procédures administratives. Les veilles que nous avons placées sur les différents registres du commerce montrent que les structures existent toujours. Les affaires continuent, *business as usual*.

1 [Navalny] (6 juillet 2023).

II · L'OURS ET L'HYDRE SE BATTENT EN UKRAINE

« Le succès de Wagner n'est pas seulement dû au conflit syrien, il est dû à ces guerres que Wagner a réussi à traverser pendant ces presque 10 ans qui ont précédé le conflit en Ukraine. »
Evgueni Prigojine[1]

Avant même février 2022 et le début de la guerre en Ukraine, des rumeurs courent sur un futur déploiement de Wagner. Dès octobre 2021, Rusich laisse entendre sur Instagram que le groupe serait bientôt déployé à Kharkiv. Un ancien contractuel qui a combattu en Syrie reçoit un appel de recruteurs de mercenaires russes à l'automne 2021 pour un « nouveau projet » qui comprend un déploiement dans un centre d'entraînement vers Rostov-sur-le-Don. C'est ce même mercenaire qui nous expliquera que l'armée russe mobilise des supplétifs familiers du terrain ukrainien, déjà déployés dans le Donbass en 2014. Une campagne de recrutement visant à créer deux formations militaires dans les républiques populaires de Donetsk et de Lougansk, composées d'anciens condamnés russes[2], est créée après ce premier conflit.

Le 15 janvier 2022, la guerre devient une évidence. Après analyse de leurs renseignements, les États-Unis mettent en garde l'Ukraine contre une opération « sous un faux pavillon » par des unités de Wagner[3]. Les tactiques de *maskirovka* (désinformation militaire) sont depuis longtemps une spécialité de l'armée russe, largement utilisées pendant la période de 1914-1918 par le général Alexeï Broussilov. Wagner reprend ces bases en déplaçant ses troupes proches

1 Пресс-служба Пригожина, Telegram (31 février 2023).
2 Yapparova (23 décembre 2021).
3 Alfred Hackensberger (14 février 2022, p. 6).

du front, utilisant des faux uniformes et n'hésitant pas à trahir et à désinformer. Le deuxième semestre 2022 est celui du lancement de la boucherie organisée par les commandants de Wagner, qui envoient leurs mercenaires à l'abattoir à Bakhmout et Soledar. Le Kremlin ne s'émeut pas puisque ce sont des détenus sortis de prison pour grossir les rangs de la SMP qui tombent là. Tragiquement, ces hommes n'ont pas vocation à retourner derrière les barreaux : soit la chair à canon périt, soit elle survit et gagne sa liberté. Moscou ne s'offusque pas non plus des ruses de guerre des wagnériens endossant des treillis ukrainiens pour tromper et tuer leurs adversaires[1].

WAGNER EN FER DE LANCE DANS LES PLAINES D'UKRAINE

Mercredi 23 février 2022, 21h46. La guerre n'est pas encore déclarée mais elle commence déjà sur les réseaux sociaux. Les cyberguerriers s'activent. Un premier tweet d'un compte pro-wagnérien : « Are you ready ?[2] » Puis, un quart d'heure plus tard : « Day Z ». Dernier tweet : « Заходим[3] », soit « Nous arrivons ». D'autres parlent de l'arrivée du vent du nord[4], ou s'impatientent : « On attend[5] »... Contrairement aux autres pays où Wagner se fait discret, la marque s'affichera ouvertement dans le conflit ukrainien (avec des photos de Prigojine, Chougaleï, des soldats avec les badges et des symboles du groupe[6], des chaînes Telegram associées sur le terrain). Très vite et selon le *Times*, 400 mercenaires auraient même été envoyés à Kiev dans le but de supprimer Zelensky. Une mission précise qui ne

1 MilitaryLand.net, @Militarylandnet, X (10 janvier 2023).

2 Grey Zone, @grey_zone, X (23 février 2023, 20h46).

3 Reverse Side of the Medal, @RSOTM, X (23 février 2022, 22h04).

4 Reverse Side of the Medal, *ibid.* (23 février 2022, 14h23).

5 Grey Zone, *ibid.*

6 Владлен Татарский, Telegram (24 février 2022).

débouchera sur rien, une rumeur de plus destinée à faire régner la peur et la méfiance.

Pour renforcer leurs effectifs, la galaxie fait aussi appel à des éléments venant des zones où elle est active. Deux centres de recrutement ouvrent en Syrie. Omar Abou Layla, directeur de la chaîne Deir Ezzor 24, estime que « Wagner est chargé de la campagne à Deir ez-Zor, seules quelques dizaines de personnes se sont inscrites jusqu'à présent »[1]. À partir du 10 mars, les rangs se renforcent avec l'arrivée de mercenaires tchétchènes et syriens ainsi que de nouveaux wagnériens en Ukraine. Ces combattants sont plus expérimentés que les jeunes recrues de l'armée. Vingt jours après, Londres indique dans un communiqué de presse que plus de 1 000 wagnériens, dont des responsables de l'organisation, se sont déployés dans l'est de l'Ukraine pour « mener des opérations de combat ». En avril 2022, le retour de Rusich en Ukraine est officialisé, et la présence de mercenaires venant de Libye ou de Centrafrique confirmée[2].

Pour la première fois, le 4 mai 2022, des wagnériens sont filmés lors de combats. Des images prises par des drones les montrent dans la ville de Popasna, à l'est du pays. On y voit la troupe se battre dans des combats de rue contre des Ukrainiens. Ces derniers se rendent après l'envoi par les mercenaires de grenades dans les maisons. Au même moment, un communiqué du ministère britannique de la Défense souligne, lui, les difficultés de l'armée régulière russe : ses troupes « ont du mal à percer les lignes de défense et à créer une dynamique » dans la bataille du Donbass, écrit Londres. Plusieurs chaînes Telegram rapportent qu'une position de Wagner à Popasna est frappée par une roquette HIMARS des forces ukrainiennes. Certaines rumeurs indiquent que Prigojine était présent à cet endroit avant la frappe[3]. Un

1 [ATS] (15 février 2022).
2 C4H10FO2P, @markito0171, X (19 avril 2022).
3 Jack Margolin, @Jack_Mrgln, X (14 août 2022).

compte pro-Wagner répond en publiant des photos du « cuisinier », venu sur les lieux. Une habile mise en scène destinée à discréditer les rumeurs sur la mort du patron autant qu'à montrer son implication sur le terrain[1].

C'est symboliquement le 9 mai que Wagner annonce la prise de la ville : « On peut affirmer que Popasna, dans la République de Lougansk, a été libérée des forces ennemies par les unités d'assaut du groupe. » Le message poursuit : « Dans le même temps, nous ne pouvons manquer de noter l'aide des combattants ordinaires de Lougansk, qui ont également contribué à la libération des territoires de leur République natale[2]. »

Dans cette nouvelle guerre, Wagner manifeste sa suprématie comme entreprise militaire privée. Elle reste la structure mercenaire la plus puissante du monde, la seule à exploiter des avions, des lance-missiles, des avions gros porteurs et des chars de combat. Si la compagnie ne possède pas les dernières versions des matériels lourds, ses moyens dépassent très largement ce qui se fait ailleurs. La compagnie « dispose depuis un an et demi de près de deux douzaines de satellites, dont certains sont des radars et les autres des satellites optiques[3] », selon les affirmations de Prigojine lui-même. La galaxie n'a pas que des armes, elle a aussi les moyens de l'État russe. Ce sont des éléments connus depuis le conflit libyen : des images satellites de la base aérienne libyenne d'al-Khadim, où sont déployés au moins deux SAM Pantsir-S1, des bombardiers Il-76 et Su-24 ainsi que des MiG, le prouvent[4].

C'est Valery Tchekalov, logisticien de la compagnie (qui mourra dans le crash du 23 août 2023), qui organise les filières d'acquisition d'armes du groupe Wagner. Les numéros de téléphone et les e-mails qui le relient à son collègue Ivan

1 Оперативные сводки, Telegram (15 août 2022).

2 Grey Zone, Telegram (8 mai 2022).

3 Пресс-служба Пригожина, Telegram (1er février 2023).

4 Военный обозреватель, Telegram (24 juillet 2020), et Военный обозреватель, Telegram (2 novembre 2022).

Mechetin montrent que les structures de Prigojine bénéficient des soutiens gouvernementaux de certains pays asiatiques pour mener la guerre en Ukraine. C'est en Syrie que Tchekalov organise l'acheminement de munitions nord-coréennes en contact avec un représentant de la KOMID, l'agence de ventes d'armes de la Corée du Nord, depuis leurs bureaux à Damas. Mechetin se sert d'une filiale du groupe Concord spécialisée dans la vente de nourriture pour acquérir des satellites chinois de la société Head Aerospace, grâce à un intermédiaire chinois proche du complexe militaro-industriel. Dans des documents contractuels obtenus par des journalistes que nous avons pu consulter suite à une enquête de l'AFP, la compagnie réalise l'acquisition d'une capacité satellitaire haute résolution pour 30 millions de dollars sur cinq ans. Du Mali à l'Ukraine, Wagner a des yeux partout.

En Ukraine, des pilotes wagnériens sont aussi en fonction. Certains se font descendre, comme en témoignent les obsèques de Vladimir Nikichine et Alexander Antonov, abattus le 2 décembre 2022. Leur Su-24 est touché par des systèmes de défense anti-aérienne. Face à l'impossibilité de rejoindre leur base aérienne, ils préfèrent se suicider en s'écrasant sur des positions ukrainiennes. L'équipage reçoit la médaille posthume de « Héros de la Russie ». Evgueni Prigojine assiste à la cérémonie[1].

Trois mois plus tard, l'oligarque se montre en train d'effectuer un vol sur un Sukhoï qui va bombarder les forces armées ukrainiennes[2]. Il défie Zelensky en duel aérien et promet que s'il perd le combat, il « donnera » Bakhmout, mais que s'il gagne, il avancera jusqu'à Dnipro[3]. Les combats aériens se succèdent, des avions wagnériens sont endommagés[4]. Les frappes du groupe contre des forces ukrainiennes ont lieu

1 Grey Zone, Telegram (20 décembre 2022), et Военкор Ярем, Telegram (6 décembre 2022).

2 Пресс-служба Пригожина, Telegram (6 février 2023).

3 NEXTA, @nexta_tv, X (6 février 2023).

4 The Military Watch, post Facebook (14 février 2023).

dans les secteurs où ses hommes mènent des opérations terrestres. Le site spécialisé en défense, Sofrep, pose une série de questions cruciales[1] : « Une fois que Wagner aura capturé Bakhmout ou abandonné l'idée, ses pilotes seront-ils ajoutés à un effort aérien plus important de la Russie ? Ou alors ses pilotes, volant dans des avions gouvernementaux, continueront-ils à aider uniquement les forces mercenaires ? »

En Ukraine, les services du renseignement allemand (BND) interceptent le 6 avril 2022 des communications radio de soldats russes qui pourraient être liées aux crimes commis à Boutcha, au nord de Kiev. Certains de ces échanges confirment ce que laissaient penser les photos qui ont choqué le monde. Après la retraite de l'armée russe de la ville, un charnier est découvert, contenant les corps de plusieurs dizaines de civils retrouvés dans les rues. Certains ont les mains attachées, tandis que d'autres montrent des signes de torture[2].

Au total, en mai 2022, entre 500 et 1 500 wagnériens étaient présents en Ukraine. Une unité de 200 hommes est stationnée dans la région de Novobakhmutovka, selon l'état-major général des forces armées ukrainiennes[3]. Le même mois, le renseignement ukrainien[4] identifie trois wagnériens, accusés d'avoir commis des sévices contre la population civile dans la région de Kiev durant l'occupation temporaire. Ces hommes, afin d'obtenir des informations sur l'emplacement des unités des forces armées et des réservistes de l'armée ukrainienne, ont torturé des prisonniers civils. Une atrocité parmi des dizaines d'autres.

Ne surestimons pas l'influence de Prigojine, dont le talent est surtout d'être un super communicant. Par exemple, affirme Marat Gabidullin dans une interview, « en Ukraine, les mérites de Wagner sont surtout le résultat d'une puissante

1 Sofrep (19 décembre 2022).

2 Melanie Amann, Matthias Gebauer, Fidelius Schmid (7 avril 2022).

3 Jomini of the West, @JominiW, X (4 juin 2022).

4 [SBU] (24 mai 2022).

campagne de relations publiques. La population russe doit penser que les hommes de Wagner occupent la moitié des lignes et du front, alors qu'en fait ils n'opèrent que dans une seule zone[1] ».

En mai 2022, les Russes occupent environ 20 % de l'Ukraine, en décembre, c'est plutôt 17 % ou 18 %. D'autant qu'ils ne contrôlent pas les quatre régions annexées en septembre. Pour mieux comprendre ce qui se passe dans la tête des contractuels et leurs comportements, leurs témoignages sont précieux. Andreï Medvedev, un déserteur de Wagner passé en Norvège, raconte le temps qu'il a passé avec les mercenaires en Ukraine. Contrairement à ce qu'Evgueni Prigojine dira plus tard, toute personne servant dans les rangs de Wagner risque aussi de se faire tuer par ses « camarades ». Par exemple, dans la section de Medvedev, seuls 10 % ont survécu et certains sont tués par leurs propres commandants pour refus de combattre ou pour fautes. Après avoir été témoin de meurtres et de mauvais traitements infligés notamment aux anciens prisonniers russes recrutés et envoyés sur le front, Medvedev est d'abord rentré en Russie en juillet avant de gagner la Scandinavie[2].

En octobre 2022, Prigojine installe le quartier général de Wagner dans un building moderne tout en verre, à Saint-Pétersbourg. Il reconnaît que ses hommes se battent en Ukraine, notamment dans l'Est, au prix de pertes énormes, sur lesquelles il ne s'étend pas. Chougaleï, de son côté, fait son retour du terrain : « Il n'y a pas de jours faciles par ici. Et il n'y a pas de travail inutile. Chacun à sa place fait tout pour la victoire[3]. » Le groupe se prépare à une longue guerre et se lance dans la construction d'une « ligne Wagner », version russe de la ligne Maginot, censée maintenir les troupes ukrainiennes à distance des territoires de la région de Lougansk.

....

1 Alain Barluet (15 novembre 2022).
2 [Die Welt] (18 janvier 2023).
3 Maxim Shugaley, post Facebook (18 octobre 2022).

Un projet symbolique aux contours flous (principalement des obstacles anti-chars), devant asseoir son narratif de défenseur ultime du territoire national, fustigeant les « bureaucrates ennemis » de Moscou qui ne le soutiennent pas.

Des photos prises fin décembre à Opytnoye, en banlieue de Bakhmout[1], confirment que Wagner contrôle à plus de 90 % la zone où se déroulent alors de violents combats[2]. Comme toujours, la propagande fait son œuvre. Des combattants (dont Pavel, le fils d'Evgueni) apparaissent sur une photo prise dans la région[3]. Dans le même esprit, la société de production de la galaxie, Aurum, annonce la sortie du film *Les meilleurs en enfer*. À en juger par l'affiche, le pitch devrait mettre en scène le rôle joué par Wagner dans l'« opération militaire spéciale »[4].

Après la prise de Soledar, près de Bakhmout, une nouvelle dispute éclate entre le ministre Choïgou et les mercenaires pour savoir à qui en revient le mérite. Dans un premier temps, la Défense[5] n'a pas mentionné que Wagner avait participé aux combats pour reconnaître ensuite un rôle « courageux et désintéressé »[6]. Prigojine se laisse prendre en photo dans les mines, entouré de ses hommes et répond, cinglant : « Je tiens à souligner une fois de plus qu'aucune unité autre que les combattants de la SMP Wagner n'a pris part à l'assaut de Soledar[7]. »

Est-ce que les mercenaires cherchent à accaparer les matières premières en Ukraine aussi ? C'est en tout cas l'analyse d'experts états-uniens qui essaient d'expliquer

....

1 Middle East Update, @islamicworldupd, X (13 décembre 2022).

2 Росич | Rosich, VK (16 janvier 2023).

3 ФРИДРИХ, Telegram (30 septembre 2022).

4 Colin Gerard, @_ColinGerard, X (20 septembre 2022).

5 Directorate of Media service and Information (13 janvier 2023).

6 Русская Весна | СПЕЦОПЕРАЦИЯ Z, Telegram (9 août 2022).

7 Пресс-служба Пригожина, Telegram (10 janvier 2023).

l'entêtement russe à vouloir reprendre Bakhmout. Le rôle stratégique de la ville n'est pas aussi significatif qu'on le prétend. Après tout, elle n'est qu'un des maillons de la « ceinture du Donbass », une zone fortifiée qui comprend aussi, entre autres, les villes de Slaviansk et Kramatorsk. Bien que la ville martyre en fasse partie, sa prise seule ne garantit pas le contrôle de la route du Dniepr qui permettrait une victoire rapide sur l'Ukraine. Mais, rappelons-le, la région est une zone d'extraction minière. La principale mine de sel est justement à Soledar. La société Artemsil y prélève, les bonnes années, quelque 6,8 millions de tonnes d'un sel quasiment exempt d'impuretés.

On ne peut pas exclure non plus que l'acharnement russe sur cette cité s'explique par un bras de fer entre l'armée et les mercenaires. La ville ukrainienne serait donc l'objet d'une lutte de pouvoir déguisée entre Prigojine et ses opposants au Kremlin. La prise de Bakhmout pousse le groupe à poursuivre ses attaques terrestres. La projection des troupes d'assaut, c'est-à-dire d'une infanterie extensible qui permet de réaliser une percée en cas d'impasse sur le champ de bataille, est un des éléments de la stratégie wagnérienne. La compagnie démontre sa crédibilité sur le front, y compris pour recruter de nouveaux combattants.

DES PRISONNIERS COMME CHAIR À CANON

Début 2016, Wagner comptait 1 000 contractuels[1], puis 5 000 en août[2], et 6 000 en décembre 2017. Avec la guerre en Ukraine, on change d'échelle : fin 2022, les États-Unis estiment que Wagner dispose de quelque 50 000 combattants en Ukraine, dont 10 000 contractants et 40 000 anciens prisonniers, qui n'auront comme salaire que le rachat de leur liberté. Début 2023, Prigojine dépenserait environ 100 millions de dollars par mois[3]. Sur Vkontakte, Wagner indique que les recrutements pour l'Afrique et le Moyen-Orient sont fermés jusqu'à nouvel ordre. Toutes les nouvelles recrues doivent être envoyées dans la zone de l'« opération militaire spéciale »[4]. Des panneaux de recrutement sont visibles à Ekaterinbourg[5] et la campagne se fait aussi sur les réseaux.

Les profils recrutés sont très différents. Pour l'Afrique et le Moyen-Orient, les candidats devaient avoir entre 24 et 45 ans et une expérience dans les forces de l'ordre, l'armée, les forces spéciales ou les voyages d'affaires dans les pays chauds[6]. Une condition physique exigeante était requise – en somme, être prêt à tuer. Pour se battre en Ukraine, le candidat idéal a entre 24 et 50 ans et n'a pas d'expérience militaire. Les candidats « spécialistes » (comprendre : avec de l'expérience militaire) sont acceptés à condition d'avoir une bonne santé. Le psoriasis, l'hépatite et le VIH ne sont pas acceptés. Il est en plus demandé de ne pas avoir de proches vivant en Ukraine ou à l'étranger hors Communauté des États indépendants, pour éviter les pressions. Les candidats sont payés 240 000 roubles par mois (2 000 euros). Ce salaire

1 Allison Quinn (30 février 2016).
2 [Debka] (2 août 2017).
3 Lucas Webber, @LucasADWebber, X (22 décembre 2022).
4 Stop Wagner, @stopwagnergroup, X (5 octobre 2022).
5 It's My City, @itsmycityekb, X (20 juillet 2022).
6 Cité par The Times, YouTube (24 mai 2023).

n'inclut aucun bonus au combat. Prigojine explique : « Les tactiques de lutte contre l'EI par d'autres forces mandataires dans différents territoires ne sont en aucun cas les mêmes que celles contre l'armée ukrainienne [qui] n'est pas une organisation terroriste, c'est une armée à part entière qui défend les territoires dont elle est responsable[1]. » La priorité de Prigojine dans le premier semestre de la guerre est de donner la meilleure impression possible à Poutine, en envoyant ses hommes en Ukraine.

Autorisé à recruter en prison, Prigojine fait même de son passé de détenu une force. Le 11 novembre 2022, il expose sa théorie : « Les prisonniers ont le plus haut niveau de conscience, bien plus que l'élite russe. Parce que les prisonniers [...] n'ont pas eu de chance dans leur vie. »[2] Les explications de Prigojine via le service de presse de Concord précisent l'orientation du mouvement politique qu'il s'apprêterait à lancer : une formation ultranationaliste s'adressant à la Russie des petites villes. Il estime que les élites russes ont « choisi leur confort plutôt que le bien du peuple », en refusant notamment d'envoyer leurs enfants combattre.

Les premiers prisonniers recrutés sont apparus sur le terrain en juillet 2022 à Vouhlehirsk, dans la région de Donetsk. Les filières d'acheminement et de formation ressemblent à celles des recrues normales. Le 16 septembre[3], huit camions de transport de prisonniers emmènent 400 hommes depuis Tambov vers une zone d'entraînement proche de la mer Noire (probablement la base de Molkino), avant de se rendre en Ukraine. Des détenus recrutés se battent et meurent pour la Russie sur les lignes de front, mais il arrive aussi qu'ils survivent, comme on le voit sur une vidéo qui montre un

....

1 Пресс-служба Пригожина, Telegram (31 mars 2023).

2 Пресс-служба компании «Конкорд», VK (11 novembre 2022).

3 Baza, Telegram (15 septembre 2022).

ancien prisonnier recevant la médaille de Héros de la LNR des mains d'un commandant du groupe[1].

Les anciens prisonniers sont chargés de mener des assauts frontaux kamikaze. L'armée ukrainienne doit affronter des troupes qui répètent des attaques en dépit de pertes très lourdes, comme s'ils savaient que mourir serait plus agréable. Les combattants Wagner sont différents de l'armée russe. Il y a une couche de soldats de base (de la chair à canon), ensuite une petite élite ressemblant à des forces spéciales, et enfin le contingent d'ex-prisonniers. Ces derniers ont des uniformes avec la lettre K. Ils sont comme de la viande dans un hachoir, leur travail consiste à avancer et mourir, avancer ou mourir, avancer pour mourir. Ils ne font jamais long feu. Ce schéma est visible sur les vidéos que nous trouvons sur Telegram, ainsi que sur les nombreux témoignages effrayants rapportés par des militaires ukrainiens. C'est en général en début de soirée, quand il commence à faire sombre que ces soldats à usage unique, sans expérience, sont envoyés sous les tirs ukrainiens, pendant une dizaine de minutes. Ceux qui ne tombent pas continuent. Reculer n'est pas permis : des troupes sont positionnées pour tirer sur ceux qui refuseraient d'avancer. L'objectif ? Identifier les positions ukrainiennes. Ensuite, l'artillerie (ou d'autres commandos plus expérimentés) entre en jeu. Cet emploi de chair à canon en première ligne permet aux forces russes de gagner du terrain au début de l'été, avant de buter sur Bakhmout. Les pertes sont effroyables : 99 % ne se relèvent pas.

Nous avons pu reconstituer quelques parcours surprenants d'ex-prisonniers, tel cet étudiant zambien recruté en prison et tombé en Ukraine. La Zambie a demandé en décembre 2022 des explications à la Russie sur les circonstances de sa mort[2]. Lemekhani Nathan Nyirenda était étudiant en ingénierie nucléaire à Moscou. Il purgeait une peine de neuf ans de

1 POPULAR FRONT, @PopularFront_ (7 octobre 2022).
2 Kris Berwouts (12 décembre 2022).

prison pour trafic de drogue. Le cas d'un Tanzanien[1] nous est également parvenu, même parcours, même profil. Prigojine en tire bénéfice, comme dans ce discours relayé sur sa chaîne Telegram : « Je l'ai recruté personnellement dans une colonie de la région de Yaroslavl. Il est mort héroïquement – il a protégé ses camarades. Lorsque nous étions assis dans l'une des salles de la colonie pénitentiaire n° 2, je lui ai dit :

— Vous avez pris pour sept ans. Vous en avez fait presque deux. Vous serez bientôt en liberté conditionnelle. Pourquoi voudriez-vous faire ça ?

Ce à quoi il m'a répondu :

— Le peuple du Donbass se trouve depuis de nombreuses années dans la même situation que l'homme noir sur le continent africain. Nous sommes là, mais nous ne sommes pas là parce que tout Blanc qui vient de l'autre côté de l'océan vous traite comme un animal. C'est pour ça que j'apprends à les combattre[2]. »

Dans la même veine, on peut citer le témoignage du tueur en série Mikhaïl Popkov, condamné à la réclusion à perpétuité pour avoir tué près de 80 femmes en Russie et qui fait part de son envie de rejoindre les rangs de Wagner. Il le clame sur toutes les télévisions, mais avoue préférer venir quand il fera un temps plus clément. La presse[3] relève qu'il est encore en prison en novembre 2023.

En janvier 2023, sur Telegram, des posts signalent des tentatives de recrutement de prisonniers d'Asie centrale. « Trouver des gens est un gros casse-tête. Il y a déjà des miettes qui arrivent des zones, dont personne ne veut [...] Et sans une grande mobilisation, même la remise des *refuseniks*[4] ne sera pas salvatrice. Qui en trouvera autant ? Et nous avons besoin de dizaines de milliers de personnes, avec

1 [BBC] (18 janvier 2023).

2 Пресс-служба Пригожина, Telegram (27 février 2023).

3 [Journal de Montréal] (23 novembre 2023).

4 Ce terme désigne les prisonniers qui refusent de rejoindre le front.

un réapprovisionnement littéralement quotidien[1]. » Mi-février 2023, « le recrutement de prisonniers par le groupe Wagner a été complètement arrêté », admet Prigojine. « Toutes les obligations avec lesquelles ils travaillent pour nous sont remplies[2] », conclut-il. Les renseignements occidentaux notent que le recrutement de prisonniers avait bien ralenti depuis quelques mois. Les chiffres des services pénitentiaires russes que nous avons analysés montrent que sur le premier trimestre de recrutement 23 000 personnes sont sorties de prison, tandis que sur le second trimestre, seuls 6 000 prisonniers auraient quitté leurs geôles.

Fin janvier 2023, Prigojine libère le premier groupe de recrues de la section K qui ont réussi à survivre pendant six mois en Ukraine et les renvoie dans leur ville d'origine[3], en demandant à la police russe de traiter ces hommes avec le « plus grand respect ». Le « cuisinier » est un homme de parole, du moins c'est le message qu'il veut faire passer. Au fil des mois, le nombre de ces démobilisés atteint les 5 000 – selon les estimations invérifiables du service de presse de Concord. Pour Prigojine, « l'essentiel est que les anciens prisonniers, qui ont traversé la guerre dans les rangs de Wagner, commettent 10 à 20 fois moins de crimes qu'auparavant, et deviennent de véritables patriotes de leur pays[4] ».

Devant la chute du nombre de recrues venant des centres pénitentiaires, il faut trouver des solutions. La nébuleuse ouvre des centres de recrutement dans les clubs sportifs d'une quarantaine de villes russes. « Vous venez, on vous teste, on évalue votre force physique et on vous dit ensuite comment nous rejoindre[5] » résume-t-il. Un autre lieu plus insolite est conçu pour le recrutement : sur des sites

1 ВЧК-ОГПУ, Telegram (20 janvier 2023).
2 Charles Delouche-Bertolasi (9 février 2023).
3 Yaroslav Trofimov, @yarotrof, X (5 janvier 2023).
4 Пресс-служба Пригожина, Telegram (25 février 2023).
5 Пресс-служба Пригожина, *ibid.* (2 février 2023).

pornographiques, les utilisateurs russes peuvent voir des publicités pour rejoindre la compagnie.

La situation de Prigojine se complique au printemps 2023. Ses troupes sont engluées entre Donetsk et Lougansk. La prise de Bakhmout est annoncée pour « mars-avril, bien que ce soit très difficile à prévoir. Ils reçoivent de nouveaux types d'armes maintenant. Nous détruirons ces Léopards[1], et nous trouverons comment les brûler », estime Prigojine[2]. Autrement dit, il faut couper toutes les routes d'approvisionnement ukrainiennes[3]. Et ce même si les pertes sont effroyables. Pour le seul mois de février, Wagner – selon les estimations russes – aurait tué 11 000 personnes en Ukraine. Il est clair que la qualité des wagnériens au combat est supérieure à celle de l'armée russe.

Finalement, Prigojine remporte la bataille : « Le 20 mai 2023, Bakhmout a été prise dans sa totalité », annonce-t-il dans une vidéo où il se tient aux côtés d'hommes armés devant des bâtiments en ruines. « L'opération pour la prise de Bakhmout a duré 224 jours [...]. Il n'y avait que Wagner ici. » Cette bataille a été coûteuse en hommes : 20 000 morts dans les rangs de la compagnie[4]. Le « cuisinier » reste pessimiste pour la suite et réclame « la loi martiale et la production de munitions[5]. » Une façon de préparer une campagne sur d'autres fronts.

Au lendemain de la mutinerie de juin 2023, Wagner quitte l'Ukraine. Dès le 1er juillet, nous observons sur les réseaux sociaux des bus de combattants Wagner rentrant du front. La compagnie indique ne plus opérer sur place pour le moment. Combien ont rejoint les rangs de l'armée russe ? Difficile à dire, mais les chaînes pro-Wagner martèlent en boucle les valeurs de loyauté du groupe et son patriotisme. En cette

1 Chars de combat.
2 Пресс-служба Пригожина, Telegram (7 mars 2023).
3 [RIA] (15 février 2023).
4 Вёрстка, Telegram (24 mai 2023).
5 *Ibid.*

fin d'été 2023, la marque Wagner a été un peu amochée, mais Lavrov s'est empressé de souligner dès le 26 juin que les paramilitaires allaient continuer leurs opérations africaines. Fin juillet, environ 3 500 combattants sont déplacés de Molkino et Rostov vers la Biélorussie, en attente de la prochaine mission. Poutine est obsédé par l'Ukraine, c'est l'arène de la lutte contre l'Otan, contre les États-Unis. Mais cette guerre d'attrition[1] qu'il a lancée pourrait bien encore avoir besoin du groupe Wagner sur d'autres fronts pour maintenir son influence et essouffler le camp occidental. C'est confirmé : la nébuleuse et ses cendres seront déployées en Afrique. Une dépêche de l'agence Reuters confirme la réorientation du groupe : « Wagner a déclaré qu'il n'opérait plus qu'en Afrique et au Belarus, pays allié de la Russie, et que ses soldats ne participaient plus à la guerre en Ukraine[2]. »

1 Guerre au cours de laquelle la stratégie consiste à user d'abord les forces et les réserves ennemies.

2 Reuters (26 août 2024).

III · UN MODÈLE QUI S'EXPORTE : LES ARMÉES PRIVÉES RUSSES

« C'est la SMP Aksenov, mais tout le commandement est composé d'anciens employés de Wagner. Ce sont des gens qui se connaissent tous depuis longtemps. »
Un ancien membre de Convoy

Depuis la fin de l'URSS, l'organisation mercenaire russe la plus ancienne est celle des Cosaques, elle se déplace d'un théâtre de guerre à un autre depuis 1992, année de leur première apparition en Transnistrie. Aujourd'hui, 33 ans plus tard, l'Ossétie du Sud, la Crimée et le Donbass sont leurs terrains de jeu. Ces dernières années voient l'émergence de troupes d'assaut bien équipées avec une structure de commandement et de contrôle claire. Aux côtés de Wagner, des groupes organisés tels que MAR, ENOT Corp et Patriot, ou plus simplement des groupes affiliés à de grosses entreprises, marquent une nouvelle ère dans la guerre par procuration. Ce sont en quelque sorte les corsaires du XXIe siècle qui se déploient sur terre plutôt que sur mer.

Depuis quelques années, les structures militaires privées russes augmentent leurs effectifs et recrutent dans divers milieux. Ces groupes ne sont plus seulement actifs sur les terrains où Wagner est présent mais également au Yémen, au Brunei, au Burundi, en Amérique latine... La véritable menace qu'ils représentent est sous-estimée par l'Occident, et rares sont les analystes et officiels ayant pointé le danger de ces sociétés militaires privées pour la stabilité mondiale.

Ainsi, en 2017, le président serbe Vučić aurait demandé l'aide de Poutine pour faire face à la situation au Kosovo, et la SMP Patriot[1], étroitement liée au ministère de la Défense, aurait répondu à l'appel. Patriot, réputée pour sa discrétion, serait une version améliorée de Wagner, composé principalement

1 [URA] (2 octobre 2018).

de professionnels militaires encore en service dans les forces d'opérations spéciales ou dans la GRU. Ses membres touchent des salaires plus élevés, allant de 6 100 à 15 200 dollars par mois[1]. La Douma s'est penchée à plusieurs reprises sur la légalisation de ces sociétés privées. La dernière proposition législative en date, débattue juste avant la mutinerie de Prigojine, consiste à faire reposer le financement de ces structures sur les régions, sous l'autorité du président. Loin de contrer la dilution du monopole de la violence, Poutine semble mettre en place un plan d'expansion massive des armées hybrides. Les successeurs de Wagner sont prêts à prendre la relève.

LE CHAPITRE UKRAINIEN : LE TERRAIN IDÉAL POUR TESTER

L'Ukraine reste le terrain d'exercices européen favori pour expérimenter le fonctionnement de structures détachées de l'armée régulière. Ces groupes, et leurs missions, évoluent au fil des années. Wagner en a été la partie la plus visible, même s'il n'a que rarement travaillé seul en opérations extérieures, toujours sous la coordination de la Défense russe. Par exemple, quand le conflit dans le sud-est de l'Ukraine s'est intensifié en 2014, Wagner et ENOT ont assumé un rôle central dans les opérations menées dans la région de Lougansk. Plus particulièrement, les missions exécutées par des membres de ces groupes comportent des attaques frontales s'apparentant à celles de troupes de choc (batailles de l'aéroport de Lougansk et de Debaltseve), la collecte de renseignements, la contre-insurrection, des éléments de guérilla classique (l'Il-76, abattu en 2014), de même que des actions subversives telles que l'élimination de forces d'opposition parmi les séparatistes.

Ces groupes transfèrent et appliquent avec succès les connaissances acquises dans des conflits régionaux. En

1 [TVRain] (5 juillet 2018).

Ukraine, Wagner opérait en se divisant en petites sections très manœuvrables, faisant beaucoup appel à des véhicules hors route – c'était une leçon apprise en Syrie, compte tenu de l'expérience désastreuse du Slavonic Corps, anéanti par des djihadistes employant la même tactique. Parmi les entreprises qui naviguent dans le sillage de Wagner, on trouve aussi MAR, en 2014. Cette structure s'est spécialisée dans divers domaines d'activités : renseignement, activités militaires, protection des convois, des individus, des gazoducs et oléoducs. Un autre volet de l'activité de la société est la protection de la population russophone sur le territoire des États voisins, qui, d'après les informations figurant sur leur site web, est réalisée en soutien des actions du président de la Fédération de Russie. MAR avoue violer les lois nationales, en pillant et en intervenant en tant que société militaire privée sur un sol considéré comme russe.

Établie à Saint-Pétersbourg, MAR prend part à l'annexion de la Crimée et aux hostilités ultérieures dans le sud-est de l'Ukraine, mais contrairement à Wagner, elle ne participe pas aux opérations militaires et se consacre plutôt à des missions atypiques par rapport à celles confiées aux groupes armés, telles que des fonctions logistiques et la protection d'infrastructures essentielles. Les événements postérieurs à 2017 montrent que le rôle de MAR en Ukraine a principalement évolué pour devenir celui d'une force employée à soutenir un régime quasi indépendant en place et loyal à Moscou, ainsi qu'à entraîner des militants recrutés localement, comparable au rôle rempli par les entrepreneurs militaires russes en Afrique[1].

Les élites russes fortunées s'intéressent de plus en plus aux sociétés militaires privées (SMP), perçues comme un investissement prometteur. Cette tendance se traduit par la création de nouvelles sociétés, dont plusieurs par Gazprom, ou par le milliardaire Andreï Bokarev. Un fichier

1 112.ua (16 mai 2018).

audio, enregistré entre début avril et fin mai 2023, met en lumière les liens entre Gazprom, le géant énergétique russe, et ces sociétés. Au cours d'un interrogatoire, un prisonnier de guerre russe, identifié comme Alexander Tkachenko, originaire d'Orenbourg, déclare qu'une SMP nommée Potok (Torrent) est sous les ordres de Redut. Il affirme que Gazprom dirige deux autres SMP distinctes, Fakel (Torche) et Plamya (Flamme), et que ces dernières sont supervisées en dernier ressort par le ministère russe de la Défense[1].

DES MERCENAIRES RUSSES EN AMÉRIQUE LATINE

Rosneft, le géant pétrolier russe, se sert aussi de forces similaires. C'est ce que montre l'étrange affaire de wagnériens en Amérique latine. Le cas vénézuélien est révélateur du succès du mécanisme Wagner et de son utilisation par Moscou. Souvenez-vous, en 2018, on assistait aux premiers déploiements de mercenaires russes hors d'Afrique. Nous sommes alors en pleine période d'élections à Caracas, capitale d'un pays qui est un partenaire économique important pour la Russie, en raison de ses réserves de pétrole. Depuis 2015, la crise économique s'accompagne de grèves, manifestations, processus de destitution, et finalement nouvelles élections régionales, remportées par le camp de Maduro. Juan Guaidó, chef de file de l'opposition, conteste sa légitimité, le pays ne se calme pas.

Un changement de régime au Venezuela serait catastrophique pour la Russie. Depuis les années 2000, Moscou et ses grandes sociétés ont investi et accordé des crédits d'une valeur d'au moins 15 milliards d'euros. Les tensions liées à l'implication de Moscou atteignent leur paroxysme fin 2018, lorsque la Russie déploie ses avions pendant des exercices militaires lors d'un entraînement conjoint entre les deux pays. Un terroir pour une nouvelle guerre froide. Les Russes,

1 [Meduza] (16 mai 2023).

après une offensive diplomatique, négocient des accès aux ports du Venezuela pour leurs sous-marins. En plaçant ses contractuels à Caracas, Moscou cherche à empêcher son allié – dont la dette envers la Russie s'élève à 3 milliards de dollars, et pas moins de 9 milliards pour Rosneft qui a prêté cette somme au groupe pétrolier PDVSA[1] – de s'effondrer.

Wagner aurait envoyé ses premiers mercenaires dans la poudrière du Venezuela avant l'élection présidentielle, pour la sécuriser. Ce déploiement laisse peu de traces en sources ouvertes, aucune image d'uniforme ou d'insigne. L'explication est simple : les hommes qui travaillent pour Wagner sont des contractuels et acceptent de temps en temps des contrats d'autres structures. S'il n'est pas certain qu'il s'agisse réellement des hommes de Prigojine, nous savons par exemple que pour embaucher ses gardiens, Rosneft contacte des Russes ayant un passé militaire. En janvier 2019, quelque 400 mercenaires russes sont à Caracas pour protéger le président Nicolas Maduro. Le 5, l'Assemblée nationale désigne Guaidó président. Washington le reconnaît comme la seule autorité légale du pays, refusant le nouveau mandat présidentiel de Maduro, pourtant proclamé vainqueur de l'élection présidentielle en 2018, avec 68 % des voix.

En échange de ce soutien politique, militaire et de renseignement, Caracas accorde des mines à des puissances étrangères. Par exemple, alors qu'en décembre 2019, la présence importante de soldats russes dans le département de Bolívar se confirme[2], la Russie décroche avec l'Iran l'exploitation exclusive du thorium vénézuélien, un minerai essentiel pour la construction de missiles[3].

....

1 La dette totale est estimée aux environs de 196 milliards de dollars. Voir Isabelle Couet (3 novembre 2017) et [Infobae] (24 février 2019).

2 Andres Velasquez, @AndresVelasqz, X (3 décembre 2019) et Sumarium, @sumariuminfo, X (13 décembre 2019).

3 Sabrina Martin (17 janvier 2020).

En 2020, le rapport[1] de SOS Orénoque, une association active dans la protection de l'environnement[2] révèle que « la profonde crise économique qui touche tout le pays [est] encore aggravée par les sanctions imposées par les États-Unis. Elles ont rendu le gouvernement de plus en plus dépendant de l'extraction d'or et d'autres minéraux de la région de Guayana ». L'ONG souligne qu'il y a très peu d'informations sur l'arrivée de militaires russes dans la zone, mais considère que « cela peut être lié au renforcement de la présence et de la capacité de surveillance et de contrôle militaire du régime sur la zone ».

En 2023, les rumeurs réapparaissent, plus au sud cette fois. Le mécanisme Wagner pourrait se mettre en place au Pérou. La situation interne se tend, des manifestants antigouvernementaux occupent des mines. Des mines sous contrôle suisse[3], chinois[4] ou brésilien[5] ferment ou diminuent leur production tant la pression populaire se fait forte. Les conditions d'insécurité rendent impossible l'extraction des minéraux. Les premiers signaux sont en tout cas repérés. Une inquiétude grandissante se fait sentir dans les services de renseignement, selon l'une de nos sources qui a analysé une fuite de données péruvienne. Toutes les bases sont posées pour que le même scénario se répète avec une population qui voit les Russes comme des sauveurs.

Wagner a, par-delà les continents, réussi à devenir une marque, un symbole, presque un terme générique qui permet de désigner toute activité mercenaire russe en dehors du sol national.

1 Sebastiana Barráez (3 juin 2020).
2 Voir leur site Internet : https://sosorinoco.org/en/.
3 Valentina Ruiz Leotaud (21 janvier 2023).
4 Vandana Bharti, @Vandanabharti80, X (17 janvier 2023).
5 Cecilia Jamasmie (4 janvier 2023).

IV · D'EXACTION EN EXACTION, LES MAUX SONT NOMBREUX

« Le manque de transparence et l'ambiguïté sur le statut juridique du groupe Wagner, combinés aux représailles contre ceux qui osent s'exprimer, créent un climat général de terreur pour les victimes et d'impunité totale pour les abus du groupe Wagner. »
Expert indépendant du Conseil des droits de l'homme de l'ONU

Que reste-t-il après le passage de Wagner ? Les activités du groupe laissent-elles derrière elles autre chose que violence et destruction ? Ses activités bénéficient-elles aux pays dans lesquels les mercenaires sont déployés ? En Afrique de l'Ouest, les mouvements djihadistes gagnent du terrain depuis le départ des missions Barkhane, Sabre et Sangaris, alors même que Wagner est mandaté pour offrir des services de sécurité et lutter contre la terreur. Partout, on retrouve le même bilan : violations des droits humains, meurtres, tortures... et une presse muselée, quand ce ne sont pas des journalistes qui sont purement et simplement assassinés. Tous les crimes ne sont pas forcément imputables directement aux mercenaires. Mais leur présence suffit parfois à motiver des passages à l'acte.

C'EST LA PRESSE QU'ON ASSASSINE

Les journalistes trop curieux disparaissent selon une méthode déjà éprouvée en Russie. Le 15 avril 2018, Maxime Borodine, journaliste travaillant sur les mercenaires wagnériens en Syrie, meurt après être « tombé du balcon » de son appartement au 5e étage, à Ekaterinbourg. Rapidement, ce décès est considéré comme suspect. Viatcheslav Bachkov, militant des droits de l'homme, raconte : « Quelques jours avant sa mort, Maxime Borodine avait appelé un ami à

5 heures du matin, paniqué, rapportant qu'il y a quelqu'un avec une arme sur son balcon et des gens en tenue de camouflage dans sa cage d'escalier. Cette nuit-là, il ne lui était rien arrivé, Borodine lui-même avait parlé de fausse alerte. Mais peut-on vraiment parler de coïncidence ? »[1] Pour la police, il s'agit d'un accident, et la piste criminelle est écartée.

Le 30 juillet de la même année, trois journalistes russes meurent en Centrafrique. Victimes de pilleurs selon le Kremlin – assassinés dans un guet-apens tendu par des professionnels, selon nos sources dans l'opposition russe. Orkhan Djemal, Alexandre Rastorgouïev et Kirill Radtchenko travaillaient pour Mikhaïl Khodorkovski, l'opposant en exil à Londres. Ils avaient atterri à Bangui quelques jours plus tôt « pour tourner des images sur les activités de la société militaire privée Wagner[2] », et voulaient enquêter sur la mine de Ndassima, contrôlée par le groupe. Après ces assassinats, les soupçons se sont naturellement portés sur les hommes d'Evgueni Prigojine. Les employés de RIA-FAN coordonnent des opérations de désinformation contre le Dossier Center, l'organisation de Khodorkovski, pour le rendre responsable de la mort de ses propres journalistes. Deux mois après les meurtres, en septembre 2018, Louis Kottoy[3], un journaliste centrafricain indépendant qui enquêtait à son tour sur la mort des journalistes russes, est tabassé à Bangui par trois hommes armés qui lui prennent téléphone et ordinateur portable. Ses agresseurs le laissent avec une épaule disloquée et une coupure au-dessus de l'œil droit.

Deux ans plus tard, quand l'équipe de CNN vient tourner à Bangui, elle sait déjà qu'elle est suivie. Leur fixeur a repéré les deux mêmes hommes à mobylette, près de leur hôtel et près du marché du centre-ville. Le lendemain, lorsque CNN contacte pour une interview Valery Zakharov (le responsable de Wagner en Centrafrique), celui-ci semble

1 Emmanuel Grynszpan (16 avril 2018).
2 AFP (2 août 2018).
3 Philip Obaji Jr. (29 novembre 2020).

très bien informé de tous leurs déplacements, y compris du fait qu'ils avaient fait un tour près de sa résidence plus tôt dans la journée[1]. L'équipe de CNN diffuse son enquête en août et démontre l'imbrication entre les opérations de sécurité et les activités commerciales russes en RCA. Les journalistes ont obtenu la toute première interview devant une caméra d'un ancien mercenaire de Wagner, surnommé Oleg, qui admet ouvertement que l'armée hybride œuvre pour le compte du Kremlin.

Enfin, dans ce climat saturé de bruits de bottes, d'armes automatiques et d'exactions, la mort subite et inexpliquée du journaliste centrafricain Jean Sinclair Maka Gbossokotto, le 23 février 2022, est une nouvelle tache pour le régime de Bangui[2].

La liberté de la presse est aussi remise en question au Mali, après le coup d'État militaire de mai 2021. Le contrôle des médias et le travail d'influence font partie de l'accord passé entre le gouvernement et Wagner. De nombreux comptes pro-junte apparaissent dès l'automne suivant sur les réseaux sociaux. Les informations partagées et les éléments de langage suggèrent une source similaire, certainement proche des fermes à trolls russes. Entre novembre et décembre 2021, le bras de fer diplomatique entre la France, la CEDEAO et la junte malienne au sujet de la tenue des élections s'intensifie. Sur les réseaux sociaux, les vidéos diffusant des contenus favorables à un rapprochement avec Moscou se multiplient, et des journalistes étrangers sont accusés d'être des néocolonialistes ou des espions français.

Fort de son expérience, Wagner accomplit en six mois au Mali ce qui lui a pris trois ans en République centrafricaine : faire taire les journalistes, perturber l'influence française et intimider les ONG. Le muselage commence à Bamako, fin janvier 2022. Le ministère de la Communication

1 [Bellingcat] (20 août 2020).
2 Frédéric Mantelin (5 mai 2022).

organise une réunion d'information pour les correspondants étrangers. Les téléphones sont pris à l'entrée. Il est expliqué que de nouveaux formulaires d'accréditation seront bientôt disponibles et que les journalistes ne pourront pas exercer sans cela. En mars, plusieurs équipes de médias voient leurs demandes d'autorisation rejetées par le ministre, qui explique à une équipe de France 2 : « Vous pouvez rester au Mali, mais il vous est interdit de filmer ». Et finalement, un correspondant de TV5 est arrêté à l'été pour avoir filmé dans la rue. Il est traduit en justice, avant que les charges ne soient finalement abandonnées. Chez les journalistes locaux, il est rare d'écrire sur Wagner ou de signer de son nom. Pour la rédaction de nos rapports, c'est la même chose : All Eyes on Wagner ne prend pas le risque de mandater des journalistes maliens pour aller faire des recherches au registre du commerce. Nous complétons les sources ouvertes avec des contacts que nous arrivons à nouer au fil de nos publications. L'important est de gagner la confiance de nos confrères et consœurs sur place et de donner un écho à leur travail. Nous nous rendons aussi compte que même un rapport rédigé sur la base d'informations publiques fait l'objet de nombreuses menaces et démentis, comme après la publication en novembre de « Un an de Wagner au Mali[1] ». Certains tweets nous désignent comme les petits-enfants d'Adolf Hitler.

PREMIERS SANGS : LES CRIMES D'AL-CHAER

Dans nos recherches, la documentation des crimes est importante. Pour que les auteurs soient poursuivis en justice, il faut réunir des pièces et des éléments de preuve. Nous devons analyser les images de cadavres mutilés que nous avons reçues. C'est grâce à des éléments circonstanciels que l'information peut être confirmée. Des détails permettent

1 Afrique Media (5 décembre 2022).

de remonter l'information, comme les tenues et les équipements, les personnes en arrière-plan. Mais cela ne suffit pas à monter un dossier pour la justice, il faut compléter avec d'autres témoignages et documents. Au Mali, où les allégations de violations des droits de l'homme perpétrées par Wagner se multiplient, avec des raids systématiques dans les villages et le renvoi de journalistes internationaux, il est de plus en plus difficile de documenter minutieusement les incidents[1].

Les mercenaires sont tenus au secret, mais il arrive régulièrement qu'ils postent des photos et des articles sur les réseaux sociaux dans un élan d'enthousiasme pour se vanter de leurs actions. Ils rendent même publics des enregistrements vidéo de leurs massacres. Citons le cas emblématique de la torture jusqu'à la mort d'un déserteur syrien, Mohammed Taha Ismail al-Abdoullah, par quatre mercenaires en juin 2017, dans le gouvernorat de Homs. Selon un ancien membre de Wagner, « Dmitri Outkine a personnellement ordonné que le déserteur soit torturé à mort et que l'acte soit filmé », est-il précisé dans une enquête de l'Union européenne[2]. Sur ce qui sera le premier crime de guerre largement documenté commis par Wagner, *Novaya Gazeta* publie fin novembre 2019 une enquête[3]. Sur des vidéos postées sur un groupe de discussion réunissant des wagnériens (trois autres vidéos sont mises en ligne sur Vkontakte), on voit des hommes tabasser leur victime à coups de pelle, de masse, tenter de le décapiter avec un couteau avant de le brûler. Le torturé, surnommé Bouta, avait fui au Liban, avant de revenir et, accusé d'être un djihadiste, d'être enrôlé de force dans l'armée. Il meurt dans des conditions atroces[4].

1 Voir par exemple notre analyse sur les meurtres de Serma : https://archive.is/IFAaq.

2 Union Européenne (13 décembre 2021).

3 Denis Korotkov (22 novembre 2019).

4 Voir le début de : Benoît Bringer, *Wagner, les mercenaires de la Russie* [documentaire en 2 épisodes] (2023).

Pour reconstituer son calvaire, et identifier ses tortionnaires, les journalistes russes se sont servi des méthodes en sources ouvertes : chercher des informations sur Google, Yandex et les réseaux sociaux. Ils finissent par identifier le seul homme dépourvu de masque, remontent, en explorant les réseaux sociaux russes avec un système de reconnaissance faciale, jusqu'à un certain Stanislav Dychko. Cet ancien policier de la région de Stavropol aurait, d'après des documents, rejoint Wagner en 2016 pour « défendre les intérêts de la Russie à l'étranger ».

La plainte pour torture et crime de guerre déposée par le journal en 2020 reste lettre morte, mais une action légale est intentée un an après. Alexandre Tcherkassov, le président du Centre des droits humains Memorial, nous explique le cheminement : « Nous avons été obligés, nous, défenseurs des droits humains, de nous tourner vers les autorités russes chargées des enquêtes. Ça se répète comme il y a 20 ans, lorsque les disparitions forcées, la torture et les exécutions extrajudiciaires commises pendant le conflit armé dans le Caucase du Nord ne faisaient l'objet d'aucune enquête. » Le dossier affirme que le gouvernement russe exerce un contrôle effectif sur le contingent privé qui a tué le jeune Syrien lors d'opérations menées sur le site d'al-Chaer[1]. Le 15 mars 2021, trois ONG française, russe et syrienne, ainsi que la famille de la victime déposent plainte à Moscou contre le groupe Wagner pour demander l'ouverture d'une enquête. Sans surprise, le Comité d'enquête de la Fédération de Russie fait traîner et ne donne pas suite. Alors les défenseurs des droits humains saisissent en juin 2022 la Cour européenne des droits de l'homme (CEDH) – juste à temps car la Russie n'en fera bientôt plus partie. Au-delà du jugement des faits commis contre la victime syrienne, la CEDH est attendue

1 Nœud central d'un accord pétrolier et gazier conjoint de plusieurs millions de dollars conclu entre la société General Petroleum Corporation, propriété de Damas, et Stroytransgaz, une société d'ingénierie des hydrocarbures gérée par l'État russe et dirigée par Guennadi Timtchenko, un proche de Poutine.

sur la question centrale qui occupe les esprits des juristes en droit international : celle des liens que Wagner et Prigojine entretiennent avec la Russie, et la responsabilité de cette dernière dans les atrocités commises par ces mercenaires.

LE SANG DE CENTRAFRIQUE

En RCA, la liste des exactions ne cesse de s'allonger. En janvier 2021, deux personnes handicapées sont abattues près de Paoua et de Grimari par des Russes[1]. Une affaire de plus grande ampleur éclate le 15 février : le massacre dans la mosquée al-Taqwa à Bambari. Les mercenaires, qui prétendaient être à la recherche de rebelles, ont tué environ 25 personnes avant de brûler les maisons voisines. L'imam, qui condamne souvent les violations des droits de l'homme commises par l'armée et les supplétifs russes, aurait été la principale cible. Aucun rebelle ne figurait parmi les morts.

Devant le Conseil de sécurité de l'ONU, le secrétaire général António Guterres dénonce en février 2022 des exactions commises par les « Forces armées centrafricaines (FACA) et leurs soutiens étrangers », allusion à peine voilée aux paramilitaires russes[2]. Il revient sur un raid mené au centre du pays, près de Bria, par l'armée et des paramilitaires russes dans le but de chasser des rebelles présumés. En trois jours, cette opération aura causé la mort de civils et un déplacement de la population fuyant la zone. Au total, 70 personnes sont tuées et une centaine blessées. Bangui dément officiellement toute perte civile au cours de l'opération et qualifie les informations de *fake news* dans le but de détourner l'attention[3].

L'ONU annonce le 15 avril 2022 l'ouverture d'une nouvelle enquête de la Minusca sur un massacre présumé. « Les

1 Mathieu Olivier (28 juillet 2021).
2 [Conseil de sécurité] (22 février 2022).
3 Moïse Banafio (24 janvier 2022).

mercenaires russes de la société Wagner, lourdement armés, appuyés par les soldats FACA, à bord de dix véhicules militaires, ont quitté la ville de Ndélé pour la Vakaga. En arrivant à Gordile, ils ont bouclé la localité [...] et tué au moins 22 personnes[1]. » La compagnie intercepte les survivants alors qu'ils fuient la mine avec leurs motos dans les forêts denses. Un témoin précise : « Les forces russes de Wagner ont réussi à tuer neuf des fugitifs de la mine, à proximité du site où ils les ont rencontrés[2]. »

Quand des massacres de civils ont lieu sans explication, l'ombre de Wagner plane systématiquement. Ainsi, le cas des 17 civils froidement abattus sur le marché de Kouki le 28 avril 2022 pour des raisons qui restent inconnues. Des témoins ont pointé du doigt les mercenaires[3]. Citons aussi l'attaque contre une mine contrôlée par une entreprise chinoise à Chimbolo, qui fera une dizaine de morts, tous asiatiques. Le fait que les soldats FACA qui assuraient la sécurité du site aient été épargnés permet de conclure qu'il est peu probable que des groupes rebelles soient les auteurs de l'attaque. Tout ramène aux Russes. D'après un rapport d'Armed Conflicts and Event Data Project (ACLED)[4], Wagner est en 2020 l'acteur le plus violent de Centrafrique. Depuis décembre 2020, les attaques contre des civils représentent 52 % des implications du groupe dans des incidents violents. C'est plus élevé que pour les FACA (26 %) ou les rebelles de la Coalition des patriotes pour le changement (42 %). Quand Wagner agit seul en RCA, ces violences à l'encontre des populations civiles représentent même 70 % des incidents. En 2022, pour le seul mois de septembre, pas moins de vingt-trois viols et neuf meurtres de villageois sont référencés.

1 Moïse Banafio (13 avril 2022).

2 [Darfour 24] (20 février 2022).

3 Anselme Féimonazoui (28 avril 2022).

4 ONG spécialisée dans la collecte, l'analyse et la cartographie de crise de données désagrégées sur les conflits, voir [ACLED] (30 août 2022).

MASSACRES EN SÉRIE AU MALI

Même constat de violences au Mali. Les violations flagrantes des droits de l'homme s'y divisent en cinq catégories : meurtres ; attaques contre des civils et arrestations, pillages ; abus sexuels ; déplacements de population ; menaces sur la presse et censure. Si la documentation de ces abus est rendue difficile par les mercenaires, nombre d'incidents feront leur chemin sur les médias et réseaux sociaux et susciteront une indignation internationale.

Entre 2018 et 2021, quand les médias étaient plus libres, un site d'information indépendant basé au Mali, sahelien.com, a enregistré six incidents au cours desquels 43 civils ont été tués lors d'opérations mixtes menées conjointement par les Français de Barkhane et l'armée malienne. Seul l'incident de Bounti[1] (où des frappes aériennes sur les invités d'un mariage, dans le centre du Mali, font 22 victimes) a fait l'objet d'une enquête de l'ONU. On ignore si le Mali ou la France ont suivi les conclusions de ce rapport, qui leur recommandait « d'examiner en profondeur les processus et les précautions qu'elles prennent en vue de telles frappes », afin de « mener des enquêtes sur d'éventuelles violations du droit international humanitaire et des droits de l'homme » et d'indemniser les victimes. Alors que ces incidents font partie des éléments à charge utilisés en permanence par la propagande Wagner, les exactions commises par le groupe font basculer les chiffres du côté de l'horreur. En 2022, sur les cinq premiers mois du partenariat Mali-Wagner, 456 décès sont enregistrés par l'ACLED[2]. Au total, 812 civils sont directement touchés par la violence, ce qui représente une augmentation de 151 % par rapport au premier trimestre 2021, et la plus grande catégorie de violations est le meurtre de civils, avec une augmentation de 324 %.

1 Clair MacDougall (31 février 2021).
2 Voir le site Internet : https://acleddata.com/#/dashboard.

Rapidement, les accusations de massacre s'enchaînent. Le 20 février 2022, dans les environs de Niono et d'après plusieurs témoignages, les FAMa et Wagner se déplacent de village en village pour procéder à des arrestations et à des pillages. Une fosse commune avec une trentaine de corps calcinés est découverte le 2 mars près du village de Dangere-Wotoro par des habitants de la région, les images circulent sur les réseaux sociaux[1]. Les habitants accusent l'armée malienne d'être responsable du massacre. En réponse, le quartier général des armées maliennes évoque une vidéo « faisant état d'une exécution sommaire collective des FAMa sur des populations civiles dans le secteur de Diabali dans la nuit du 1er au 2 mars » qui serait « montée de toutes pièces » pour les réseaux sociaux. Et d'ajouter : « L'état-major général des armées se porte totalement en faux contre ces allégations qui sont de nature à jeter le discrédit sur les FAMa, respectueuses des droits de l'homme et du droit international humanitaire. Les [forces maliennes] ne sauraient être responsables d'une telle abjection et ces informations constituent de la désinformation[2]. » Selon le rapport de la Minusma, la responsabilité en incomberait à la fois à des soldats maliens et à des wagnériens.

La liste des exactions s'allonge. À l'automne 2022, le massacre de Gouni Habé, près de Sofara, est bien documenté. Différents témoignages suggèrent que des mercenaires russes, des forces maliennes et des chasseurs dozos, sont arrivés par hélicoptère dans le village de Gouni le 17 septembre. Le lendemain, ils ont rassemblé des habitants dans la mosquée et les ont massacrés. Les FAMa expliquent avoir lancé une opération offensive antiterroriste dans le village[3]. Le communiqué de presse de l'armée mentionne 20 terroristes neutralisés tandis que des armes, des composants

1 [Jeune Afrique] (8 mars 2022).

2 [Maliweb] (7 mars 2022).

3 Forces Armées Maliennes, @FAMa_DIRPA, X (22 septembre 2022).

d'engins piégés et un drone ont été saisis et détruits. Une enquête[1] sera ouverte sur le meurtre de 53 civils (le nombre de victimes étant revu à la hausse).

Avant cela, le massacre de Moura, le plus sanglant, a fait le tour du monde. Entre le 27 et le 31 mars 2022, sur la base des témoignages de victimes et des décomptes mortuaires, on découvre que les FAMa et les wagnériens ont tué environ 300 personnes dans la région de Mopti, dans le centre du Mali. L'opération « antiterroriste » commence le 27 mars lorsque les forces gouvernementales entrent à Moura[2]. Des hélicoptères militaires se posent près du marché, les soldats sortent et s'approchent d'un groupe d'environ 30 djihadistes qui abattent au moins deux soldats blancs (très probablement des Russes) et des soldats maliens. Les FAMa ripostent. Des civils ayant vu la scène tentent de fuir, mais sont poursuivis par un hélicoptère qui leur tire délibérément dessus[3]. Soldats maliens et blancs encerclent et fouillent la ville de Moura, bloquant les sorties et tuant quiconque tenterait de s'échapper. Un témoin se souvient avoir entendu un officier du gouvernement dire à quelqu'un par talkie-walkie : « Arrêtez de tuer les gens, laissez-les partir », et les tueries ont cessé. Une centaine de soldats blancs parlant une autre langue que le français participe au massacre. Les villageois ont pensé qu'il s'agissait de mercenaires russes, car ils avaient entendu des histoires sur leur implication dans le conflit plus tôt dans l'année[4]. Les soldats arrêtent et interrogent des centaines de civils, confisquant leurs biens, y compris leurs téléphones. Les personnes qui refusent d'être emmenées sont abattues sur place par des soldats blancs ou arrêtées puis envoyées sur la rive du fleuve où elles sont rassemblées en petits groupes et exécutées

1 Forces Armées Maliennes, *ibid.* (8 octobre 2022).
2 [AFP] (1er avril 2022).
3 [HRW] (5 avril 2022).
4 *Ibid.*

en masse. Des membres des ethnies Bobo et Bellah sont contraints de creuser des fosses communes[1]. Les témoins ne s'accordent pas sur les raisons pour lesquelles les hommes sont sélectionnés pour être exécutés : certains affirment que ceux portant une barbe et des vêtements islamiques traditionnels étaient plus susceptibles d'être ciblés en raison de leur apparence similaire à celle des extrémistes islamiques, d'autres expliquent que les personnes exécutées étaient visées en raison de leur appartenance à l'ethnie Fulani. Ce qui impressionne surtout, c'est le nombre d'accusations étayées qui soulignent la violence des membres de la compagnie. Dans une rare vidéo publiée sur les réseaux en juin, le chef du JNIM, le mouvement islamiste dans la région, Amadou Koufa, incrimine Wagner et l'armée malienne, soulignant que parmi les tués de Moura ne figuraient qu'une trentaine de combattants, les autres étant des « innocents ».

Début avril, le Conseil de sécurité de l'ONU se voit opposer un véto russe au projet de mener des enquêtes indépendantes sur ce massacre. Finalement validée, l'enquête menée par l'ONU au Mali pendant plusieurs mois va permettre de recueillir des témoignages, des preuves médico-légales et satellitaires. En cours d'investigation, les autorités maliennes interdisent l'accès au village de Moura. Le rapport d'enquête sort un an après, en mai 2023. Il est accablant : « Au terme de son travail, la mission d'établissement des faits a conclu que l'opération militaire aéroportée et terrestre [...] a été menée en violation des règles du droit international humanitaire[2]. » Même si la communication onusienne joue la diplomatie, la présence de Russes ne laisse que peu de place au doute : « Le rapport n'identifie pas explicitement les "étrangers", mais l'ONU rapporte des témoignages recueillis par ses enquêteurs et décrivant ces étrangers comme des hommes blancs en treillis parlant une langue "inconnue"[3]. »

1 Paul Logerie (14 avril 2022).
2 [OHCHR] (12 mai 2023).
3 [ONU] (12 mai 2023).

En réaction, le gouvernement malien se dit surpris que la mission d'établissement des faits ait utilisé des drones pour obtenir des images de Moura « sans autorisation et à l'insu des autorités maliennes[1] ». Il accuse « d'espionnage, d'atteinte à la sûreté extérieure de l'État et de complot militaire » et annonce l'ouverture immédiate d'une enquête.

L'analyse de Rahmane Idrissa, chercheur nigérian en sciences politiques travaillant aux Pays-Bas, fait froid dans le dos. « Le massacre de Moura n'est pas un dérapage comme celui de Bounti (commis par des frappes françaises), mais une opération inscrite dans la doctrine de l'armée malienne. Il est – aussi affreux cela puisse-t-il être de le dire – "normal" de ce point de vue. On peut juste espérer à ce sujet que le ramdam déclenché autour de cette horreur va tempérer les ardeurs génocidaires des FAMa/Wagner[2]. » Dans le concert des nations, c'est la voix de Washington qui exprime le sentiment général : « Les États-Unis sont consternés par le mépris à l'égard de la vie humaine dont ont fait preuve des éléments des forces armées maliennes en coopération avec le groupe Wagner, une organisation criminelle transnationale soutenue par le Kremlin, lors de l'opération menée à Moura[3]. » Pourtant à l'été 2023, l'ONU vote la fin du mandat de la Minusma, qui a six mois pour quitter le Mali. Dans le pays, chefs de communautés et survivants s'inquiètent. Les Maliens se retrouvent seuls face à leurs bourreaux.

1 AFP, TV5Monde (14 mai 2023).
2 Rahmane Idrissa (7 avril 2022).
3 Department of State (15 mai 2023).

V · LA CHUTE DE L'HYDRE

« Un lion ne se soucie guère de ce que pensent les moutons. »
Tywin Lannister, *Game of Thrones*

Dans la culture politique russe, il n'est pas d'usage de laver son linge sale en public. Les conflits se résolvent en coulisses. Le fait même que des informations sur les querelles entre Prigojine et Choïgou ne cessent de fuiter indique qu'il existe un conflit sérieux entre eux. À un niveau aussi élevé, d'habitude, tout se décide dans l'antichambre du pouvoir russe, au sein d'une atmosphère calme et tranquille[1]. Cette lutte intestine est aussi le symbole du régime que Vladimir Poutine a mis en place depuis son accession au pouvoir. Un régime de crime organisé qui repose sur une répartition des richesses entre des barons du pouvoir sous l'égide du parrain, et où l'application de la loi se joue comme une partie de billard à plusieurs bandes entre ténors des services de sécurité. Cette tension sera probablement le facteur déclencheur de la chute du cuisinier.

« DON PRIGOJINE » : L'ACTE FINAL D'UNE TRAGÉDIE RUSSE ?

Prigojine allait avoir, comme tout bon personnage de fiction, besoin de son meilleur ennemi, Sergueï Choïgou qui entre 2012 et mai 2024 sera le ministre de la Défense indéboulonnable, ou presque. Le général Choïgou est un héritage d'Eltsine laissé au président et personnifie ce phénomène tragique qu'est l'inamovibilité du pouvoir. Prigojine est originaire de Saint-Pétersbourg, la capitale intellectuelle de la Russie. Le militaire, lui, est de Touva, en Sibérie, « peut-être la région la plus antirusse de la Fédération – même dans les républiques du Caucase, les autochtones traitent

1 Vsevolod Nepogodin (30 janvier 2018).

les Russes mieux que les Touvains[1] ». En janvier 2018, *URA news*, proche des services spéciaux russes, relève que Sergueï Choïgou considère la Syrie comme sa vache à lait et refuse de partager ses ressources[2]. Au Levant, les querelles commencent entre le personnel militaire russe et les mercenaires. Dans son livre, Marat Gabidullin écrit quelques passages édifiants sur la concurrence entre les deux armées. Des coups montés commencent à se produire. Ils ne se sont pas battus pour une victoire commune, mais chacun pour leur intérêt personnel. Lorsque les Russes libèrent Palmyre, Prigojine et Choïgou le rapportent à Poutine, en le présentant comme un exploit de leurs formations militaires respectives. La victoire a plusieurs pères... La présence de Wagner et de son équipe à une réception solennelle au Kremlin n'a pas non plus réjoui outre mesure les gradés de la Défense russe qui pressentaient l'arrivée d'une concurrence.

Quatre ans plus tard, rien n'a changé. À l'automne 2022, Prigojine veut démontrer l'incompétence de Choïgou : pour ce faire, il souligne l'efficacité de Wagner dans la guerre en Ukraine et l'inefficience de l'armée régulière, même s'il martèle n'avoir « aucune ambition politique. Notre tâche est de combattre et de défendre les intérêts de la Fédération de Russie[3] ». Il ne se cache pas et tacle régulièrement le ministre, comme lorsqu'un journaliste lui demande une réaction sur la libération de Bakhmout par les forces russes, la réponse de Prigojine est cinglante : « Je ne peux en aucun cas commenter les propos de M. Choïgou. Je ne l'ai pas rencontré à Artemivsk[4]. » Prigojine estime que le ministre n'est plus apte à occuper son poste à la Défense : « C'est l'ancien vice-ministre de la Défense chargé de la logistique, Mikhaïl Mizintsev, et le chef d'état-major général, Sergueï

1 Vsevolod Nepogodin (30 janvier 2018).

2 Andrey Guselnikov (19 octobre 2018).

3 Пресс-служба Пригожина, Telegram (6 mars 2023).

4 Nom russe de Bakhmout ; voir Пресс-служба Пригожина, Telegram (7 mars 2023).

Sourovikine, qui devraient être ministres de la Défense à sa place[1]. » Tout s'accélère quand une nouvelle loi oblige l'ensemble des organisations paramilitaires russes à signer un contrat avec le ministère de la Défense russe consacrant alors Choïgou comme grand chef d'orchestre des différents types de bataillons et organisations impliquées dans le conflit ukrainien. Pour Prigojine, il est hors de question de s'inféoder à son grand ennemi. S'engage alors une communication de plus en plus agressive de Prigojine sur ses réseaux sociaux dénonçant le mauvais soutien de l'armée russe à ses troupes et invectivant Choïgou.

Deux dates en 2023 scellent l'avenir du groupe Wagner qui ne se conjuguera pas au présent et encore moins au futur. Avec sa marche sur Moscou, le 23 juin, l'oligarque inflige au tsar une humiliation qui aurait pu fissurer durablement sa mainmise sur la Russie. Il le paiera de sa vie deux mois plus tard, le 23 août, ce qui mettra fin au groupe Wagner tel qu'il est connu historiquement. Celui que l'on appelle « le cuisinier de Poutine » aura réussi malgré lui ce qu'aucun gouvernement occidental n'était parvenu à faire depuis l'entrée en guerre de la Russie contre l'Ukraine : menacer directement le tsar du Kremlin qui préférera l'éliminer pour préserver son pouvoir.

REQUIEM POUR WAGNER

Habitué des prises de paroles sur ses propres réseaux sociaux, le leader du groupe de paramilitaires passe un cap, le vendredi 23 juin, en remettant en question avec une virulence nouvelle l'intervention militaire russe en Ukraine. Dans son discours qui s'étale sur une demi-heure, la guerre devrait déjà être terminée car Kiev était, selon lui, prêt à conclure n'importe quel accord. Seuls les *siloviki* pousseraient à la poursuite d'un conflit devenu trop coûteux. L'ancien vendeur de hot dogs juge les succès militaires russes inexistants sur

1 Вёрстка, Telegram (24 mai 2023).

le front ukrainien, alors même qu'il a revendiqué la prise symbolique de Bakhmout un mois plus tôt. Les premières notes d'une marche funèbre.

Jusque-là et depuis une décennie, les opérations menées par le groupe Wagner pour faire avancer les intérêts de Moscou à travers le monde se veulent discrètes. Celle-ci change définitivement la donne : à cause d'un équipement désuet et d'une chaîne de commandement peu efficace, ses hommes, d'anciens prisonniers pour la plupart, tombent comme des mouches. Depuis la bataille de Bakhmout au printemps 2023, les tensions se sont aggravées entre le chef de Wagner et le ministre russe de la Défense alors en fonction, Sergueï Choïgou. Les deux hommes se détestent depuis de nombreuses années. Les saillies contre l'état-major russe et ce coup de force pourraient en réalité être dictées par le désir de devenir calife à la place du calife. À l'arrivée, c'est Poutine qui est visé, comme si la créature s'était retournée contre Frankenstein.

La tension s'accroît encore dans la soirée du 23 juin, quand Prigojine accuse l'armée russe d'avoir tué des mercenaires en effectuant des frappes sur les camps de base de Wagner à l'arrière du front ukrainien. Information immédiatement démentie par le commandement russe. Tandis que sur leur canal Telegram, les partisans de Prigojine appellent à la mutinerie, à stopper le haut commandement, à arrêter les traîtres, leur chef annonce « une marche pour la justice ». Affirmant disposer de 25 000 hommes, l'oligarque encourage les Russes, en particulier les soldats de l'armée régulière, à rejoindre Wagner. Le mot est lâché : il s'agit d'un « appel à la mutinerie armée », selon le FSB, qui ouvre une enquête.

Ses hommes semblent marcher sur le Kremlin et Poutine est directement menacé. Sur Telegram, Prigojine clame : « Tout soldat ne se joignant pas à l'opération de nettoyage sera considéré comme un traître et traité comme il se doit. » Des pirates font diffuser sur des chaînes de télévision russes des messages contre Poutine et à la gloire du groupe. Avant que minuit ne sonne, le glas de cette mutinerie résonne : le pouvoir fait livrer des équipements militaires dans le bâtiment de la Douma à Moscou et boucler des quartiers de la capitale. Selon une source de l'agence de presse russe TASS, les transports sont sous surveillance, la Garde nationale (*Rosgvardia*), les unités de la police antiémeute ont mises en état d'alerte. Poutine disparaît des radars, donnant libre cours à toutes les spéculations.

Le samedi 24 juin, c'est en complet noir, l'air grave et le ton martial, que le maître du Kremlin choisit de réapparaître. À la télévision, il s'adresse solennellement à la nation et, sans nommer l'homme qui le défie, déclare : « C'est un coup de poignard dans le dos de notre pays et de notre peuple [...] Ce à quoi nous faisons face, ce n'est rien d'autre qu'une trahison. Une trahison provoquée par les ambitions démesurées et les intérêts personnels. » Le président russe fait aussi référence aux événements de 1917, aux dissensions et intrigues internes ayant mis en fragilité l'Empire russe et marqué le début de la révolution d'Octobre. Poutine jure qu'il ne laissera pas une telle situation se reproduire, alors même qu'on annonce les hommes de Wagner aux portes de la capitale. Des affrontements entre troupes régulières et mercenaires sont signalés, ainsi que des destructions. La panique s'installe dans les ministères, l'avancée des mutins montrant au monde entier les difficultés de la Russie. La progression de la colonne Wagner est d'autant plus facile qu'il y a très peu de troupes armées sur le sol russe, la plupart étant mobilisées en Ukraine, de même que les armes lourdes qui auraient pu mettre fin à l'avancée. Le président ukrainien Volodymyr Zelensky se plaît à dire que « Poutine n'est plus à Moscou ». À ce stade, les méthodes de recherche en sources ouvertes donnent de premiers indices sur ce qui se déroule : un étrange ballet aérien est visible sur les sites de *tracking* d'avions. Les vols se succèdent entre la capitale et Saint-Pétersbourg, illustrant ainsi la panique des oligarques.

Le dénouement inattendu de ce qui a pu s'apparenter à une tentative de putsch viendra d'un *deus ex machina* providentiel : le président biélorusse Alexandre Loukachenko. Ce dernier annonce sur un canal Telegram officieux qu'il a négocié l'arrêt des mouvements de troupes wagnériennes et une désescalade des tensions. L'homme, ancien gestionnaire d'une ferme collective devenu président, s'invente des talents de négociateur à la fois pour la Russie et l'Occident, et connaît une heure de gloire momentanée. Nous observons par satellite la formation d'une nouvelle base militaire de 24 000 m^2 près de Minsk. Juste après le message de Loukachenko, Evgueni Prigojine déclare que ses hommes rentrent dans leurs camps afin d'éviter un bain de sang. Depuis Rostov, à 1 100 kilomètres au sud de Moscou, ils ont progressé de près de 780 kilomètres, aidés d'images satellites récemment acquises par la galaxie du chef, sans avoir été arrêtés, et même avec le soutien des civils rencontrés. Dans les jours qui suivent, les autorités russes s'attachent à faire disparaître le nom de Prigojine de la sphère publique. Encéphalogramme plat sur les comptes du service de presse de Concord, sa holding. Ses médias sont censurés. Il n'existe plus, comme effacé de l'Histoire.

Evgueni Prigojine a sonné sa propre fin. Comment expliquer ce double revirement : l'allié devenu traître, le mutin rentrant à la caserne ? Au-delà de l'Ukraine, comment détricoter la toile d'une milice tissée aux quatre coins du monde ? Sergueï Lavrov, ministre russe des Affaires étrangères, passe le week-end à rassurer ses alliés africains qui se demandent comment leurs régimes tiendront debout sans les services de Wagner. Qui voudra encore d'un partenaire instable et faible ?

Première explication possible à ce coup de poker : Sergueï Choïgou avait annoncé qu'au 1er juillet 2023, tout le personnel employé par des organisations paramilitaires devrait signer un contrat avec l'armée régulière. Si la mesure semble être bien acceptée par la plupart des organisations paramilitaires, elle aurait très probablement signifié la fin de l'indépendance du groupe Wagner, après dix ans d'un business juteux. Face à cet ultimatum, Evgueni Prigojine a tenté de sauver son autonomie et son statut. Mais les cartes qu'il a piochées n'étaient qu'une paire d'as et de huit, autrement dit « la main de l'homme mort ». À croire que Prigojine voulait mettre en pratique ce qu'il aurait pu lire dans *Guerre et Paix*, de Léon Tolstoï : « L'homme n'a pouvoir sur rien tant qu'il a peur de la mort. Et celui qui n'a pas peur possède tout. »

Seconde explication : un coup de sang de plus du chef de Wagner qui, à force de rhétorique extrême, finit par devenir sa propre victime. Prigojine n'est ni un idéologue, ni un politicien, ni même un militaire. Entrepreneur d'influence, il a consolidé sa fortune grâce à la guerre, et il a beau jeu de dénoncer l'arrogance, l'incompétence, la stupidité des décisions prises et la corruption de l'entourage des officiers supérieurs de l'armée régulière. Un article en fait la description suivante : « Il surveille tout, il est mécontent même quand les résultats sont bons. Une de ses blagues récurrentes, c'est d'entrer dans le bureau de ses employés pistolet en main et de lancer : "Allez, viens, on va parler, je vais te buter." La possibilité de mourir d'un accident de voiture ou poignardé dans le dos dans la rue est quelque chose que l'on a en tête quand on travaille chez lui[1]… »

Bien qu'il n'hésite pas à sacrifier de nombreuses vies pour atteindre ses objectifs militaires, il s'est forgé une réputation de défenseur de ses soldats, notamment en étant présent à leurs côtés dans les tranchées. La prise de Bakhmout à l'issue d'une bataille féroce en a été l'illustration. Il met en scène son respect pour ses adversaires en organisant la restitution aux Ukrainiens de dizaines de cercueils contenant les corps de leurs soldats tués au combat, enveloppés dans le drapeau bleu et jaune. Lors des funérailles de ses mercenaires dans les provinces russes, il critique avec véhémence les fonctionnaires qui refusent de participer aux honneurs militaires.

1 Paul Gogo (19 janvier 2023).

Rien de surprenant à ce qu'il ait baptisé son assaut contre la hiérarchie moscovite « Marche de la justice » : avec son langage carcéral et souvent vulgaire, il incarne les frustrations d'une grande partie de l'armée, exprimant ouvertement ce que beaucoup pensent tout bas.

En sortant de leurs casernes, le héraut et ses hommes ont franchi une ligne rouge et il leur est impossible de revenir en arrière. Les termes d'« insurrection », de « trahison » et de « coup de poignard dans le dos » résonnent comme des condamnations définitives dans la bouche du maître du Kremlin. Sous le règne de Poutine, il est possible d'être coupable de malversations et de rester impuni, épargné ou simplement écarté. Mais dans ce code de conduite particulier, tout comportement perçu comme une trahison ne permet aucun retour en grâce.

Le Kremlin mûrit froidement sa vengeance, la préparant attentivement dans les semaines qui suivent le coup de force. Les tranchées ukrainiennes ne se sont pas vidées, même si l'appel de Choïgou a eu peu de succès. En Afrique, le Kremlin travaille sur des scénarios pour la suite de Wagner, Prigojine reste visible au cours des deux mois qui suivent sa mutinerie. Les charges contre lui sont toutes abandonnées, et il est même reçu par Vladimir Poutine en personne. L'argent liquide qui avait été saisi dans ses bureaux de Saint-Pétersbourg lui est également restitué. Car les hommes de Poutine, d'appels téléphoniques en voyages express à l'étranger, martèlent que Wagner poursuivra ses activités en dehors de la Russie et de l'Ukraine. Que ce soit Wagner, Mozart, Schubert, Chopin ou Stravinsky, le message est clair : le Kremlin compte bien continuer à peser sur la scène internationale en perpétuant l'esprit du groupe. Mais n'est pas virtuose qui veut et bien que la mutinerie ait échoué, le malaise persiste. Il a ouvert une brèche et l'incertitude pèse plus que jamais sur l'avenir de la guerre en Ukraine et la stabilité des gouvernements qui ont choisi d'employer Wagner. Une chose est sûre, le président russe entre dans la phase la plus difficile de son règne. Un seul mot d'ordre : l'Afrique.

Nouveau coup de théâtre, le 23 août, deux mois jour pour jour après son échec : le jet d'affaires privé immatriculé RA-02795 s'écrase entre Moscou et Saint-Pétersbourg. Appartenant à Evgueni Prigojine, il transporte le chef ainsi qu'une poignée de dirigeants du groupe Wagner. La nouvelle ne surprend donc personne, mais la rapidité avec laquelle l'information circule détonne. Le Kremlin veut faire passer au plus vite le message que Prigojine est mort. Alors que l'administration russe est plutôt connue pour sa lenteur dans le traitement de ces affaires, pas question de perdre une minute cette fois-ci. Les autorités aériennes russes communiquent rapidement sur l'incident. La liste des passagers enregistrés à bord de l'appareil est mise en ligne dans les heures qui suivent. Les noms des deux personnages clefs de Wagner (Evgueni Prigojine et Dmitri Outkine) sont vite cités et tournent en boucle sur les télévisions russes. D'autres noms tombent, comme celui de Valery Tchekalov, grand logisticien des affaires du groupe et actionnaire d'Evro Polis, la société chargée du paiement des mercenaires, du pétrole syrien et des achats d'armes. Le reste des passagers sont des vétérans des opérations militaires du groupe à l'étranger, ainsi que les membres d'équipage.

L'Hydre est décapitée. D'autres communiqués officiels indiquent que tous les corps ont été récupérés et que des analyses ADN seront faites. Circulez, il n'y a plus rien à voir, on passe à autre chose. Poutine, reclus au Kremlin (il est sous le coup d'un mandat d'arrêt de la Cour pénale internationale pour crimes de guerre), intervient en visioconférence lors du sommet des BRICS en Afrique du Sud, sans faire aucune mention de ce qui vient de se jouer. Dmitri Peskov, son porte-parole, ne s'exprime pas plus. L'accident en lui-même reste moins clair. Les sites de *tracking* d'avions n'ont montré aucune anomalie, le vol se déroulait sans accroc. Le plan est parfait. Des théories évoquent un tir de missile d'une batterie de défense anti-aérienne stationnée près de Tver, où l'avion s'est écrasé. Il est aussi fait mention d'un coffret de vins luxueux emporté à la dernière minute dans l'appareil, et qui aurait pu contenir une bombe dissimulée, ou d'une improbable attaque de drones ukrainiens. Le 21 janvier 2024, *The Financial Times* publie un portrait de Kyrylo Boudanov, chef des renseignements militaires ukrainiens, qui met implicitement en question la mort du cuisinier. « En parlant de Prigojine, je ne tirerais pas de conclusions aussi rapides. Je ne dis pas qu'il n'est pas mort ou qu'il l'est. Je dis qu'il n'y a aucune preuve de sa mort[1]. » Comme quoi, même disparu, Prigojine continue d'alimenter les fantasmes. Une seule certitude : Vladimir Poutine a repris le contrôle.

Quelques jours avant la chute de son avion, Prigojine relançait les recrutements du groupe depuis le Mali, dans ce qui restera sa dernière vidéo, un ultime baroud d'honneur pour sauver la situation. Il aurait été dépêché en urgence sur le continent africain pour réaffirmer ses positions auprès de ses clients africains – démarchés directement cette fois par les services de sécurité russes –, sa seule carte de survie auprès de Poutine. S'il n'y aura aucune certitude quant aux circonstances précises du crash, les sympathisants du groupe, eux, sont abasourdis, et cherchent d'abord à nier la réalité de l'événement. Certains appellent à marcher contre ceux qui ont tué leur chef s'il ne réapparaît pas – après tout, Prigojine n'est-il pas maître dans l'art des manigances ? Il avait été annoncé mort dans un accident d'avion au Congo en 2019 pour mieux réapparaître ensuite. Les circonstances sont différentes cette fois, et ses soutiens finissent par croire à sa mort en partageant des témoignages, des messages de soutien aux chefs tombés, et en appelant à ne pas propager de fausses informations. À Saint-Pétersbourg, l'immeuble Wagner est illuminé d'une croix et des gerbes de fleurs sont déposées, signe de la popularité des chefs du groupe. Les

1 Cité par Mathieu Olivier (22 janvier 2024).

inhumations de Prigojine, Tchekalov et Outkine sont très discrètes, le 29 août. Les correspondants de médias occidentaux encore présents à Saint-Pétersbourg traquent les corbillards en vain, dans l'espoir d'obtenir des images. En mai 2022, Prigojine répondait à une question du journal britannique *The Guardian* sur les exactions du groupe Wagner au Mali en citant un proverbe russe : « N'essaye pas de pisser contre le vent ou tu risques de te noyer dans les éclaboussures ». Prophétique pour celui qui osa défier Vladimir Poutine.

VI · WAGNER EST MORT, VIVE WAGNER

« La plupart des hommes de pouvoir tirent leur aura de la position qu'ils occupent. À partir du moment où ils la perdent, c'est comme si la prise avait été arrachée. »
Giuliano da Empoli, *Le Mage du Kremlin*

L'histoire de Wagner oscille entre fiction et réalité, entre films et matériaux produits par l'empire prigojinien, un éditeur de jeux de société américain suit le mouvement et fera de la nuit du 23 juin 2023 un jeu de plateau, employant les mécanismes de base du jeu de l'oie. Pour gagner, marcher sur Moscou.

Ce que Prigojine appelle marche pour la justice est une mutinerie. Des hauts gradés[1], dont un certain Iounous-bek Evkourov, seront vus en train de négocier avec lui. Prigojine abandonne finalement son projet d'atteindre le Kremlin, il aura joué de tous ses atouts et scellé son sort. Cette mutinerie avortée symbolise la fragilisation de l'empire de Poutine, la première secousse d'une possible chute du Tsar. Poutine le sait et est acculé, humilié et obligé de négocier pour sauver sa peau. Secousse qui n'aura un an après eu que peu de conséquences. Pour le chef du MI6 britannique, « Prigojine était considéré comme un traître au petit-déjeuner, puis il a été gracié au dîner. Et deux jours plus tard, il était invité à prendre le thé ». Il récupère les biens qui ont été saisis par le FSB et les charges sont abandonnées contre lui[2]. Il semble avoir négocié et fait jouer dix ans de succès au service de la Russie. Décrit comme loyal à Poutine par plusieurs membres du sérail russe, il est aperçu au Kremlin en compagnie des principaux responsables de son organisation lors

1 [Meduza] (24 juin 2023).
2 Valérie Hopkins (27 juin 2023).

d'une longue réunion avec Vladimir Poutine. Aucune information n'a filtré sur le réel contenu de cet échange. Mais pour Vladimir Poutine, un traître est un traître. Quant à la Russie, elle poursuit ses ambitions d'influence russe sur le continent africain, pion utile de la partie d'échecs dans sa guerre en Ukraine et sa projection de puissance.

ENTRE FLOTTEMENTS, DÉSILLUSION ET NOUVELLES LUNES DE MIEL

Pourtant, la mutinerie de Prigojine et la gestion du Kremlin vont nuire aux affaires africaines. Les diplomates occidentaux se précipitent chez le président centrafricain pour le questionner sur la confiance qu'il peut accorder à une équipe prête à défier son propre pays et à un pays qui n'hésite pas à éliminer sa vache à lait. Seront-ils vraiment au rendez-vous pour protéger son pouvoir ? Dès l'été, Touadéra réouvre des négociations et un canal avec la France et les États-Unis. Soupe à la grimace aussi chez les colonels maliens qui ne commentent pas l'actualité. Sergueï Lavrov, le ministre russe des Affaires étrangères, passe son week-end au téléphone[1] lors de la mutinerie pour assurer à ses partenaires africains que rien ne change, les instructeurs russes resteront présents. L'image du partenaire fiable est écornée auprès des anciens clients.

Moment de flottement aussi pour les fermes à trolls du groupe Wagner. Des rumeurs indiquent que les bureaux du projet Lakhta[2] sont désertés, que les employés emporteraient les disques durs des ordinateurs ; les organes de presse de Patriot media cessent d'émettre. Les influenceurs panafricains connus pour relayer les messages fabriqués par le groupe Wagner ne disent plus grand-chose. Puis les faux profils redémarrent.

1 Selon des sources d'All Eyes on Wagner.
2 Ilya Koval (13 juillet 2023).

Déjà une nouvelle équipe semble prendre la relève lors du sommet Russie-Afrique avec la présence d'un haut cadre du renseignement militaire russe (GRU), le général Andreï Averianov – découvert par le grand public en 2018 pour son rôle clé dans l'empoisonnement au novitchok de Sergueï Skripal, officier de renseignement russe réfugié au Royaume-Uni. Il est de toutes les réunions bilatérales avec les délégations des pays africains où le groupe Wagner a une présence. L'homme à l'honneur, au centre de toutes les attentions publiques du président Poutine, c'est le jeune capitaine Ibrahim Traoré à la tête du Burkina Faso. Les hommes, complices, démarrent une nouvelle collaboration qui mènera plus tard au débarquement de troupes russes dans le pays.

La lune de miel ne s'arrête pas au Burkina Faso. La veille de la mort de Prigojine, le numéro 2 la Défense russe, Iounous-bek Evkourov, est en Libye à la rencontre du maréchal Haftar. C'est la première visite officielle d'autorités militaires russes de ce niveau du côté de Tobrouk. L'enjeu est de discuter de l'après-Wagner. La Russie dépêche ses meilleurs diplomates dans la région et veut ouvrir ambassade et consulat des deux côtés de la Libye. Le général Sergueï Sourovikine, l'ancien commandant en charge des opérations militaires russes en Ukraine, tombé publiquement en disgrâce pour sa proximité avec Prigojine, semble finalement œuvrer dans la région. L'enjeu est d'importance : une base navale dans la Méditerranée. Du côté de la Syrie, où Evkourov fera halte à Damas, le vice-ministre s'appuie sur son homologue syrien pour l'aider à faire signer un contrat avec le ministère de la Défense russe aux membres du groupe Wagner ou, le cas échéant, pour les rapatrier en Russie.

REPRISE EN MAIN DES AFFAIRES PAR LE KREMLIN

Le crash de l'avion de Prigojine lance le début de Wagner 2.0, dont les affaires sont reprises en main par le Kremlin. Alors que l'organisation exacte de cette nouvelle ère wagnérienne reste relativement mystérieuse, des éléments qui apparaissent en sources ouvertes nous permettent d'appréhender l'évolution du concept de l'armée de l'ombre de Poutine.

La distinction entre Wagner « canal historique » et le statut des membres de l'Africa Corps n'est pas encore très claire et, d'ailleurs, les pays employeurs continuent à parler d'« instructeurs russes ». Wagner reste une « marque », avec une histoire, une légende, ses codes, qui créent de la cohésion et de l'envie d'aller travailler pour ce type de structure. Puissante, la marque reste inchangée au Mali, en Centrafrique ou même en ligne sur les chaînes Telegram et pour le recrutement.

Au lendemain de la mort du « cuisinier de Poutine », une délégation emmenée par Evkourov fait la tournée des alliés et des amis africains : Mali, Burkina Faso, Centrafrique, Niger et même plus tard la Guinée Equatoriale et le Togo. Lors de ce voyage, Evkourov est accompagné de personnes clés, déjà aperçues au Sommet Russie-Afrique, comme Andreï Averianov, ainsi que par les chefs de poste, dans chaque pays, du renseignement extérieur russe, le SVR. Ils sont aussi entourés d'anciens du renseignement militaire représentant des intérêts privés, comme Victor Boyarkin du Bureau Legint, sorte de cabinet de consultants et de communication. Il n'est pas question de dépecer la bête, plutôt de se la réapproprier. Le message qui commence à être diffusé : continuité des opérations et répartition des missions entre plusieurs agences. L'idée est de continuer à utiliser le concept qui fait l'influence russe tout en évitant de faire émerger un nouveau leader charismatique, qui pourrait menacer le pouvoir de Vladimir Poutine. La GRU[1] prend donc une place centrale dans la reprise de ces opérations en mobilisant l'ensemble des organisations paramilitaires, notamment les organisations Redut ou Convoy, qui ont signé un contrat avec le ministère de la Défense pour créer des filières de recrutement et de soutien pour les opérations internationales. Sur le territoire ukrainien, les combattants historiques de Wagner qui souhaitent se réengager sont répartis entre différentes unités de la Garde nationale (*Rosgvardia*) mais aussi des détachements d'assaut du renseignement militaire comme le 414e, ou des groupes affiliés à l'agence de renseignement, comme les *Medvedis* (« les ours »). Ces combattants volontaires ont formé une brigade en Crimée au printemps 2023. À l'été, ils signent un contrat avec le ministère de la Défense russe et se retrouvent intégrés à la GRU (unité 35555). Après avoir rencontré Iounous-bek Evkourov, une centaine d'hommes des *Medvedi* prend ses quartiers africains à partir de décembre 2023 aux côtés de l'Africa Corps[2]. On retrouve des anciens du groupe Wagner dans ces sociétés militaires privées nouvellement créées, tandis que Pavel Prigojine, fils et héritier du « cuisinier », négocie la cession des activités militaires de Wagner à la Garde nationale. Les officiers traitants du SVR (les services du renseignement extérieur russe), en costume cravate, mettent la main sur certains pans des affaires africaines de Prigojine.

Dès le mois de novembre 2023, les Africa Corps[3] ont fait leur apparition en ligne. Nouvelle marque dont le nom est facile à retenir, elle serait une opération de la GRU, rassemblant des anciens du groupe Wagner et de nouvelles recrues. C'est sous cette appellation que la Russie pose d'abord le pied au Burkina Faso dès le mois de décembre 2023, puis au Niger au mois d'avril 2024. C'est aussi sous ce nom que

1 Jack Watling, Oleksandr V Danylyuk et Nick Reynolds (20 février 2024).

2 Ilya Barabanov et Anastasia Lotareva (28 juin 2024).

3 Jędrzej Czerep et Filip Bryjka (23 mai 2024).

des officiers de la GRU sont détachés en masse en Libye à partir de 2024 afin de récréer un corridor logistique et stratégique pour la Russie entre la Méditerranée et le Sahel. La Libye sert de base logistique pour les opérations russes en Afrique du Nord, comme c'était déjà son rôle à un moment donné avec le groupe Wagner. Des combattants russes y sont présents et Moscou envisage d'y établir une base navale. Plus tard, ils auront des hommes en Guinée Equatoriale et courtiseront le Togo.

Même si les noms évoluent, le produit reste le même : préserver les régimes clients. L'Africa Corps ne vient pas seul, il est accompagné d'un service d'influence et de communication personnifié par une nouvelle organisation créée en septembre 2023 : African Initiative[1]. Elle se présente comme une agence de presse dédiée aux affaires africaines, dirigée par Artyom Kureyev. C'est en fait un dispositif d'influence où l'on retrouve une grande partie de l'ancien bureau Afrique de Prigojine : consultants politiques, communicants et blogueurs. Mais au-delà de la publication d'informations sur les pays africains, African Initiative joue un rôle bien plus offensif dans les pays où s'implante l'Africa Corps. Au Burkina Faso, sous l'impulsion du blogueur Victor Lukovenko (ancien consultant de Prigojine lors des élections à Madagascar notamment), se crée l'association locale African Initiative Burkina Faso. Présentée comme une association burkinabé déconnectée du média russe, elle permet en fait d'aller toucher la société civile et les populations du Burkina Faso avec des messages anti-Occidentaux[2]. Le projet African Initiative est d'ailleurs présenté par les juntes militaires clientes des Russes à la communauté journalistique locale, pour les inciter à faire passer des messages favorables auprès des populations locales. Derrière le dispositif African Initiative, les Maisons Russes bourgeonnent en Afrique.

1 [AEOW] (4 décembre 2023).

2 [State Departement] (12 février 2024).

La GRU n'est pas la seule agence de renseignement à être impliquée. Son rival le SVR est de toutes les réunions. On prête même à son chef, Sergueï Naryshkin, un accord passé avec le fils héritier de Prigojine. Selon la répartition du gâteau wagnérien, la reprise de missions plus politiques lui aurait été confiée, en lien avec les forces de l'ordre et surtout les missions économiques. Depuis la mort de Prigojine, les entreprises russes se bousculent au portillon pour tout vendre aux pays africains, du blé au pétrole en passant par des centrales nucléaires à construire en zone de crise terroriste, et même des voyages dans l'espace, promesse d'un partenariat qui envoie au septième ciel !

Un acteur historique semble tirer son épingle du jeu : Dmitri Syty, le jeune bras droit de Prigojine en Centrafrique. De retour à Bangui depuis la fin du printemps 2023, on le voit tour à tour accompagnant le président Touadéra pour une rencontre avec Dmitri Medvedev en Russie, ou en chef de guerre d'un contingent de Wagner historique posté en brousse. À la tête de la Maison Russe de Bangui, il affiche aussi ses négociations d'accords commerciaux entre la Russie et son pays d'adoption. Nouvel oligarque russe de Centrafrique ou paravent d'un des services, la Russie a toujours laissé survivre les petits seigneurs utiles tant qu'ils ne menacent pas le pouvoir du plus grand.

En mai 2024, dans une longue vidéo postée sur YouTube[1], Victor Lukovenko lance depuis Bichkek, au Kirghizistan, le Central Asian Initiative, copie conforme de l'African Initiative. Quelques semaines plus tard, le Kremlin se prépare à reconnaître les Talibans comme gouvernement officiel de l'Afghanistan. Une décision politique préparée depuis de longs mois par deux stars, figures connues des sphères africaines et wagnériennes : Ioulia Afanaseva et Maxim Chougaleï. Dix ans après, le concept créé avec Evgueni Prigojine et le groupe Wagner, mijoté et amélioré en Afrique loin de la

1 Central Asia Initiative, YouTube (3 mai 2024).

zone de confort russe, s'exporte à nouveau dans le voisinage russe pour regagner des parts d'influence délaissées par la Chine et vacantes depuis le départ des forces occidentales d'Afghanistan.

L'ARMÉE SECRÈTE DE POUTINE, ENTRE L'HYDRE ET LE PHÉNIX

L'armée secrète de Poutine reste à la fois l'un des plus grands succès de la Russie des dix dernières années pour sa capacité à grignoter des territoires à la barbe des Occidentaux, et en même temps la menace la plus dangereuse pour le système Poutine. Et si l'après-Prigojine montre que l'héritage Wagner se perpétue, il est loin d'être résistant à toute épreuve. Il va falloir survivre dans la compétition entre les différents services de renseignement russes ainsi qu'au rouleau compresseur de la guerre en Ukraine. Et ce n'est pas en ravivant les vieilles gloires du passé dans Wagner Légion Istra pour le recrutement de nouvelles forces vives qui renverra la Russie à l'âge d'or de Prigojine. Cette nouvelle organisation mercenariale a recruté les anciens combattants célèbres du groupe Wagner historique. Fondée à Istra en 2024, elle est en fait affiliée au Ministère de la Défense russe qui se sert de l'image de marque du groupe encore bien utile.

L'idée de Wagner essaime aussi dans d'autres pays, mettant au défi le concept russe. Au Mali, où il exerce déjà des missions de protection d'officiels maliens, et au Niger, des organisations paramilitaires turques comme Canik ou Sadat volent des parts de marché auprès des juntes clientes et s'opposent aux Russes en Libye. Pour Ankara et Moscou, les positions divergent. La Russie soutient le maréchal Haftar, tandis que la Turquie appuie le gouvernement de Tripoli. L'arrivée des SMP turques au Sahel soulève désormais des questions quant à la coexistence de ces groupes paramilitaires aux intérêts parfois opposés. Les rémunérations inférieures offertes par la Turquie aux mercenaires par rapport à Wagner, et donc les coûts plus faibles pour les clients, pourraient fragiliser la domination russe dans ce domaine. L'activisme économique de la Turquie en Afrique lui confère un avantage certain. Sa compétitivité et ses positions solides sur le continent pourraient en faire un choix alternatif crédible, offrant de nouvelles alternatives aux pays africains.

En République Démocratique du Congo, plusieurs organisations privées assurent la sécurité dans l'est du pays (comme le Français Olivier Bazin, chef de la société Agemira[1], ou la société roumaine Congo Protection[2]).

La pression internationale des gouvernements, organisations internationales et de la société civile continue de s'exercer sur les actions de Wagner 2.0, et des procédures juridiques sont en phase d'amorce. Mais plus que tout, l'aventure Wagner aura questionné les démocraties occidentales. Cette aventure aura aussi révélé les contradictions dans leurs décisions de politique étrangère, leur approche des valeurs et du passé. L'aventure Wagner pour l'Ouest s'est surtout illustrée par la capacité à contrer l'expansion de cette Russie vorace de conquête et à travailler ensemble, parfois sans succès, parfois sans avancées. Comme le décrit Giuliano da Empoli dans son roman *Le Mage du Kremlin*, Wagner pousse à « sortir de la logique occidentale du gadget, du débat entre bureaucrates qui confrontent des courbes statistiques pour construire un système qui satisfasse les exigences fondamentales de l'homme : telle est la mission à laquelle nous nous sommes attelés à partir de ce moment. La politique des profondeurs, jour et nuit, sans aucune interruption. »

....

1 [Belga] (13 janvier 2023).
2 [RFI] (16 février 2024).

REMERCIEMENTS

Conclure sur cette enquête qui a été une obsession est un vrai défi. Cette aventure n'aurait pas été possible sans le soutien et la bienveillance de nos partenaires respectifs. Nous voulions remercier Muriel et la famille « D.A.S.B. » pour leur patience et leur courage à nous écouter parler de ces mercenaires depuis si longtemps. Aux premiers moments du projet All Eyes on Wagner, il y a cette formidable équipe d'OpenFacto, une immense dédicace et gratitude à Hervé pour ses apports et son pitch, qui a permis de voir la naissance de grandes enquêtes avec le consortium *European Investigative Collaborations*. Nous y avons croisé des gens formidables et de vrais passionnés d'enquêtes. Ces collaborations ont permis à notre collectif de se faire connaître et de gagner en légitimité. Les efforts de Justine, Kasper, Nicola, Nicolas, Wubby et Stefan et tous les autres sont aussi salués.

Discrètement et derrière notre parcours se tiennent Vincent, Adam et Quentin, admirables chevaliers de la veille, aux conseils et carnets d'adresses fournis et aux idées sans borne. Nous sommes All Eyes on Wagner, un groupe d'amis réunis autour des claviers et pour qui l'investigation aurait pu être une religion. Soudés, nous avons fait face aux rumeurs et continuons notre travail. All Eyes On Wagner, projet unique en son genre, est devenu une véritable communauté d'échange et de réflexion autour de la question russe avec l'ensemble des acteurs du domaine. Nous avons réussi à créer des ponts entre les gens, les géographies et casser des silos. C'est une formidable aventure humaine. Derrière notre collectif, nous avons fondé une association, Inpact, dont l'objectif est maintenant de devenir le premier collectif d'investigation technique en Europe lançant des projets d'enquêtes au long court qui auront tous pour base une recherche en sources ouvertes.

Une pensée se dirige aussi vers les personnes qui ont animé les comptes X comme Calibra Obscura et Gerjon, leurs travaux et leurs analyses partagées avec la communauté OSINT sont vitaux. Même s'ils ont partagé gratuitement ce qui était en sources ouvertes, ils n'ont pas eu d'autres choix pour certains, face à des pressions sur leurs personnes, que de quitter le réseau social et d'arrêter leurs travaux.

Et finalement, nous voulions remercier officiellement Evgueni Prigojine d'avoir rendu possible, malgré lui, la réalisation d'une enquête en sources ouvertes. Sans ses interventions sur Telegram ou VKontakte, il aurait été impossible de connaître le fond de la pensée de notre protagoniste principal.

Lou Osborn et Dimitri Zufferey, novembre 2024

INDEX

A
Afanaseva Ioulia 127, 135, 137, 144, 146, 284
Antiterror 39, 40, 41, 42, 43, 211
Aurum production 85, 122, 123, 124, 239
Averianov Andreï 204, 280, 281

B
Barlow Eeben 33, 49, 50
Bois Rouge 223, 224, 225, 226
Bozizé François 142
Bychkov Peter 127, 137

C
Choïgou Sergueï 67, 153, 161, 190, 267, 268, 270, 272
Chougaleï Maxim (Shugaley) 114, 124, 128, 129, 130, 139, 140, 141, 142, 145, 146, 200, 202, 208, 233, 238, 284
Concord 65, 66, 67, 75, 87, 89, 92, 94, 96, 113, 115, 116, 117, 120, 181, 213, 236, 242, 245, 272

D
Diamville 93, 220, 221, 222, 223
Dondra Henri-Marie 179

E
El-Assad Bachar 44, 158, 215
El-Béchir Omar 170, 171, 173
Eltsine Boris 60
ENOT Corp 39, 248
Evkourov Iounous-bek 158, 168, 278, 280, 282
Evro Polis 93, 94, 153, 154, 157, 158, 215, 218, 275
Executive Outcomes 188

F
Fatran Léopold Mboli 220
Ferrum Mining 214, 225, 226

Fondation pour la protection des valeurs nationales (FZNC) 127

G
Gabidullin Marat 83, 151, 156, 157, 237, 268
Gazprom 77, 250, 251
Gouandjika Fidèle 213
Goussev Vadim 45, 46, 48
Guterres António 178, 260

H
Haftar Khalifa 127, 160, 161, 162, 164, 168, 169
Hemetti, Mohamed Hamdan Dogolo dit 171

I
Internet Research Agency (IRA) 115, 118, 121, 128, 162, 180
Ivanov Alexandre 130, 180

K
Khodorkovski Mikhaïl 95, 255
Khodotov Evgueni 176, 218
Kouprachevitch Maria 116
Kouznetsov Alexander (Ratibor) 75, 77, 217
Koyara Marie-Noëlle 177

L
Lavrov Sergueï 29, 147, 272, 279
Lobaye Invest 94, 126, 130, 176, 217, 218, 219, 220
Loukachenko Alexandre 272

M
Malkevitch Alexander 122, 135, 138, 144
Maslov Ivan (Miron) 78, 193, 216
Matemulane José 135, 144
Meroe Gold 170, 172, 174, 214
M-Finance 93, 94, 176, 218

Midas Ressources 219, 226
Miltchakov Alexeï 102, 105, 108
M-Invest 94, 120, 170, 180, 214, 216
Moran Security Group 43, 44, 45, 46

N
Ngrébada Firmin 177
Nordgold 205
Novaya Gazeta 69, 115, 116, 258

O
ONU 32, 114, 142, 160, 163, 177, 178, 179, 196, 254, 260, 262, 265, 266
Otan 27, 109, 143, 147, 161, 223, 247
Outkine Dmitri 71, 72, 73, 74, 75, 79, 80, 192, 258, 275

P
Patriot (Media holding) 69, 96, 114, 144, 248, 279
Perfilev Vitali 79, 221
Petrovsky Yan 103, 109
Pikalov Konstantin (Mazaï) 78, 138
Potepkine Mikhaïl 137, 170, 214
Projet Lakhta 114, 117, 142, 279
Prokofiev Alexandre 127

R
RIA-FAN 18, 78, 118, 130, 191, 230, 255
Roskomnadzor 91, 119
Rosneft 251, 252
Rusich (unité) 53, 102, 103, 104, 105, 106, 107, 108, 110, 165, 232, 234

S
Sarandji Mathieu Simplice 180
Seba Kemi 24, 132, 133, 134, 135, 136, 138
Serdioukov Anatoli 66

Sewa Security Services 220
Sidorov Evgueni 46, 48
Slavonic Corps 31, 39, 46, 47, 73, 250
Sobtchak Anatoli 61
Spektor Boris 60, 61
Syty Dmitri 23, 131, 180, 181, 182, 183, 221, 227, 284

T
Tchekalov Valery 215, 235, 275
Touadéra Faustin-Archange 130, 142, 177, 178, 182
Trochev Andreï (Sedoï) 75, 76, 79

V
Vučić Aleksandar 113

Y
Yamb Nathalie 24, 114, 135, 136, 145

Z
Zakharov Valery 75, 130, 180, 221, 255
Ziminov Kirill 60
Zorin Alexandre 163

TABLE DES MATIÈRES

PRÉFACE DE PIERRE HASKI 7

INTRODUCTION 17

PARTIE I

LA MARQUE WAGNER OU LE LANCEMENT D'UNE FRANCHISE RUSSE 27

I · LA FABRIQUE DU « MERCENAIRE » RUSSE 30

II · DE « CUISINIER » À *CONDOTTIERE*, L'ÉTRANGE DESTIN DE M. PRIGOJINE 59

III · LA TRIADE WAGNÉRIENNE 71

IV · COLONNE VERTÉBRALE D'UNE NÉBULEUSE 87

V · 2014 : RÉPÉTITION GÉNÉRALE POUR LES TROUPES DANS LE DONBASS 98

VI · LES MAGES DE PRIGOJINE 114

VII · *MAD MEN* À LA CONQUÊTE DE L'AFRIQUE 126

PARTIE II

À LA CONQUÊTE DU MONDE 147

I · UN CONCEPT À VENDRE 150

II · LE MIRAGE RUSSE À TRIPOLI 160

III · DES LINGOTS DE KHARTOUM 170
IV · LE LABORATOIRE CENTRAFRICAIN 175
V · MAPUTO, HISTOIRE D'UN FIASCO 184
VI · LORGNER SUR LE PRÉ CARRÉ MALIEN 190
VII · VERS LA FIN DE LA FRANCE EN AFRIQUE 200

PARTIE III
FRANKENSTEIN OU LE PROMÉTHÉE RUSSE 211
I · L'HYDRE S'EN MET PLEIN LES POCHES 212
II · L'OURS ET L'HYDRE SE BATTENT EN UKRAINE 232
III · UN MODÈLE QUI S'EXPORTE : LES ARMÉES PRIVÉES RUSSES 248
IV · D'EXACTION EN EXACTION, LES MAUX SONT NOMBREUX 254
V · LA CHUTE DE L'HYDRE 267
VI · WAGNER EST MORT, VIVE WAGNER 278

REMERCIEMENTS 289

INDEX 292

ÉDITIONS DU **faubourg**

SIÈGE SOCIAL ET COURRIER
42 rue Planchat, 75020 Paris

editionsdufaubourg.fr

DIRECTION GÉNÉRALE ET ÉDITION
Sophie Caillat
contact@editionsdufaubourg.fr

PRÉPARATION DE COPIE
Sara Roumette

CORRECTION
Jeanne Fonmarty

DIRECTION ARTISTIQUE
Clément Bournas
clement.bournas@gmail.com

MISE EN PAGE
Clémentine Legrand

TYPOGRAPHIES
League Gothic
Miller Text

DIFFUSION-DISTRIBUTION
Harmonia Mundi Livre
Tél : 04 90 49 58 05

numérique
Impression & brochage - France
Numéro d'impression : N33186241201 - Achevé d'imprimer : janvier 2025
Dépôt légal : janvier 2025
IMPRIM'VERT®
PEFC
10-31-3532